Knauer · Handlungsnetze

AF288263

Peter Knauer

Handlungsnetze

Über das Grundprinzip der Ethik

Frankfurt am Main
2002

Knauer, Peter:
Handlungsnetze – Über das Grundprinzip der Ethik / Peter Knauer
Frankfurt am Main 2002

Herstellung: Books on Demand GmbH
ISBN 3-8311-0513-8

Inhaltsverzeichnis

Vorwort

Im »Neuen Lexikon der christlichen Moral« (Innsbruck-Wien 1990) liest man über das Prinzip der Doppelwirkung: Es »ist (nur) innerhalb der katholischen Moraltheologie ein gewichtiger, wenngleich heute umstrittener Bestandteil sittlicher Urteilsfindung. Das Prinzip dient(e) der sittlichen Beurteilung vieler *Konfliktsituationen*«, in denen man ein Übel in Kauf nehmen muss (95). Die gegenwärtige Neuauflage des »Lexikons für Theologie und Kirche«, Freiburg im Breisgau 1993ff, widmet dem Prinzip nicht einmal mehr einen eigenen Artikel, sondern bietet nur einen Verweis auf andere Stichwörter. Auch das dreibändige »Lexikon der Bioethik« (Gütersloh 1998) hat keinen eigenen Artikel zum Prinzip der Doppelwirkung.

Im vorliegenden Buch soll begründet werden, dass das Prinzip der Doppelwirkung das Grundprinzip der Ethik ist. Traditionell wurde es nur für die Beurteilung von Randfällen angewandt, eingeschränkt auf Handlungen, die nicht von vornherein »in sich schlecht« sind. Es bietet jedoch selber das letzte Kriterium dafür, dass eine Handlung »in sich schlecht« ist.

Unverantwortlich kann nur eine Handlung sein, die einen Schaden verursacht oder zulässt. Aber nicht jede solche Handlung ist tatsächlich unverantwortlich. Das Prinzip der Doppelwirkung benennt und begründet die Grenze zwischen verantwortbaren und nicht verantwortbaren Handlungen; und genau darum geht es in der gesamten Ethik. Im Prinzip von der Doppelwirkung ist auch die Reflexion darüber grundgelegt, dass unsere Handlungen gewöhnlich sowohl untereinander als auch mit denen anderer Menschen verknüpft sind: Handlungsnetze. Die Neuinterpretation des Prinzips der Doppelwirkung wirkt sich dann auch auf das Verständnis von »Gegenstand«, »Absicht« und »Umständen« als den so genannten »Quellen der Sittlichkeit *(fontes moralitatis)*« aus.

Dieses Buch richtet sich an alle, die an ethischen Überlegungen interessiert sind. Für die Fachdiskussion greift es auch auf die in der scholastischen Moraltheologie überlieferte Begrifflichkeit einschließlich ihrer lateinischen Ausdrücke zurück. Die hier versuchte Ethikbegründung bleibt philosophischer Art. Sie setzt zu ihrer Verständlichkeit keinen christlichen Glauben voraus. Aber als Theologe stelle ich auch die Frage, wie sich eine solche Ethik zum christlichen Glauben verhält: Der Glaube will den Menschen aus derjenigen Angst um sich befreien, welche die tiefste Wurzel aller Unmenschlichkeit ist.

Zu danken habe ich vielen, die bereit waren, den entstehenden Entwurf gegenzulesen und mir hilfreiche kritische Hinweise zukommen zu lassen: Barbara Andrade, Andreas Bell, Lothar Bendel, Erwin Bischofberger, Jens Caldenhoven, Elisabeth Christian, Christoph und Henriette Crüwell, Stephan Ernst, Gregor Fisseni, Gerhard Gäde, Bernd Groth, Thomas Hoppe, S. Hildegund Isernhinke, Herbert Knauer, Hermann und Marle Kurzke, Michael Luttmer, Hideki Nakamura, Herbert Niederschlag, Eva Maria Phieler, Björn Schneider, Sebastian H. Schwarzer, Irene Semmelmann, Dominik Weiß.

Frankfurt am Main, den 19. Mai 2002   Peter Knauer SJ

I. Grundlagenprobleme traditioneller Ethik

> *»Das Böse in der Welt kommt fast immer von der Unwissenheit, und der gute Wille kann so viel Schaden anrichten wie die Bosheit, wenn er nicht aufgeklärt ist. [...] Und es gibt keine wahre Güte noch echte Liebe ohne jede nur mögliche Klarsicht.«*[1]

Unsere Welt ist uns nicht mit einem Beipackzettel geliefert worden. Erst seit wenigen Jahrhunderten ist die Menschheit in der Lage, sich ein geographisch einigermaßen zutreffendes Bild von der Erdkugel zu machen. Es handelt sich nicht um ein angeborenes, sondern erst durch viele Erfahrungen vermitteltes und weiterzugebendes Wissen.

Ungleich schwieriger als solches äußeres Wissen zu erwerben ist es, ethische Landkarten zu erstellen. Genauso wenig wie sonstiges Wissen ist das ethische Wissen darum angeboren, welche Handlungen verantwortbar sind und welche nicht. Es wird von der Menschheit erst durch mühsame Erfahrung und die ebenfalls mühsame Weitergabe der gewonnenen Einsichten gelernt. Auch ethische Einsicht geht letzten Endes auf *»trial and error«* und auf das Wechselspiel von »Konstruktion und Kritik«[2] zurück. Sie steht, wie übrigens auch das ganze vorliegende Buch, immer unter dem Vorbehalt besserer Einsicht. Nur aus Schaden wird man klug; zugleich aber scheint die Geschichte fast nichts anderes zu lehren, als dass man immer wieder die Mühe scheut, aus ihr tatsächlich zu lernen. Zuweilen werden nur vermeintliche Selbstverständlichkeiten weitergegeben, die einer genaueren Prüfung nicht standhalten. Wie lange hat man etwa körperliche Züchtigung von Kindern als zulässig angesehen! Und in anderen Punkten bleibt eine erstaunliche ethische Blindheit weiterbestehen, etwa in Bezug auf die Auswirkungen mancher finanziellen Spekulation.

Man steht allerdings nicht zunächst außerhalb aller ethischen Verpflichtung, so dass man erst nachträglich durch Argumentation in einen Raum der Verpflichtung hineinzubringen wäre. Vielmehr finden wir uns von vornherein bereits in einem ethischen Raum vor. Wir sind nur durch die Zuwendung anderer Menschen zum Bewusstsein unserer selbst gekommen. Deshalb erfahren wir uns von vornherein als ethisch verpflichtet, bevor wir überhaupt eine ethische Reflexion beginnen. Sonst könnten wir nicht einmal verstehen, was mit der Frage nach der Verantwortbarkeit des Handelns gemeint ist.

Ethische Reflexion bringt vorgängige ethische Erfahrung nur ausdrücklich zur Sprache, hat aber ihr gegenüber doch zumindest eine Kontrollfunktion. Die ethische Reflexion ist dem Versuch zu vergleichen, ein längst auf hoher See befindliches Schiff unterwegs zu inspizieren und nötigenfalls auch zu reparieren.

Dabei wird man einer ethischen Theorie, die dem durch bisherige Erfahrung erworbenen spontanen ethischen Empfinden, der ethischen Intuition, völlig widerspricht, zu Recht mit großer Skepsis begegnen. Umgekehrt bedarf aber auch die ethische Intuition selber ständiger Überprüfung. Es ist damit zu rechnen, dass überlieferte ethische Gebote oder Verbote gegen

---

1 CAMUS, *Peste*, 1970, 106.
2 Vgl. ALBERT, Konstruktion, 1972.

ihren wirklichen Sinn verstanden werden, wenn man es unterlässt, auch ihre Begründung zu überliefern.

Anschaulich wird dies in einer indischen Geschichte[3] beschrieben: Ein Guru hielt mit seinen Jüngern täglich eine Abendmeditation. Als eines Tages die Hauskatze während dieser Zeit in den Meditationsraum lief und störte, ordnete er an, sie solle während dieser Zeit draußen festgebunden werden. So konnte man von da an wieder ungestört meditieren. Aber die Zeit verging. Der Guru starb und bekam einen Nachfolger. Dieser hielt sich streng an die Tradition, dass während der Abendmeditation draußen »eine Katze« angebunden sein müsse. Als schließlich auch die Katze starb, wurde eine neue Katze angeschafft, um sie während der Abendmeditation anbinden zu können. Weil die einfachen Leute den Sinn dieser Maßnahme nicht verstanden, traten Theologen auf den Plan und schrieben ein zweibändiges Werk mit vielen Fußnoten über die Heilsnotwendigkeit einer angebundenen Katze während der Abendmeditation. Mit der Zeit jedoch kam die Abendmeditation selbst ganz außer Gebrauch; niemand mehr interessierte sich dafür. Aber mit größter Treue wurde wenigstens der Ritus des Katzenanbindens beibehalten. – Ähnlich mag es viele Überlieferungen geben, die sich völlig von ihrer ursprünglichen Begründung gelöst und dadurch ihren Sinn verloren haben (vgl. Mk 7,13: »Ihr tut vieles dieser Art«).

Innerhalb der katholischen Moraltheologie gibt es eine über Jahrhunderte gehende ethische Reflexion zumeist philosophischer Art. Sie ist zu wichtigen Grundaussagen gelangt: Man darf nichts Böses tun, um etwas Gutes zu erreichen. Ferner: Das um Wahrheit bemühte Gewissen des Einzelnen ist ethische Letztinstanz[4]; niemand darf gezwungen werden, gegen sein Gewissen zu handeln[5]. Der ethische Anspruch ist dadurch gekennzeichnet, dass er sich durch nichts relativieren lässt; es gibt keinen noch höheren Anspruch. Wenn der ethische Anspruch besteht, gilt er absolut und bleibt auch dann bestehen, wenn man ihm nicht entspricht.[6]

Die beste Zusammenfassung aller ethischen Reflexion ist die »Goldene Regel«, anderen das zu tun, was man selbst an ihrer Stelle vernünftigerweise wünschen würde. Die Goldene Regel lautet nach Mt 7,12 affirmativ: »Alles, was ihr also von anderen erwartet, das tut auch ihnen.« Ein Sprichwort bietet die negative Fassung: »Was du nicht willst, dass man dir tu, das füg auch keinem andern zu.« In beiden Formulierungen setzt diese Regel voraus, dass es sich um vernünftige Erwartungen handelt. Dennoch scheint es noch nicht einmal gelungen zu sein, zu einer allgemein anerkannten und konsistenten Formulierung der Kriterien eben dafür und damit für ethische Verpflichtung zu gelangen.

---

3   Ich habe sie von Francis X. D'Sa, der an unserer Hochschule Gastdozent war.

4   Vgl. THOMAS VON AQUIN, *Summa theologica, I-II q19 a5–a6.*

5   Vgl. z. B. II. Vatikanum, Erklärung über die Religionsfreiheit *Dignitatis humanae*, n. 3,3.

6   Vgl. die Formulierung von JOEST, Fundamentaltheologie, 1981, 53: »Daß der Anspruch unbedingt ist, besagt formal: daß er durch keinen übergeordneten Anspruch und durch keine entgegenstehenden Verhältnisse sich entkräften lässt, und inhaltlich: daß er zum Tun von Liebe beansprucht auch da, wo das menschliche Bedingtsein durch eigene Bedürfnisse und durch solches, was zu Angst und Haß provoziert, dem entgegensteht.«

1) Kein allgemein anerkanntes Kriterium für Gut und Böse

a) DIE FRAGE NACH DEM ETHISCHEN GRUNDPRINZIP

Häufig[7] wird als ethisches Grundprinzip formuliert: »Das Gute ist zu tun, und das Böse ist zu unterlassen.« Diese Formulierung ist eine Tautologie. Sie antwortet jedenfalls nicht auf die entscheidende Frage, woran man erkennt, ob etwas gut oder böse ist. Und ist man tatsächlich positiv verpflichtet, alles nur denkbare Gute zu tun?

Manche wollen das Gute als das Vernunftgemäße bestimmen. Es bleibt aber offen, woran man Vernunftgemäßheit erkennt.

Hier sagen die einen, vernunftgemäß sei, was der Natur gemäß ist. Mit dieser Begründung wird zum Beispiel künstliche Empfängnisverhütung als naturwidrig abgelehnt. Aber wären dann nicht auch alle anderen Eingriffe in die Natur einschließlich des Haar- und Bartschneidens abzulehnen?[8] Es gehört doch gerade zur Natur des Menschen, die Wirklichkeit aktiv zu gestalten.

Für andere ist vernunftgemäß und damit sittlich verantwortbar das, was in herrschaftsfreiem Dialog allgemeine Zustimmung findet. Es bleibt die Frage, woran sich die Zustimmung bemisst. Kann nicht auch etwas, das allgemeine Zustimmung findet, trotzdem falsch sein? Maßnahmen zur Hebung des Lebensstandards der gesamten heute lebenden Menschheit würden vermutlich weite Zustimmung finden, selbst wenn sie auf Kosten künftiger Generationen gingen.

Selbst die Goldene Regel bzw. die Forderung, den Nächsten wie sich selbst zu lieben, wird häufig im Zug des Gedankens der Selbstverwirklichung so interpretiert, dass das Maß der Eigenliebe zum Maß der Nächstenliebe werden solle. Aber ist es überhaupt möglich, sich selber Geborgenheit zu schenken? Und soll man etwa das, was man sich selber wünscht, anderen aufnötigen? Zwangsbeglückung kann die schlimmste Form von Unglück sein. In Wirklichkeit geht es in der Forderung, den Nächsten wie sich selbst zu lieben, anstelle von Selbstliebe um die Fähigkeit, sich selber in die Situation anderer hineinzuversetzen und dann in deren wirklichem Interesse zu handeln. Dabei genügt es nicht, vermeintlich im Interesse der anderen zu handeln; man muss alles tun, um sich vor solcher Selbsttäuschung zu schützen. Natürlich kann es auch nicht darum gehen, anderen unter Vernachlässi-

---

7 Es ist keine ethikhistorische Abhandlung beabsichtigt, sondern nur eine Aufzählung allgemein bekannter Auffassungen, die deshalb nicht im einzelnen belegt werden müssen. Vgl. jedoch allgemein KUTSCHERA, Grundlagen, 1999; er verweist auf kognitivistische und nichtkognitivistische, auf naturalistische und nichtnaturalistische, auf subjektivistische und objektivistische, auf teleologische und deontologische, auf intentionalistische und nichtintentionalistische, auf monistische und pluralistische Theorien und stellt sie dar.

8 Vgl. im frühen Christentum die vermutlich auch damals nicht nachvollziehbare Argumentation von TERTULLIAN, *De cultu feminarum, l. 1, c. 8,* über das Kleiderfärben: »Welche gerechte Ehre für die Kleidung kann aus dem Ehebruch ungerechter Farben kommen? Gott gefällt nicht, was er nicht selber hergestellt hat. Es sei denn, Gott hätte keine purpurnen oder kupferfarbenen Schafe entstehen lassen können. Denn wenn er es konnte, hat er somit nicht gewollt. Und was Gott nicht gewollt hat, darf man auch nicht vortäuschen. Ihrer Natur nach sind also die Dinge nicht sehr gut, die nicht von Gott, dem Urheber der Natur, sind. So erkennt man, dass sie vom Teufel sind, dem Verfälscher der Natur.«

gung der eigenen Person zu helfen und dadurch letztlich auch die Hilfe selbst zu untergraben.[9]

Auch Kants kategorischer Imperativ: »Handle so, daß die Maxime deines Willens jederzeit als Princip einer allgemeinen Gesetzgebung dienen könne«[10], lässt noch offen, woran man erkennt, dass eine Maxime geeignet ist, Allgemeingeltung zu beanspruchen.

Wieder andere erklären: Es gibt Handlungen, die »in sich schlecht« sind und deshalb niemals erlaubt sind. Aber auch hier werden gewöhnlich keine einsichtigen Kriterien angegeben[11], an denen man erkennen kann, dass etwas »in sich schlecht« ist. Die Vertreter dieser Auffassung gehen meist nur von ihrem unmittelbaren Empfinden aus. Bereits die bloße Behauptung, dass etwas »in sich schlecht« sei, scheint für sie ohne weitere Begründung zu genügen. Außerdem ist mit der Deklaration einer Handlung als »in sich schlecht« noch kaum etwas dafür getan, dass diese Handlung nicht doch stattfindet. Als Inkonsistenz kommt hinzu, dass man dennoch mit Ausnahmen rechnet. Zum Beispiel wird behauptet, dass direkt gewollte Amputationen, Verstümmelungen oder Sterilisationen unschuldiger Menschen gegen das sittliche Gesetz verstoßen und damit »in sich schlecht« seien, »außer wenn streng therapeutische Gründe dafür sprechen«[12]. »Du sollst nicht morden« gelte absolut, außer wenn es sich um die Tötung eines Schuldigen durch die rechtmäßige Autorität handele. Man fragt sich, wie solche Ausnahmen zustande kommen. Wie kann es überhaupt von dem, was »in sich schlecht« ist, Ausnahmen geben?

In der Lehre von den »in sich schlechten« Handlungen sucht man der Intuition zu entsprechen, dass unter ethischer Verpflichtung eine durch nichts anderes mehr zu relativierende Verpflichtung zu verstehen ist. Bezeichnend für diese Sicht ist das Axiom, dass auch ein noch so guter Zweck ein schlechtes Mittel niemals heiligen könne. Dieser Satz gilt in der katholischen Moraltheologie als unverzichtbarer Basissatz.

Unter Berufung auf diesen Satz haben einige Moraltheologen[13] gelehrt, dass Organspende zwischen Lebenden unsittlich sei. Die Entnahme eines Organs sei eine Selbstverstümmelung, die als solche »in sich schlecht« ist; und deshalb könne sie auch nicht nachträglich durch den guten Zweck der Lebensrettung für einen anderen gerechtfertigt werden.

Diese Argumentation halten viele andere für falsch, weil doch intuitiv Organspende als ein Akt geradezu heroischer Nächstenliebe erscheint. Es bleibt aber ungeklärt, wodurch man hier dem Einwand, dass der gute Zweck nicht das schlechte Mittel heilige, entgehen kann.

Ein anderer Ansatz versucht, Ethik aus dem Glücksstreben des Menschen abzuleiten.[14]

---

9 Vgl. SCHMIDBAUER, Helfer, 1977.

10 Kritik der praktischen Vernunft, 7, in: Kant's gesammelte Schriften, Band V, 1913, 30.

11 Ein besonders anschauliches Beispiel für diesen Mangel ist das Werk von PINCKAERS, *Question*, 1986 (vgl. meine Rezension in ThPh 63 [1986] 149f).

12 Katechismus, 1993, n. 2297.

13 Vgl. z. B. BENDER, Organorum, 1954. Einen Überblick über die diesbezügliche Literatur bis 1964 findet man in EGENTER, Organtransplantation, 1964, 142–153, bes. 142 (Anm. 1); darauf verweist SCHUSTER, Organspende, 1998, 225, der auch über die Entwicklung seitdem informiert.

14 Es verhält sich eigentlich umgekehrt; vgl. SCHELER, Formalismus, 359, für den es »eben die Glückseligkeit ist, welche die *Wurzel* und *Quelle* alles guten Wollens und Handelns ist – *niemals* aber sein Ziel oder gar sein ›Zweck‹ sein kann. *Nur der Glückliche handelt gut.* Das Glück ist also keineswegs der ›Lohn der Tugend‹, sowenig als die Tugend *Mittel* zur Glückseligkeit ist.« Wer aus einer letzten Geborgenheit lebt,

Dies scheint darauf hinauszulaufen, auch ethische Normen nur als Mittel zum Zweck zu verstehen und sie dadurch zu relativieren. Stimmt dies mit der Einsicht überein, dass ethische Normen letztinstanzlich sind und durch keine übergeordneten Erwägungen außer Kraft gesetzt werden können?

Es wird auch nicht genügen, die Ethik aus dem Überlebenswillen des Einzelnen oder dem Überlebenswillen der Gattung oder einer Kombination von beidem zu begründen. Der Überlebenswille des Einzelnen kann nicht Kriterium der Ethik sein. Denn von der Welt her ist nichts noch gewisser als unsere Vergänglichkeit und Todesverfallenheit. Sie ist der Grund dafür, dass man sich um jeden Preis zu sichern sucht und so notfalls auch über Leichen geht. Solches Handeln aus der Angst um sich selbst wäre aber gerade die Grundform unethischen Verhaltens. Auch der Rekurs auf den Überlebenswillen der Gattung kann die unbedingte Forderung, lieber Unrecht zu leiden, als Unrecht zu tun, nicht begründen. Es genügt nicht, irgendeinen noch so hohen Wert anzustreben. Die eigentliche Frage ist nämlich, ob man diesem Wert durch die Weise, wie man ihn anstrebt, auch tatsächlich gerecht wird. Auch die Gattung ist nicht dagegen gefeit, ihr Überleben in einer Weise anzustreben, die es in Wirklichkeit und letztlich gerade zerstört.

Könnte man in der Frage der Ethikbegründung sagen, dass Wissenschaft nur Tatsachenaussagen begründen kann, nicht jedoch Wertentscheidungen?[15] Damit würde einer Ethik jede Verankerung in der Realität entzogen. Sie wäre dann als bloße Ansichtssache zu verstehen, es sei denn, man könnte einen Zusammenhang von Wertentscheidungen mit Tatsachenaussagen aufweisen.

Ist der ethische Anspruch vielleicht abhängig von der jeweiligen Kultur, so dass ihm keine universale Gültigkeit zukommt? Aber dann wäre zu fragen, ob die jeweilige Kultur tatsächlich ein letzter, nicht mehr in Frage zu stellender Maßstab sein kann. Müsste nicht zumindest diese Behauptung selbst als kulturübergreifend verstanden werden? Es ist logisch nicht möglich, ohne jeden Universalitätsanspruch auszukommen. Selbst wenn man nicht auf von vornherein universal geltende Sätze zurückgreifen kann, ist doch allen Kulturen zumindest der Anspruch gemeinsam, dass es zum Umgang mit der Wirklichkeit der Aufmerksamkeit und Sorgfalt bedarf.[16]

---

kann auch mit dem Leiden anders als in Abstumpfung oder illusorischen Hoffnungen umgehen (vgl. 348).

15 MAX WEBER hatte mit seinem Postulat der »Wertfreiheit« vor allem gemeint, »daß der Forscher und Darsteller die Feststellung empirischer Tatsachen (einschließlich des von ihm festgestellten ›wertenden‹ Verhaltens der von ihm untersuchten empirischen Menschen) und s e i n e praktisch wertende, d. h. diese Tatsachen (einschließlich etwaiger, zum Objekt einer Untersuchung gemachten ›Wertungen‹ von empirischen Menschen) als erfreulich oder unerfreulich b e u r t e i l e n d e , in diesem Sinn ›bewertende‹ Stellungnahme unbedingt a u s e i n a n d e r h a l t e n solle, weil es sich da nun einmal um heterogene Probleme handelt.« (DERS., Sinn, 1951, 486). Weniger überzeugend ist es, wenn Weber schreibt: »Schon so einfache Fragen aber wie die: inwieweit ein Zweck die unvermeidlichen Mittel heiligen solle, wie auch die andere, inwieweit die nicht gewollten Nebenerfolge in Kauf genommen werden sollen [...], sind ganz und gar Sache der Wahl oder des Kompromisses. Es gibt keinerlei (rationales oder empirisches) Verfahren irgendwelcher Art, welches hier eine Entscheidung geben könnte.« (494) Weiter unten soll bei der Untersuchung des Begriffs »entsprechender Grund« gezeigt werden, dass es auch ohne naturalistischen Fehlschluss durchaus ein rationales Kriterium für die Verantwortbarkeit von Entscheidungen gibt (vgl. S. 44ff).

16 Vgl. die Untersuchungen von LONERGAN, *Insight*, 1992.

Wäre ein erkenntnistheoretischer Konstruktivismus möglich, der letztlich eine Entsprechung von Denken und Sein leugnet? Sind vielleicht alle unsere Erfahrungen und Gewissheiten bloße Konstrukte, für die man keine Wahrheit beanspruchen kann? Aber wer einmal einen Verkehrsunfall verursacht hat, wird sich nicht mit solchen Theorien herausreden können. Dass ein Mensch Unfallopfer wurde, ist kein Konstrukt, sondern ein realer Sachverhalt. Und letztlich widerspräche sich ein solcher Konstruktivismus selbst, da er wenigstens für seine eigene Gültigkeit einen Wahrheitsanspruch erheben müsste.

Zuweilen begegnet eine vollkommen individualisierte Ethik. Man beruft sich einfach auf das je eigene Gewissen, als sei man dann anderen Menschen keinerlei Rechenschaft schuldig. Aber wodurch unterscheidet sich dieses eigene Gewissen von subjektiver Willkür?

Es kommt auch vor, dass erst für besonders schwierige und ungeklärte Fragen (wie einer für Mutter und Kind lebensbedrohlichen Schwangerschaft) erklärt wird, es sei das jeweilige Gewissen »zu respektieren«[17]; aber das jeweilige Gewissen ist ohnehin immer zu respektieren. Jedenfalls kann eine solche Auskunft noch nicht mit Recht als Unterweisung der Gewissen gelten.

Ein verbreiteter Versuch, das sittlich Richtige zu bestimmen, besteht im so genannten Gütervergleich. Man sei verpflichtet, unter verschiedenen Gütern jeweils das höhere zu wählen. Dies scheint jedoch auf einen Rigorismus hinauszulaufen, als sei immer nur eine von vielen möglichen Handlungen sittlich richtig. Zudem entsteht hier die Frage, was denn überhaupt unter einem »Gut« zu verstehen ist. Und ist es notwendig, um sich über verantwortbare sittliche Entscheidungen zu verständigen, zuvor anderen Menschen Wertehierarchien anzudemonstrieren? Ferner ist zu fragen, ob es für grundverschiedene Güter einen übergreifenden gemeinsamen Maßstab geben kann. Wie will man zum Beispiel bei einer Berufswahl zwischen dem Studium der Rechte und einer Ausbildung zum Konzertpianisten wählen? Stellt sich nicht auch bei einer solchen Entscheidung die ethische Frage nach ihrer Verantwortbarkeit? Aber könnte es nicht sein, dass beide Entscheidungen verantwortbar sind? Dann muss man zwar immer noch eine der beiden Entscheidungen treffen, aber ohne

---

17 So hieß es in »Pastorales Wort der deutschen Bischöfe zur Novellierung des § 218 StGB« vom 7. Mai 1976, S. 7: »Es gibt Konfliktsituationen, in denen nach menschlichem Ermessen zwischen dem Verlust des Lebens sowohl der Mutter als auch des ungeborenen Kindes einerseits und dem Verlust nur eines menschlichen Lebens auf der anderen Seite zu entscheiden ist. Wir wissen, daß mancher katholische Arzt, der aufgrund seiner christlichen Überzeugung grundsätzlich nicht bereit ist, eine Abtreibung zu indizieren, vorzunehmen oder zuzulassen, hier in Gewissensnot gerät. Hier ist die sorgfältige Gewissensentscheidung des Arztes in der konkreten Einzelsituation gefordert. Einer solchen Gewissensentscheidung wird sicherlich niemand die Achtung vorenthalten.« Ähnlich in den anschließenden »Empfehlungen für Ärzte und medizinische Fachkräfte in Krankenhäusern nach der Änderung des § 218 StGB«, S. 10: »In auswegs erscheinenden Konfliktsituationen, in denen zwischen dem Verlust des Lebens sowohl der Mutter als des ungeborenen Kindes und dem Verlust nur eines menschlichen Lebens zu entscheiden ist, wird die ärztliche Gewissensentscheidung respektiert.« Bisher haben meines Wissens nur die belgischen Bischöfe zu diesem Fall eine Lösung benannt: »Es sei jedoch darauf hingewiesen, dass, wenn das Leben der Mutter und / oder das des Kindes in Gefahr sind, man die medizinischen Handlungen vornehmen kann, die ihrer Natur nach und in der Absicht des Arztes darauf abzielen, das Leben zu retten, welches in Gefahr ist, selbst wenn diese Handlungen ein gewisses, nicht gewolltes und nicht gewünschtes Risiko mit sich bringen, welches man mit allen verfügbaren Mitteln zu vermeiden sucht.« (Übersetzt aus Déclarations des évêques de Belgique, Nouvelle série – n° 18, Mai 1990, S. 6)

gerade zu dieser bestimmten Entscheidung im Unterschied zur anderen verpflichtet zu sein; man darf frei wählen.

Sehr verbreitet ist die Auffassung, dass man manchmal in eine Art ethischer Zwickmühle gerät: Wie auch immer man sich entscheidet, man werde schuldig[18]. Richtig daran ist, dass es Situationen gibt, in denen man zum eigenen Bedauern einen Schaden zulassen oder sogar verursachen muss, den man lieber vermeiden würde. Darin kann eine schwer zu bewältigende Tragik liegen. Aber zum ethischen Schuldbegriff gehört, dass es auch eine Handlungsmöglichkeit gibt, in der man nicht schuldig wird. Durch unvermeidbare Übel, die man mit Recht sehr bedauern mag, wird man nicht im eigentlichen Sinn schuldig. Dieses Bedauern ist vom ethischen Schuldbegriff zu unterscheiden. Vom ethischen Schuldbegriff zu unterscheiden sind auch »Schuldgefühle«, die einen Menschen selbst dann schwer belasten können, wenn es sich – auch für ihn selbst erkennbar – nur um vermeintliche Schuld handelt.

Kann man Ethik aus dem Streben nach einem »höchsten Gut« ableiten? Auch hier entsteht die Frage, woran man erkennt, welche Handlungen diesem Streben entsprechen und welche nicht. Natürlich können schlechte Handlungen dem Streben nach dem »höchsten Gut« nicht entsprechen; aber es bleibt die Frage bestehen, woran genau zu erkennen ist, dass eine Handlung »schlecht« ist bzw. dass sie dem Streben nach dem »höchsten Gut« nicht entspricht. Und in welchem genauen Sinn ist etwa Gott als »höchstes Gut« durch Streben erreichbar? Was bedeutet dann die biblische Aussage, dass Gott »in unzugänglichem Licht wohnt« (1 Tim 6,16)?

Kann man sich für die Ethik auf den Willen Gottes berufen? Aber man erkennt nicht erst daraus, dass etwas dem Willen Gottes widerspricht, dass es schlecht ist; vielmehr kann man nur daraus, dass etwas schlecht ist, folgern, dass es dann auch gegen den Willen Gottes sein muss.[19] Dies fügt jedoch nichts zu der Tatsache hinzu, dass die betreffende Handlung schlecht ist. Die Absolutheit der Forderung, nichts Böses zu tun, kann durch religiöse Erwägungen nicht noch gesteigert werden. Sie ist von vornherein unüberbietbar.

Manchmal beruft man sich für die sittlichen Normen ausdrücklich auf göttliche Offenbarung. Offen bleibt aber gewöhnlich die Frage, woran man eine göttliche Offenbarung zweifelsfrei erkennen kann, ja worin genau sie bestehen soll. Zur Erkenntnis einer Offenbarung kann die bloße Behauptung, es handele sich um Offenbarung, nicht ausreichen. Ebenso kann

---

18 So heißt es z. B. in dem EKD-Text Schritte, 2001, unter »2. Grundlinien einer evangelischen Friedensethik, g)«: »Nicht selten werden Bedenken dagegen geltend gemacht, von einem konkreten Einsatz militärischer Gewalt zu sagen, er sei ethisch gerechtfertigt. Überdeutlich steht uns heute vor Augen, daß die Anwendung militärischer Gewalt in der Regel gerade kein Vorgang mit der Präzision eines chirurgischen Eingriffs ist, vielmehr Verwüstungen anrichtet und Opfer fordert – Opfer unter den Soldaten und Opfer unter den Zivilisten. Darum ist die Klarstellung angebracht, daß mit der ethischen Rechtfertigung einer Handlung nicht notwendig gemeint ist, diejenigen, die sie vollziehen, seien frei von Schuld. Vielmehr soll ausgesagt werden, daß eine Handlung nach Abwägung aller bestehenden Handlungsmöglichkeiten im Blick auf den uns erkennbaren Willen Gottes als die relativ beste oder die am wenigsten schlechte erkannt wird. Zu einer solchen relativ besten Handlung sind die Handelnden gleichwohl verpflichtet. Der mögliche Schuldanteil hebt also die Verbindlichkeit nicht auf, ja schränkt sie nicht einmal ein.«

19 Bereits Thomas von Aquin formuliert, dass man zwar wissen kann, dass Gott das Gute will; aber was dies im Einzelnen ist, können wir nicht wissen (*Summa theologica, I-II q19 a10 ad 1*). Es ist nicht möglich, irgendetwas von Gott her zu deduzieren.

dafür auch die subjektive Überzeugtheit eines angeblichen Offenbarungsträgers nicht ausreichen. Und kommt nicht als Gegenstand von Offenbarung und Glaube allein Gottes Selbstmitteilung in Frage, nämlich dass Gott sich selbst schenkt?[20] Diese Selbstmitteilung Gottes
ist keiner anderen Erkenntnis zugänglich als dem Glauben als einem Erfülltsein vom Heiligen Geist; sie ist daran zu prüfen, dass alle eventuellen Einwände der Vernunft auf ihrem
eigenen Feld widerlegbar sein müssen. Dagegen ist alles von Gott Verschiedene bloße Welt
und kann als solche nur Gegenstand der Vernunft, nicht aber des Glaubens sein. Gewiss
stehen die Zehn Gebote in der Bibel; aber in der Bibel stehen auch Wahrheiten, die bereits
der Vernunft zugänglich sind. Selbst die Zehn Gebote bedürfen der Auslegung. Warum fällt
Wegnahme fremden Eigentums in extremer Not und als einzige Weise der Erhaltung des
eigenen Lebens nach allgemeiner Auffassung nicht unter den Tatbestand des Diebstahls?

Wenn also nur Gottes Selbstmitteilung Offenbarung im eigentlichen Sinn sein kann, dann
können sittliche Normen kein Offenbarungsgegenstand sein. Wer dies dennoch behauptet,
sollte bedenken: Was ist dann mit denjenigen Menschen, die von dieser Offenbarung noch
nicht erreicht worden sind? Stehen sie unter keinem ethischen Anspruch? Aber wie können
sie dann überhaupt noch von einer Offenbarung erreicht werden? Was kann sie veranlassen,
eine behauptete Offenbarung als wirkliche Offenbarung anzunehmen, wenn sie vorher nicht
einmal unter dem sittlichen Anspruch stünden, nach der Wahrheit zu suchen? Warum »soll«
man eine Offenbarung annehmen, wenn man noch nicht einmal versteht, was mit »Sollen«
gemeint ist? Im Grunde wird durch die fromm klingende Behauptung, dass erst durch religiöse Offenbarung ein Sollensanspruch entsteht, der Anknüpfungspunkt der christlichen Botschaft zerstört. Die christliche Botschaft will den Menschen von dem befreien, was ihn
immer wieder daran hindert, sich menschlich zu verhalten. Sie setzt damit voraus, dass der
Unterschied zwischen menschlich und unmenschlich schon vor der Begegnung mit der
christlichen Botschaft wenigstens im Prinzip verstehbar ist.

Im Übrigen wird man für neuere ethische Fragen wie etwa den Umgang mit Kernenergie
oder mit der Gentechnologie grundsätzlich in keiner Heiligen Schrift Anweisungen finden.

Entsprechend wenig geklärt ist das Verhältnis zwischen philosophischer Ethik und Moraltheologie. Die einen sagen, dass Ethik autonom sein müsse, also unter einer Eigengesetzlichkeit stehe, die durch Offenbarung nicht inhaltlich verändert werde.[21] Hat dann eine eigene
Moraltheologie überhaupt Sinn? Andere meinen, dass der ethische Anspruch durch göttliche
Offenbarung verstärkt werden könne oder dass sogar gegenüber einer natürlichen Sittenord-
nung zusätzliche Anforderungen entstehen. Aber lässt sich ein ethischer Anspruch, der als
solcher ohnehin absolut ist – sonst wäre er nicht ethisch –, durch theologische Überlegungen
noch »verstärken«? Es bleibt die Frage, welche Bedeutung dem christlichen Glauben für das
ethische Handeln des Menschen zukommt.

---

20 Zur ausführlichen Begründung vgl. KNAUER, Glaube, 1991.
21 Vgl. AUER, Moral, 1984. Auer plädiert für eine »autonome Ethik im christlichen Kontext« (207) im Gegen-
    satz zu einer »Glaubensethik« (206), wie sie STOECKLE, Grenzen der autonomen Moral, München 1974,
    und RATZINGER, Prinzipien, 1975, vertreten. Vgl. auch MIETH, Moral, 1976.

b) DER HANDLUNGSBEGRIFF

In der traditionellen Ethik ist sogar der Handlungsbegriff selbst in vieler Hinsicht ungeklärt. Unter einer Handlung ist eine von menschlichem Willen beeinflusste Einwirkung auf die Wirklichkeit zu verstehen. Aber wodurch kommt die *Einheit* einer Handlung zustande, die sie von anderen Handlungen abgrenzt? Diese Frage wird in Ethikhandbüchern oder juristischen Werken, soweit ich sehe, kaum behandelt.[22]

Gewöhnlich bestehen Handlungen aus einer großen Anzahl von Einzelvollzügen, die man ihrerseits fast *in infinitum* aufgliedern kann. Jemand unternimmt eine Reise. Ist der Kauf der Fahrkarte am Schalter eine eigene Handlung? Dazu muss er Geld aus dem Portemonnaie nehmen, es zählen, über den Schalter reichen usw. Wie kann man Einzelvollzüge ein und derselben Handlung von unterschiedlichen Handlungen unterscheiden? Wie verhält sich ein Verbund mehrerer Handlungen zu dem Verbund von Einzelvollzügen innerhalb einer einzigen Handlung?

Umstritten ist auch, wie man die *Freiheit* menschlicher Handlungen verstehen kann. Besteht eine rationale Wahl nicht darin, von zwei Möglichkeiten die bessere wählen zu müssen? Aber wäre dann die Entscheidung nicht von vornherein determiniert, weil nur eine der beiden Möglichkeiten die objektiv bessere sein kann? Soll man aber genausogut die andere Möglichkeit wählen können, dann erschiene eine solche Entscheidung als irrationale Willkür. Oder kommt die Freiheit als ein Nichtdeterminiertsein nur dadurch zustande, dass es an der vollen Erkenntnis dessen, was man tut, mangelt? Dann wäre die Freiheit selbst eher irrational und durch einen Mangel bestimmt.

Es fällt ebenfalls auf, dass die Ethikhandbücher kaum ausdrücklich bedenken, dass unsere Handlungen gewöhnlich dadurch geradezu charakterisiert werden, dass sie unter *Zeitdruck* stehen. Man hat gar nicht genug Zeit zur Verfügung, um das abstrakt gesehen Bestmögliche herauszufinden. Der Patient ist vielleicht längst gestorben, während sein Arzt noch immer nach der idealen Medikation sucht. Aber gehört nicht von vornherein zu einer verantwortbaren Entscheidung auch, dass sie innerhalb der zur Verfügung stehenden Zeit gefällt wird? Man wird nicht selten auch unter Bedingungen von Ungewissheit dennoch handeln müssen. Man steht nicht nur für die Entscheidungen selbst unter Zeitdruck. Es gibt sogar Normen, die für ihre Geltung unter Zeitdruck stehen. Es gibt zulässige Notlösungen, die nicht mehr erlaubt sind, wenn bessere Lösungen verfügbar werden; und man ist verpflichtet, diese Veränderung so bald wie möglich zu erreichen. Zum Beispiel darf man Medikamente mit unerwünschten Nebenwirkungen nur solange anwenden, als man bei sonst gleichen Bedingungen noch über keine besseren Medikamente verfügt; aber man soll sich um deren möglichst baldige Verfügbarkeit bemühen.

In den Ethiklehrbüchern wird nach einer Beurteilung der dem handelnden *Subjekt* zuzuordnenden Handlungen gefragt. Gewöhnlich wird dabei jedoch kaum bedacht, dass wir nicht als isolierte Einzelwesen handeln. Vielmehr werden unsere Handlungen sowohl in

---

22 Vgl. jedoch jetzt SPAEMANN, Einzelhandlungen, 2000, 514–535. Mit Recht lässt Spaemann Handlungen »durch Ziele definiert« sein (526 [60]); er wird jedoch in seiner Darstellung der Unterscheidung von »Gegenstand« und »Ziel« nicht voll gerecht (vgl. ebd., 524 [58]). Dazu ausführlicher unten S. 74.

ihrem Entstehen wie insbesondere in ihren Ergebnissen von den Handlungen anderer beeinflusst und damit in sich selbst verändert. Unsere Handlungen sind gewöhnlich mit den Handlungen anderer verflochten oder verknüpft. Der jeweils Handelnde müsste eigentlich der Tatsache Rechnung tragen, dass das in seinen Handlungen als deren Ergebnis Angezielte durch Handlungen anderer gefördert oder behindert werden kann. Eine Handlung, von der man vorausweiß, dass ihr angezieltes Ergebnis nicht zustande kommen wird, könnte dadurch ihren Sinn verlieren und gar nicht mehr das sein, was der Handelnde zu tun meint. Jedenfalls wird man das eigene Handeln entsprechend einrichten und nach der tatsächlichen Erreichbarkeit des angezielten Ergebnisses fragen müssen. Ein bloß lineares Denken, das nur die Richtung von einer Ursache zu einer Wirkung kennt, muss durch ein Denken in Regelkreisen und Rückkopplungszusammenhängen ersetzt werden. Wie werden Ursachen durch ihre Auswirkungen wiederum beeinflusst? Man müsste von einer »Rückkopplungsstruktur« der Ethik sprechen.

Ein Beispiel für dieses Problem ist die Frage, wie sich Abgeordnete in einem Parlament verhalten sollen, die für den uneingeschränkten Schutz des Lebens eintreten wollen. Angenommen, sie finden für die von ihnen vertretene Lösung keine Mehrheit. Sie sind aber nicht bereit, daraufhin wenigstens einer weniger guten Lösung zuzustimmen. Dann können sie faktisch daran mitschuldig werden, dass nicht einmal die weniger gute Lösung eine Mehrheit erlangt, sondern nur die insgesamt schlechteste. Sie meinten, das Leben uneingeschränkt schützen zu wollen. Das tatsächliche Ergebnis ihres Handelns ist die weitgehende Aufhebung des Schutzes. Und dies hätten sie vorhersehen können; man kann es ihnen also zum Vorwurf machen.

In der traditionellen Ethik gibt es drei Bestimmungsstücke für die Moralität einer Handlung, die so genannten »Quellen der Sittlichkeit *(fontes moralitatis)*«. Diese Bestimmungsstücke sind der »Gegenstand *(obiectum)*«, die »Absicht *(intentio)*« und die »Umstände *(circumstantiae)*«.[23] Gleichbedeutend gebraucht man auch für »Gegenstand« den Ausdruck »Handlungsziel *(finis operis)*«; für »Absicht« sagt man auch »Ziel des Handelnden *(finis operantis)*«. Diese beiden anderen Bezeichnungen suchen herauszuarbeiten, dass es sich sowohl bei »Gegenstand« wie bei »Absicht« um angezielte Sachverhalte handelt. Es gibt auch Autoren, die statt von der »Absicht *(intentio)*« vom »Ziel *(finis)*« sprechen.[24] Man muss also jeweils genau zusehen, wie die einzelnen Begriffe gebraucht werden.

Unter dem »Gegenstand« einer Handlung versteht man die »objektive« Bedeutung der Handlung, dass es sich zum Beispiel um eine Lüge oder einen Diebstahl handelt.

Unter der »Absicht« versteht man die Motivation des Handelnden, ein angeblich im Unterschied zum »Gegenstand« bloß »subjektives« Moment.[25]

Von »Gegenstand« und »Absicht« hängt es nach der traditionellen Ethik ab, ob eine Handlung gut oder schlecht ist.

---

23 Vgl. THOMAS VON AQUIN, *Summa theologica, I-II q18 a2–a4.*
24 Z. B. VERMEERSCH, *Theologiae,* 1947, 94–96 (n. 102–104). Es scheint aber, dass er nicht einmal gesehen hat, dass *obiectum* im ethischen Verständnis und *finis operis* ein und dasselbe sind.
25 Katechismus, 1993, n. 1752.

Die davon unterschiedenen »Umstände« bestimmen nach herkömmlicher Ethik nicht, ob die Handlung gut oder schlecht ist, sondern nur, in welchem Maß sie gut oder schlecht ist.[26] Zum Beispiel ist ein Umstand bei einem Diebstahl der größere oder geringere Wert des gestohlenen Gutes. Davon hängt natürlich die Schwere des Diebstahls ab. Aber es bleibt jedenfalls ein Diebstahl, unabhängig vom Wert des gestohlenen Gutes.[27]

Auch in dieser herkömmlichen Lehre von den »Quellen der Sittlichkeit« bleiben elementare Unklarheiten.[28] Mit Recht wird gesagt, dass etwas nur dann der »Gegenstand« einer Handlung sein und diese moralisch bestimmen kann, wenn es von dem Handelnden gewollt und damit beabsichtigt ist. Doch ist hier erstens zu fragen, welches Wollen genügt, um den Gegenstand der Handlung zu bestimmen. Zum anderen ist zu fragen, wie sich die »Absicht«, die darin besteht, den Handlungsgegenstand zu wollen, von derjenigen »Absicht« unterscheidet, die vom Gegenstand der Handlung unterschieden werden soll. Kann man überhaupt bei jeder Handlung zwischen »Gegenstand« und »Absicht« unterscheiden?

Natürlich ist auch zu fragen, in welchem Maß eine Handlung gewollt ist. Geschieht sie vorsätzlich? Oder schlittert man nur gleichsam in sie hinein? Diese Frage nach dem Maß der Beabsichtigung kann im Sinn der klassischen Lehre von den »Quellen der Sittlichkeit« nicht unter dem Begriff der »Absicht« behandelt werden, sondern müsste zu den »Umständen« gehören. Denn es geht dabei nicht um die Frage, ob die Handlung gut oder schlecht ist, sondern nur noch darum, in welchem Maß sie das eine oder das andere ist. Dafür ist es wichtig, wie intensiv der Wille des Handelnden beteiligt ist.

Häufig werden in der Analyse von Handlungen Sachverhalte fälschlich zu den »Umständen« gerechnet, die eigentlich einen Unterschied im »Gegenstand« selbst ausmachen. Jemandem wissentlich das für ihn Lebensnotwendige zu stehlen ist etwas anderes als ein bloßer Diebstahl; es handelt sich dann darüber hinaus um die Bedrohung des Lebens eines anderen Menschen. Ist dies tatsächlich nur ein Umstand, oder gehört es nicht vielmehr zum Gegenstand dieses Handelns? Denn es bestimmt nicht nur den Grad der Schlechtigkeit der Handlung, sondern begründet zusätzlich, warum die Handlung nicht nur deswegen schlecht ist, weil es sich um Diebstahl handelt. Selbst wenn es sich gar nicht um Diebstahl handelte, sondern zum Beispiel um eine Schuldeneintreibung, wäre sie wegen der Bedrohung für das Leben des anderen Menschen sittlich schlecht.

Oder man begegnet der Auffassung, dass die vorausgesehenen »Folgen« (man spräche besser von »Ergebnissen«) einer Handlung nur zu den »Umständen« der Handlung gehö-

---

26 Ebd., n. 1754.
27 Die Lehre von den »*fontes moralitatis*« ist keineswegs nur eine heute obsolete Lehre der Scholastik. Sie lässt sich mit den in der Strafrechtsdogmatik angewandten Begriffen des Tatbestandes, der Absicht, des Vorsatzes vergleichen; vgl. etwa ROXIN, Strafrecht, 1994, 177–478. Man trifft auf die gleichen Probleme: Ein Tatbestand muss beabsichtigt sein; es kann aber eine über den Tatbestand hinausgehende Absicht vorliegen; der Grad der Schuld hängt u. a. mit dem Grad der Vorsätzlichkeit zusammen.
28 Zu der diesbezüglich herrschenden Begriffsverwirrung vgl. die historischen Belege bei STANKE, Lehre, 1984, und SCHÜLLER, Quellen, 1984.

ren[29], die nicht bestimmen können, ob die Handlung gut oder schlecht ist. Aber wenn man zum Beispiel voraussieht, dass im Gebirge im Spiel losgetretene Steine Touristen auf den darunterliegenden Wegen treffen können, dann wird ein solches Spiel verantwortungslos. Deshalb kann die allgemeine Behauptung nicht zutreffen, dass vorhergesehene Auswirkungen einer Handlung nur zu ihren »Umständen« gehören. Zu den »Umständen« kann nach der obengenannten traditionellen Begriffserläuterung nichts gehören, was darüber entscheidet, ob die Handlung gut oder schlecht ist. Die »Umstände« entscheiden nur darüber, in welchem Maß eine Handlung gut oder schlecht ist.

Nicht alle Umstände einer Handlung sind ethisch relevante »Umstände«. Zum Beispiel bleiben Uhrzeit und Ort einer Handlung als solche ohne ethische Bedeutung und gehören deshalb von vornherein gar nicht zu den »fontes moralitatis«. Dagegen könnte zum Beispiel der Verzögerung oder Übereilung einer Handlung ethische Bedeutung zukommen. Was genau ist also mit »Umständen« im ethischen Sinn gemeint, mit denjenigen Umständen, die zu den »fontes moralitatis« gehören?

Insgesamt gewinnt man den Eindruck, dass viele Begriffe der traditionellen Ethik wie Teile eines Puzzles sind, die durch lange Abnutzung ihre Konturen verloren haben. Sie werden falsch nebeneinander und manchmal übereinander gelegt und können so kein stimmiges Gesamtbild mehr ergeben. Der inhaltliche Hauptmangel traditioneller Ethik besteht darin, kein allen Aussagen zugrundeliegendes und tatsächlich anwendbares gemeinsames Kriterium für Gut und Böse an die Hand zu geben.

2) Sprachliche Leerstellen

a) PHYSISCHER SACHVERHALT UND MORALISCHE BEWERTUNG

Bei der Beschreibung von Handlungen unterscheidet man wenigstens in manchen Fällen die physische Sachverhaltsbeschreibung von der moralischen Bewertung. So unterscheidet man zum Beispiel zwischen »Wegnahme fremden Eigentums« und »Diebstahl«, zwischen »Falschrede« und »Lüge«, zwischen »Tötung« und »Mord«, zwischen »Schwangerschaftsabbruch« und »Abtreibung«. Dabei sind »Wegnahme fremden Eigentums«, »Falschrede«, »Tötung« und »Schwangerschaftsabbruch« noch nicht wertende, sondern nur den physischen Sachverhalt beschreibende, »wertneutrale« Begriffe. Dagegen sind »Diebstahl«, »Lüge«, »Mord« und »Abtreibung« wertende Bezeichnungen für Handlungen, die niemals erlaubt sind. Solche Handlungen gelten in der traditionellen Ethik als »in sich schlecht«.

Jeder Diebstahl besteht in der Wegnahme fremden Eigentums. Aber nicht jede Wegnahme fremden Eigentums ist Diebstahl. Wenn man sich in extremer Not das Notwendige durch Wegnahme fremden Eigentums beschafft, gilt dies in der traditionellen Ethik nicht als Dieb-

---

29 Katechismus, 1993, n. 1754: »Die Umstände, einschließlich der Folgen [...] können an sich die sittliche Beschaffenheit der Handlung nicht ändern; sie können eine an sich schlechte Handlung nicht zu etwas Gutem und Gerechten machen.« An dieser Aussage ist erstens unzutreffend, dass die Folgen einer Handlung nur zu den Umständen zu rechnen sind; deshalb ist es auch zweitens unzutreffend, dass sie die sittliche Beschaffenheit einer Handlung nicht ändern können. Sie können zwar eine bereits schlechte Handlung nicht zu einer guten machen, aber sie können eine sonst problemlose Handlung sehr wohl zu einer schlechten machen.

stahl. Kurz nach dem zweiten Weltkrieg hatte der Kölner Kardinal Joseph Frings in einer Predigt gesagt: Um sich vor dem Erfrieren zu retten, dürfe man sich Kohle von den Güterwaggons holen, die in die Siegerländer fuhren. Es handele sich nicht um Diebstahl. Im Volksmund entstand dafür das Wort »fringsen«.

Jede Lüge ist eine Falschrede; aber nicht jede Falschrede ist eine Lüge. Es kann sich statt um eine Lüge auch um die berechtigte Wahrung eines Geheimnisses handeln. Denn es gibt Fälle, in denen die bloße Verweigerung einer Antwort bereits auf die Preisgabe eines Geheimnisses hinausliefe. Dann wäre Falschrede keine Lüge.

Jeder Mord[30] ist eine Tötung; aber nicht jede Tötung ist Mord. Wenn die einzige Möglichkeit, einen Amokläufer am Morden zu hindern, darin besteht, ihn zu erschießen, ist dies zwar Tötung, aber kein Mord.

Jede Abtreibung ist ein Schwangerschaftsabbruch (es begegnet auch die unzutreffende Formulierung »Schwangerschaftsunterbrechung«, als könnte man die Schwangerschaft später wieder fortsetzen). Aber auch hier gilt, dass nicht jeder Schwangerschaftsabbruch eine Abtreibung ist. Die Beendigung einer Schwangerschaft im Fall einer ektopischen Empfängnis bedeutet, dass man, anstatt mit Sicherheit Mutter und Kind sterben zu lassen, wenigstens das Leben der Mutter rettet. In letzterem Fall von Abtreibung zu sprechen wäre Begriffsverwirrung. Dies liefe auf eine falsche Unterweisung der Gewissen hinaus; in der Meinung, das Leben für heilig zu halten, gäbe man es objektiv preis.

Es gibt also Fälle, in denen eine Wegnahme fremden Eigentums kein Diebstahl, eine Falschrede keine Lüge, eine Tötung kein Mord und ein Schwangerschaftsabbruch keine Abtreibung ist. Es handelt sich in solchen Fällen nicht etwa um Ausnahmen vom Verbot des Diebstahls, der Lüge, des Mordes und der Abtreibung, sondern hier liegen von vornherein diese ethischen Tatbestände gar nicht vor, obwohl äußere Gemeinsamkeiten bestehen.

Es müsste für überhaupt jede Art von Handlungen eine solche doppelte Bezeichnung geben, zunächst die für den physischen Sachverhalt und dann bei je einem Teilbereich der so beschriebenen Handlungen für die moralisch negative Bewertung.

b) SIND ETHISCHE WERTE EINE SONDERFORM VON WERTEN?

Zu den sprachlichen Problemen der herkömmlichen Ethik gehört auch, dass die Wörter »gut« und »schlecht« nicht nur in ethischem Sinn, sondern auch in einem zumindest vorethischen Sinn gebraucht werden oder vielleicht sogar manchmal in einem Sinn, der überhaupt nichts mit Ethik zu tun zu haben scheint, etwa wenn man von einem guten oder einem schlechten Messer spricht.

Es entsteht dann der Eindruck, dass es sich um Oberbegriffe für eine Reihe verschiedener Arten von Werten und Unwerten handle. Zum Beispiel unterscheidet man zwischen angenehmen, nützlichen und ethischen Werten. Durch eine solche Nebenordnung wird möglicherweise die Einsicht verhindert, dass sich ethische Werte nur als eine bestimmte Weise, mit angenehmen oder nützlichen Werten umzugehen, überhaupt definieren lassen. Ethische Wer-

---

30 Im Strafrecht differenziert man noch zwischen Totschlag und Mord. Mord ist hier eine qualifizierte Form von Totschlag. Oben wird beides unter dem Begriff »Mord« zusammengefasst.

te stellen nicht eine Sonderart von Werten neben anderen dar; sie bestehen vielmehr nur in einem bestimmten Umgang mit anderen Werten.

c) »PSYCHOLOGISCHE« UND »ETHISCHE« ABSICHT

Es fehlt der herkömmlichen Ethik an Sensibilität für den Unterschied zwischen Absicht (im Sinn des gewollten »Handlungsziels«) im psychologischen und im ethischen Sinn. Ein Dieb abstrahiert bei seinem Diebstahl möglicherweise vollkommen davon, dass er jemanden schädigt; seine ganze Aufmerksamkeit und damit seine psychologische Absicht ist allein darauf gerichtet, wie er an das Geld selbst kommt. Der Schaden für einen anderen Menschen bleibt ihm dabei völlig gleichgültig. Im moralischen Sinn besteht jedoch die wirklich gewollte Handlung in der Schädigung eines anderen Menschen. Umgekehrt geht die ganze Aufmerksamkeit und damit die psychologische Absicht eines Ärzteteams, das bei einem bösartigen Knochentumor ein Bein amputiert, auf die kunstgerechte Durchführung der Operation. Die Absicht der Ärzte im ethischen Sinn ist jedoch die Lebensrettung des Patienten angesichts seines bösartigen Tumors. Aber dies steht während der Operation vielleicht überhaupt nicht im Mittelpunkt ihrer Aufmerksamkeit. Für die ethische Beurteilung entscheidend ist jedoch nicht die psychologische, sondern die ethische Absicht.

d) VERMEINTLICH UND WIRKLICH

Es gibt ferner in der herkömmlichen Ethik so gut wie keine eingeführten Begriffe, um deutlich herauszuarbeiten, dass man paradoxerweise *objektiv* verpflichtet ist, dem schuldlos irrigen eigenen Gewissen zu folgen. Die Verpflichtung ihrerseits kann nicht mit Recht als irrig bezeichnet werden. Entsprechendes gilt von Verboten. Wenn jemand einen Baum irrtümlich für seinen gehassten Nachbarn hält und auf ihn schießt, macht er sich in seinem Gewissen objektiv und nicht nur vermeintlich schuldig. Umgekehrt kann jemand vermeintlich Gutes wollen und großen Schaden anrichten. Sein Verhalten ist objektiv falsch und kann ihm doch objektiv nicht angelastet werden, solange ihm sein Irrtum nicht bewusst wird. Für diese Objektivität bei irrigen Voraussetzungen fehlt in der traditionellen Ethik eine eingeführte und allgemein anerkannte Begrifflichkeit. Obwohl man im Gewissen verpflichtet ist, sich an die objektive Wirklichkeit zu halten, verpflichtet auch das irrige Gewissen. Es muss sich allerdings um einen unverschuldeten Irrtum handeln; mutwillig herbeigeführte Unkenntnis oder Verkennung entschuldigen nicht.

e) BENENNUNG VON KOMPLEMENTÄRTUGENDEN

Aristoteles (384–322 v. Chr.) hatte gelehrt, dass die Tugend, das rechte Verhalten, in der Mitte zwischen zwei falschen Extremen liege.[31] Zum Beispiel liege Tapferkeit zwischen den falschen Extremen der Tollkühnheit und der Feigheit. Die Mitte zwischen den beiden Extremen solle aber auch ihrerseits in Bezug auf das Gute extrem sein: Es sei wünschenswert, nicht nur tapfer, sondern möglichst tapfer zu sein. Aristoteles stellte in diesem Beispiel

---

31 Nikomachische Ethik 1106a,14 – 1109b,26.

jedoch fest, dass die Tugend der Tapferkeit nicht genau in der Mitte zwischen Tollkühnheit und Feigheit liege. Sie stehe in einer größeren Nähe zur Tollkühnheit. Tatsächlich wird, wer tollkühn ist, eher von sich behaupten, er sei tapfer, und nicht, er sei feige.

Eine überzeugende Erklärung für diese zutreffende Beobachtung fand Aristoteles nicht. Man findet sie jedoch, wenn man nach einer weiteren Tugend fragt, die dem anderen Extrem näher liegt. In der Tat gibt es eine Benennung des rechten Verhaltens, die in größerer Nähe zum anderen Extrem liegt: die Vorsicht. Wer feige ist, wird gewöhnlich behaupten, dass er vorsichtig sei.

Feigheit	VORSICHT	TAPFERKEIT	Tollkühnheit

Tapferkeit und Vorsicht können streng genommen nur zusammen existieren. Tapferkeit ohne Vorsicht ist nicht Tapferkeit, sondern Tollkühnheit. Vorsicht ohne Tapferkeit ist nicht Vorsicht, sondern Feigheit. Wenn der Feigling behauptet, vorsichtig zu sein, oder der Tollkühne sich als tapfer ansieht, täuschen sie sich. Das erkennt man am Fehlen der jeweiligen Komplementärtugend.

In den falschen Extremen wird entweder zu viel oder zu wenig eingesetzt; in den Komplementärtugenden sucht man möglichst viel bei möglichst geringem Aufwand zu erreichen, wobei man die Spanne zwischen Gewinn und Verlust zu maximieren sucht; zumindest soll der Gewinn den Verlust überwiegen.

Dieses Viererschema lässt sich verallgemeinern. So sind Sparsamkeit und Großzügigkeit zusammengehörende Komplementärtugenden und Geiz und Verschwendung die falschen Extreme.

Geiz	SPARSAMKEIT	GROßZÜGIGKEIT	Verschwendung

Ebenso gehören Klugheit und Lauterkeit (»Seid klug wie die Schlangen und arglos wie die Tauben«, Mt 10,16) zusammen, um die falschen Extreme der Gerissenheit und der Dummheit zu meiden.

Dummheit	LAUTERKEIT	KLUGHEIT	Gerissenheit

Es muss möglich sein, für jede Tugend sowohl eine Komplementärtugend anzugeben wie die beiden Laster, die zu vermeiden sind.[32]

Aber wir machen die Erfahrung, dass die Alltagssprache weithin für die Komplementärtugenden keine eingeführten Begriffe bereithält. Deshalb werden Tugenden und Laster miteinander verwechselt. Fleiß liegt zwischen Faulheit und Streberei oder Hyperaktivismus. Aber fleißige Menschen werden oft als Streber oder etwa als Workaholics verschrien, weil es an der Benennung für die Komplementärtugend fehlt, ohne die Fleiß kein Fleiß, sondern tatsächlich Streberei oder Workaholism ist. Oder umgekehrt gelten aus dem gleichen Grund

---

32 Auf einen ähnlichen Ansatz bereits bei RADULPHUS ARDENS (+ 1200) in seinem noch nicht neu edierten Werk »*Speculum universale*« macht aufmerksam ERNST, Vernunft, 1996, 333–338. Radulphus Ardens spricht von »Kollateraltugenden«. Vgl. auch SCHULZ VON THUN, Reden, 1996, 38–55: »Das Werte- und Entwicklungsquadrat«.

Streber als fleißig. Die Komplementärtugend müsste in einer Art Arbeitsökonomie bestehen, die übertriebenen Einsatz vermeidet. Aber dafür gibt es bisher kein eingeführtes Wort, sondern man muss immer wieder zu verschiedenen zusätzlichen Eigenschaftswörtern Zuflucht nehmen.

Faulheit	(ARBEITSÖKONOMIE?)	FLEIß	Streberei

Das Gegenteil von Hochmut sind Minderwertigkeitskomplexe oder so genannte »bucklige Demut«. In der Mitte zwischen beiden Extremen liegt die Demut eines Menschen, der um seine Würde weiß. Aber für Letzteres gibt es keine Bezeichnung, die spontan einfallen könnte. Das Wort »Stolz« wird oft im Sinn von Hochmut verstanden, aber auch umgekehrt wird für Hochmut das positiv gemeinte Wort »Stolz« gebraucht (»stolz, ein Deutscher zu sein«).

Minderwertgefühle	DEMUT	(STOLZ?)	Hochmut

Weil uns eingeführte Begriffe fehlen, werden nicht selten dieselben Wörter von den einen in positivem und von den anderen in negativem Sinn verstanden.

Man begegnet allerdings der Auffassung, dass die aristotelische Lehre, das rechte Verhalten liege in der Mitte zwischen zwei Extremen, nicht für alle Tugenden gelte.[33] Kann man etwa in wirklicher Gerechtigkeit oder wirklicher Klugheit übertreiben? Aber mit dieser Meinung hat man vergessen, dass Aristoteles von allen Tugenden sagt, dass man sie am besten in möglichst hohem Maß anstreben solle und dass sie somit ihrerseits extrem sein sollen. Wirkliche Gerechtigkeit liegt zwischen den Extremen der Ungerechtigkeit oder Parteilichkeit auf der einen Seite und dem, was das lateinische Sprichwort »*summum ius summa iniuria*« aussagen will: Auf die Spitze getriebenes Recht kann zu höchstem Unrecht werden, weil man dann nicht mehr auf die Besonderheit des Einzelfalls eingeht. Zur Gerechtigkeit gehört als Komplementärtugend die Barmherzigkeit, die aber alles andere als Parteilichkeit und Nachgiebigkeit ist.

Härte	GERECHTIGKEIT	BARMHERZIGKEIT	Nachgiebigkeit

Theologisch könnte eingewandt werden, dass wenigstens für die so genannten »göttlichen Tugenden« Glaube, Hoffnung und Liebe sich kein solches Viererschema aufstellen lasse. Aber auch das trifft nicht zu. Die falschen Extreme zu Glaube sind Leichtgläubigkeit bzw. Aberglaube auf der einen Seite und ein In-sich-selbst-Verschlossensein auf der anderen. Glaube kann nur zusammen mit der Bereitschaft zu kritischem Denken er selbst sein.

Hyperkritik	KRITISCH DENKEN	GLAUBE	Leichtgläubigkeit

---

33 WOLF, Sinn, 1995, 83, gibt den heutigen philosophischen Trend so wieder: »Die Aristotelische Lehre von der ethischen Tugend als einer *mesotês*, einer mittleren Verfassung, gilt allgemein als dunkel und zugleich als entweder leer oder nicht anwendbar oder nicht hilfreich«. Auch Wolf selbst meint, diese Lehre habe zwar einen verständlichen und haltbaren Kern, der jedoch in seiner Reichweite begrenzt sei und auf die moralischen Tugenden nicht passe.

Ähnlich liegt Hoffnung zwischen Vermessenheit und Verzweiflung. Sie kann sie selbst nur zusammen mit einer Haltung sein, die in Phil 2,12 so beschrieben wird: »Müht euch mit Furcht und Zittern um euer Heil!«

Verzweiflung	»ZITTERN UND ZAGEN«	HOFFNUNG	Vermessenheit

Auch von der Liebe zu Gott gilt, dass sie nur zusammen mit Eigenverantwortlichkeit existieren kann; die falschen Extreme sind: Rebellieren oder Kuschen (vgl. Gen 2,15–17; 3,1–24; Lk 15,11–32).

Rebellieren	EIGENVERANTWORTUNG	LIEBE	Kuschen

Es könnte eine nützliche Sprachübung sein, für alle Tugendideale sowohl ein Wort für die Komplementärtugend zu finden als auch die beiden zu vermeidenden falschen Extreme zu benennen. Oder man könnte bei einem der Laster beginnen und erstens nach dem anderen falschen Extrem suchen sowie zweitens nach den beiden einander komplementären Tugenden.

Eigentlich müsste es für jede dieser abgegrenzten *Vierergruppen* wie »Tapferkeit, Vorsicht, Tollkühnheit, Feigheit« oder »Großzügigkeit, Sparsamkeit, Verschwendung, Geiz« usw. als ganze jeweils auch eine eigene Benennung geben. Aber davon sind unsere Alltagssprachen noch weit entfernt. Es gibt für überhaupt keine dieser Vierergruppen ein eigenes Wort. Alles, wofür es kein Wort gibt, bleibt damit gewöhnlich auch außerhalb der Beachtung.

Vielleicht könnte man in Bezug auf »Tapferkeit, Vorsicht, Tollkühnheit, Feigheit« von der Gruppe der »Muthaltungen« sprechen; und für »Großzügigkeit, Sparsamkeit, Verschwendung und Geiz« von der Gruppe der »Gebehaltungen«. Oder wie sollte man sie sonst nennen? Hier kann nur zu sprachlicher Kreativität ermuntert werden, um möglichst einprägsame Namen für diese und weitere Gruppen zu erfinden.

GRUPPENNAME?			
Zu wenig Einsatz	MÖGLICHST WENIG VERLUST	MÖGLICHST HOHE GEWINNSPANNE	Zu viel Einsatz

In der Lehre von den Komplementärtugenden klingt bereits an, was im Folgenden unter dem Begriff des »entsprechenden Grundes« einer Handlung angesprochen werden wird. Es handelt sich um den Schlüsselbegriff des »Prinzips der Doppelwirkung«. Auch auf die anderen bisher genannten Probleme der Ethik soll im Folgenden ausgehend vom traditionellen Prinzip der Doppelwirkung neu eingegangen werden.

II. Das traditionelle Prinzip der Doppelwirkung

Unsere Handlungen haben häufig (wenn nicht sogar immer) mehrere Auswirkungen, von denen die einen erwünscht, die anderen aber unerwünscht sind. Um solche Handlungen zu beurteilen, wurde in der traditionellen, von der Scholastik beeinflussten Ethik das »Prinzip der Doppelwirkung« entwickelt. Natürlich können Handlungen nicht nur zwei, sondern viele Auswirkungen haben; aber von »Doppelwirkung« ist die Rede, weil eine Vielheit von Auswirkungen sich gewöhnlich in die Zweiheit erwünschter und unerwünschter einteilen lässt. Das Prinzip der Doppelwirkung will auf die Frage antworten, unter welchen Bedingungen man neben erwünschten auch unerwünschte Auswirkungen zulassen oder sogar verursachen darf.

Das Prinzip wird traditionell so formuliert:

> Die Zulassung oder Verursachung eines Schadens ist dann erlaubt, wenn
> a) die Handlung nicht »in sich schlecht« ist;
> b) der Schaden nicht als Zweck direkt beabsichtigt ist;
> c) der Schaden auch nicht als Mittel zum Zweck direkt beabsichtigt ist;
> d) für die Zulassung oder Verursachung des Schadens ein entsprechender Grund vorliegt.

Sollte auch nur eine dieser Bedingungen nicht erfüllt sein, dann ist die Zulassung oder Verursachung eines Schadens ethisch nicht vertretbar.[34]

Ein Hauptanwendungsfall des Prinzips der Doppelwirkung war die Frage, ob man einem Sterbenden, der unter unerträglichen Schmerzen leidet, ein schmerzstillendes Medikament selbst dann geben darf, wenn damit als Nebenwirkung auch sein Leben verkürzt wird. Ist dies eine Form von so genannter »direkter Euthanasie« und damit unerlaubte Tötung? Für eine verneinende Antwort lauten traditionell die Bedingungen: Die Lebensverkürzung darf nicht beabsichtigt sein; sie darf auch nicht das Mittel zur Schmerzstillung sein. Aber die sonst gegebene Unerträglichkeit der Schmerzen ist ein wichtiger Grund, die Lebensverkürzung in Kauf zu nehmen.

In vergangenen Jahrzehnten wurde gefragt, ob es Fälle geben kann, in denen ein Schwangerschaftsabbruch erlaubt ist. Darf man zum Beispiel eine für die Mutter lebensbedrohende

---

[34] In der Neuscholastik war für die späteren Ethikhandbücher wegweisend GURY, *Compendium*, 1852, 4. Nach ihm gilt: »Es ist erlaubt, die Ursache zu einer guten Wirkung zu setzen, auch wenn aus ersterer eine schlechte Wirkung folgt, wenn folgende Bedingungen vorliegen: 1. Das Ziel des Handelnden muss sittlich gut sein. 2. Die Ursache muss in sich gut oder indifferent sein. 3. Die gute Wirkung muss gleich unmittelbar wie die schlechte Wirkung aus der Ursache folgen. 4. Die gute Wirkung muss die schlechte Wirkung wenigstens ausgleichen.« Zu beachten ist dabei: Die 1. Bedingung findet sich in der obigen heutigen Formulierung in der zweiten wieder, die 2. in der ersten. – Eine sehr knappe Fassung des Prinzips findet sich bei GENICOT / SALSMANS, *Institutiones*, 1951, 14: »Man darf mit einem ehrbaren Ziel eine gute oder indifferente Ursache setzen, deren Wirkung eine doppelte ist, die eine gut, die andere schlecht, wenn nur die gute Wirkung nicht durch Vermittlung der schlechten folgt und ein angemessen schwerer Grund *(ratio proportionate gravis)* vorliegt.« Wie in der vorangehenden Formulierung ist hier sehr deutlich, dass das eigentliche Kriterium für sittliche Gutheit nicht in diesem Prinzip gesucht, sondern anderswoher vorausgesetzt wird. – Eine heutige Formulierung des Prinzips der Doppelwirkung bietet RICKEN, Handeln, 1998, 199: »Danach ist es sittlich erlaubt, ein außermoralisches Übel zu verursachen, wenn drei Bedingungen erfüllt sind: a) Die Handlung muss sittlich richtig oder indifferent sein. b) Die schlechte Wirkung darf weder als Ziel noch als Mittel beabsichtigt sein; deshalb muss sie entweder eine Folge der guten Wirkung sein oder sich in gleicher Unmittelbarkeit wie die gute Folge ergeben. c) Die Zulassung des Übels muss durch einen entsprechend schwerwiegenden Grund aufgewogen werden.« Hier wird in der Bedingung b) die 2. und 3. Bedingung der obigen heutigen Formulierung zusammengefasst. Unzutreffend ist, dass es nur um die Verursachung eines außermoralischen Übels gehen dürfe.

Eileiterschwangerschaft abbrechen? Spätestens nach sechs Wochen rupturiert der Eileiter, der Embryo stirbt und die Mutter ist dann in akuter Lebensgefahr. Katholische Moraltheologen antworteten häufig: Es würde sich um eine direkte Tötung des Fötus handeln, die immer unerlaubt ist.[35] Man müsse also lieber Mutter und Kind sterben lassen, als sich einer direkten Tötung und damit des Mordes schuldig zu machen. Anders läge der Fall jedoch, wenn der Uterus der Schwangeren von Krebs befallen sei. Dann dürfe man ihn herausoperieren und dabei in Kauf nehmen, dass ein darin befindlicher Fötus sein Leben verliere. Es handele sich nicht um eine direkte, sondern nur indirekte Tötung, die aus schwerwiegenden Gründen zulässig sein könne. Unter »direkt« und »indirekt« verstand man »physisch unmittelbar« und »physisch mittelbar«.

Die herkömmliche Deutung des Prinzips der Doppelwirkung lief darauf hinaus, dass der in einer Handlung zugelassene oder verursachte Schaden nicht *früher* als die angestrebte positive Wirkung eintreten dürfe. Jedenfalls dürfe die positive Wirkung nicht erst durch einen zuvor bewirkten Schaden zustandekommen, denn dann wäre dieser direkt verursacht und somit auch direkt beabsichtigt. Der Unterschied sei so zu erkennen: Wenn die gute Wirkung auch dann einträte, wenn der vorausgesehene Schaden ausbliebe, dann sei der Schaden nicht Mittel zur Erreichung der guten Wirkung, sondern nur Nebenfolge. Wenn jedoch bei Vermeidung des Schadens auch die gute Wirkung beeinträchtigt würde, dann sei der Schaden das Mittel zur Erreichung der guten Wirkung. In dieser traditionellen Deutung des Prinzips der Doppelwirkung geht es um Ergebnisse des Handelns, die nicht in sich selbst gewollt *(voluntarium in se)* sind, aber doch dadurch mit dem menschlichen Willen zusammengehören, dass ihre Ursache gewollt ist *(voluntarium in causa)*.

Die unterschiedliche Lösung der beiden Fälle von Schwangerschaftsabbruch wird man spontan wahrscheinlich als unverständliche Haarspalterei und als unmenschliche Gleichgültigkeit gegenüber den Leiden der Betroffenen empfinden. Aber wo liegt der Fehler?

Auch gegen die weniger kontroverse Anwendung des Prinzips der Doppelwirkung für den Fall eines schmerzstillenden Medikaments, das zugleich das Sterben beschleunigt, werden heute Einwände erhoben. Sie sei »verschleiernd und unehrlich, weil sie dem Handelnden mit der ganz unangebrachten Suggestion beispringt, für den vorausgesehenen Nebeneffekt seines Tuns sei er nicht verantwortlich, wenn er dabei nur die richtige Gesinnung habe«[36]. Damit könnte das Prinzip selbst als in hohem Maß unmoralisch erscheinen.

Die Schwierigkeiten mit dem traditionellen Prinzip von der Doppelwirkung legen es nahe, neu nach seiner genauen Bedeutung zu fragen.

Eine erste Rückfrage an die traditionelle Formulierung des Prinzips der Doppelwirkung wäre, wie sich die vier Bedingungen zueinander verhalten. Wie kommt es zu gerade diesen vier Bedingungen? Kann man ausschließen, dass noch weitere Bedingungen zu nennen wä-

---

35 Dies scheint die Position von PIUS XI. in der Enzyklika »*Casti connubii*«, 541–573 gewesen zu sein; vgl. DH 3719f. Über eine diesbezüglich zwischen A. Gemelli und A. Vermeersch ausgetragene Kontroverse berichtet ausführlich JANSSEN, *L'hystérectomie*, 1934. Mit Recht argumentieren FINNIS / GRISEZ / BOYLE, *"Direct"*, 2001, 21–31, dass es sich keineswegs um »direkte« Tötung handele.

36 MERKEL, Entscheidungen, 1995, 53 (1996, 84).

ren? Verhalten sich die Bedingungen nur additiv zueinander, oder haben sie eine Art gemeinsamen Nenner, aus dem sie sich begründen ließen?

Das Prinzip der Doppelwirkung scheint zwar sowohl für Zulassung wie für Verursachung eines Schadens zu gelten. Intuitiv hält man jedoch oft die Verursachung eines Schadens für schlimmer als seine bloße Zulassung. Was hat es damit auf sich?

Wie verhält es sich, wenn der zugelassene oder verursachte Schaden nicht nur in einem vorethischen Schaden, sondern gerade darin besteht, dass eine schlechte Handlung eines anderen Menschen zugelassen, ermöglicht oder sogar verursacht wird?[37]

Der Verlust eines Körpergliedes ist als solcher ein vorethischer Schaden. Wenn der Verursacher dieses Schadens damit einen Menschen absichtlich verstümmelt, ist seine diesen Schaden verursachende Handlung schlecht. Wenn die operative Entfernung eines Körpergliedes dagegen zur Lebensrettung eines Patienten notwendig ist, bleibt der Verlust des Körpergliedes ein vorethischer Schaden, den man zwar gerne vermieden hätte, aber die Handlung selbst ist nicht unmoralisch.

Aber kann eine Handlung auch dann verantwortbar bleiben, wenn sie eine böse Handlung eines anderen zulässt oder gar mitverursacht? Man hält zum Beispiel jemand anderen für einen Dieb und stellt ihm eine Falle, in der er, wenn der Verdacht zutrifft, auf frischer Tat erwischt werden kann. Man hat damit faktisch einen Diebstahl ermöglicht. Gilt das Prinzip der Doppelwirkung auch in solchen Fällen und könnte diese Ermöglichung mit einem »entsprechenden Grund« zulässig sein?

1) Erste Bedingung: Handlung nicht »in sich schlecht«

Im herkömmlichen Verständnis des Prinzips der Doppelwirkung geht man zunächst davon aus, dass sich seine Gültigkeit auf Randfälle beschränkt. Denn in der ersten Bedingung heißt es, die Handlung dürfe nicht »in sich schlecht« sein. Nur wenn eine Handlung, bei der ein Schaden zugelassen oder verursacht wird, nicht von vornherein »in sich schlecht« ist, stellt sich überhaupt die Frage, ob sie trotz des mit ihr verbundenen Schadens unter bestimmten weiteren Bedingungen erlaubt sein kann.

Dahinter steht die Vorstellung, dass es »in sich schlechte« Handlungen gibt, die niemals erlaubt sein können, und andere Handlungen, die nur unter bestimmten Bedingungen »schlecht« werden, aber unter anderen Bedingungen zulässig sein können. Nach seiner herkömmlichen Deutung lässt sich das Prinzip der Doppelwirkung nur auf diese zweite Art von Handlungen anwenden. Die Frage dagegen, ob eine Handlung »in sich schlecht« ist oder nicht, wird als bereits anderweitig beantwortet vorausgesetzt.

---

37 Nach RICKEN, Ethik, 1998, 231 (n. 318), ist das Prinzip der Doppelwirkung »nach dem heute gängigen Verständnis« ausdrücklich auf den Fall der Verursachung eines »außermoralischen Übels« einzuschränken (vgl. auch oben S. 28, Fußnote 34); er scheint damit zu übersehen, dass traditionellerweise auch die Beurteilung der Mitwirkung zur Sünde den Regeln des Prinzips der Doppelwirkung folgt. Seine Darstellung des Prinzips (231–235, nn. 316–324) zeigt letztlich nur die Aporien des üblichen Verständnisses auf. Er meint auch im Widerspruch zu seiner ursprünglichen Formulierung »Verursachung« einer üblen Wirkung, sie dürfe nur »zugelassen« werden (n. 318), während es in Wirklichkeit um die Frage geht, wann ein Schaden zugelassen oder sogar verursacht werden darf und dennoch außerhalb der Absicht bleibt.

Diese eigentlich »harte«, so genannte deontologische Ethik hat es mit der Frage zu tun, wann eine Handlung »in sich schlecht« ist und wann nicht. »In sich schlechte« Handlungen sind auf jeden Fall unerlaubt. Im Prinzip der Doppelwirkung dagegen geht es um eine Art »weicher« teleologischer Ethik für die Fälle, in denen die Schlechtigkeit einer Handlung nicht von vornherein gegeben, sondern von verschiedenen Bedingungen abhängig ist.

Die erste Bedingung des Prinzips der Doppelwirkung, dass die Handlung nicht »in sich schlecht« sein dürfe, scheint jedenfalls zunächst nur den Anwendungsbereich des Prinzips einzuschränken.

2) Zweite Bedingung: Schaden nicht als Zweck beabsichtigt

Die zweite Bedingung des Prinzips der Doppelwirkung in seiner traditionellen Formulierung und Deutung bezieht sich auf die Absicht des Handelnden. Der zugelassene oder verursachte Schaden dürfe nicht selber beabsichtigt sein. Er müsse »indirekt« bleiben, indem er höchstens gleichzeitig mit dem angezielten Gut, besser erst danach entsteht.

Gegenüber dieser Bedingung entsteht die Frage, ob die Handlung nicht vielleicht genau dadurch bereits »in sich schlecht« wäre, dass der zugelassene oder verursachte Schaden beabsichtigt würde. Liefe die zweite Bedingung dann nicht darauf hinaus, nur mit anderen Worten die erste Bedingung (dass die Handlung nicht »in sich schlecht« sein dürfe) zu wiederholen?

Es bleibt auch unklar, was hier unter »Absicht« zu verstehen ist. Ist nicht bei einer Fußamputation die ganze Aufmerksamkeit und damit die psychologische Absicht der Ärzte auf die kunstgerechte Amputation des Fußes gerichtet? Inwiefern bleibt der vom Patienten erlittene Schaden des Verlustes eines Gliedes »außerhalb der Absicht«? Oder gehört der Fall einer Amputation zur Lebensrettung des Patienten vielleicht gar nicht zu den Anwendungsfällen des Prinzips der Doppelwirkung?

Gibt es noch andere grundlegende ethische Prinzipien? In welchem Verhältnis stünden sie zueinander?

3) Dritte Bedingung: Schaden nicht als Mittel beabsichtigt

Die dritte Bedingung besagt, dass der zugelassene oder verursachte Schaden auch nicht das Mittel sein dürfe, um die gute Wirkung zu erreichen. Dann wäre er nämlich doch wieder direkt beabsichtigt, weil man ja das Mittel selbst wollen muss, wenn man den Zweck erreichen will.

Diese Bedingung ist inhaltlich mit der Maxime identisch, dass der gute Zweck das schlechte Mittel nicht heiligt. Die Anerkennung dieser Maxime gilt als das Gütesiegel einer Ethik mit absoluten Normen. In der unten folgenden Neuinterpretation des Prinzips der Doppelwirkung wird diese Maxime in dem Sinn anerkannt werden, dass eine schlechte Handlung nicht schon dadurch gut werden kann, dass man sie über ihre eigene Zielsetzung hinaus dazu benützt, eine andere gute Handlung zu ermöglichen.

In der traditionellen Formulierung bleibt jedoch unklar, in welchem Sinn von einem *Mittel* die Rede ist. Ist der zugelassene oder verursachte Schaden selbst das Mittel, oder

besteht das Mittel in einer Handlung, nämlich der Zulassung bzw. Verursachung des Schadens? Ist also mit dem Mittel ein bloßer Sachverhalt oder eine Handlung gemeint?

Wenn das Mittel im eigentlichen Sinn ethisch schlecht sein soll, dann muss es sich um
eine eigene Handlung handeln. Und wenn der Zweck ethisch gut sein soll, muss auch dieser
Zweck in Wirklichkeit eine zu vollziehende oder zumindest eine beabsichtigte Handlung
sein.

Nach der herkömmlichen Ethik ist eine Handlung, die einen Menschen verstümmelt,
ethisch schlecht. Wenn der gute Zweck nicht das schlechte Mittel heiligt, schiene auf den
ersten Blick zu folgen, dass auch der gute Zweck der Lebensrettung es dennoch nicht recht-
fertige, als Mittel dazu den Kranken zu verstümmeln. Intuitiv erscheint diese Folgerung
jedoch absurd. Ist also eine einen Menschen verstümmelnde Handlung nur unter bestimmten
Bedingungen »in sich schlecht«, aber nicht immer? Aber wie kann sie dann überhaupt »in
sich schlecht« sein? Mit Recht wird man normalerweise eine therapeutisch erforderliche
Amputation nicht als »Verstümmelung« bezeichnen, obwohl sie von außen gesehen zunächst
die gleiche Auswirkung hat, nämlich dass jemand ein Körperglied verliert. Auf einem Foto
wäre eine nicht therapeutisch begründete Amputation, die dann eine Verstümmelung wäre,
von einer therapeutisch begründeten Amputation nicht eindeutig zu unterscheiden. Es ist
berichtet worden, dass in einem Land mit großen sozialen Gegensätzen immer wieder Stra-
ßenkinder entführt worden seien. Man habe ihnen eine Niere entfernt, um damit den schwar-
zen Transplantationsmarkt zu bedienen. Die Operation selbst sei fachmännisch durchgeführt
worden. Sollte der Unterschied nur in einer inneren, rein subjektiv bleibenden Gesinnung
der Operateure liegen, oder handelt es sich nicht vielmehr um einen objektiven Unterschied,
einen Unterschied in der Realität selbst?

4) Vierte Bedingung: »entsprechender Grund«

Das Prinzip der Doppelwirkung fordert einen »entsprechenden Grund«, wenn es erlaubt sein
soll, einen Schaden zuzulassen oder zu verursachen. Aber was ist ein »entsprechender
Grund«? Manche moraltheologischen Handbücher verstehen darunter einen »ernsthaften«
oder einen »wichtigen« oder »schwerwiegenden«[38] Grund oder eine »hinreichende Rechtfertigung«. Das wirft natürlich sofort die Frage auf, woran sich die Ernsthaftigkeit oder
Wichtigkeit des Grundes bemisst. Wie wichtig oder schwerwiegend muss der Grund sein,
um die Zulassung oder Verursachung eines Schadens zu rechtfertigen? Wann ist der Grund
tatsächlich »hinreichend«?

Sehr verbreitet ist die Deutung, der Nutzen müsse gegenüber dem Schaden überwiegen.
Aber läuft diese Deutung nicht auf einen Widerspruch zur dritten Bedingung in ihrem übli-
chen Verständnis hinaus, dass der gute Zweck (der überwiegende Nutzen) das schlechte
Mittel (den – wenn auch geringeren – Schaden) nicht rechtfertigen kann?

---

38 Zum Beispiel schreibt im Kontext der Beurteilung materialer Kooperation DEMMER, Deuten, 1985, 197: »Je
    notwendiger eine Mitwirkung, um so schwerwiegender muß – ceteris paribus – der rechtfertigende Grund
    sein.«

Zu fragen ist auch, nach welchem Maßstab man einen solchen Vergleich durchführen soll. Unter welchen Bedingungen überwiegt ein Gewinn an einem Wert den Verlust an einem anderen Wert? Muss man sich, um darauf antworten zu können, zuerst über Wertehierarchien verständigen?

Herkömmlicherweise wird gefordert, dass Schaden und Nutzen nicht in einem solchen Verhältnis stehen dürfen, dass durch die Zulassung oder Verursachung des Schadens der Nutzen erst als Folge entsteht. Denn in diesem Fall wäre die Zulassung oder Verursachung des Schadens als Mittel »direkt« gewollt. Vielmehr könne die Zulassung oder Verursachung des Schadens nur dann erlaubt sein, wenn sie »indirekt« bleibe. Unter »indirekt« wird dann »physisch indirekt« verstanden, wie bei dem Beispiel der Exstirpation eines von Krebs befallenen Uterus, bei dem man in Kauf nimmt, dass »indirekt« ein dort befindlicher Fötus sein Leben verliert. Die Tötung des Fötus erscheint hier nicht als »Mittel« der Hysterektomie, sondern als deren bloße Folge. Dagegen meinte man, wie bereits erwähnt, dass die physisch unmittelbare Tötung eines Fötus zur Lebensrettung der Mutter eine »direkte« Tötung sei und deshalb durch keinen noch so hehren Grund gerechtfertigt werden könne. Aber handelt es sich in dieser Beurteilung nicht um eine Verwechslung von »indirekt oder direkt« im ethischen Sinn mit »indirekt oder direkt« im physischen Sinn?

Tatsächlich wurde das Prinzip der Doppelwirkung bisher gewöhnlich temporal interpretiert: Eine üble Wirkung darf nur dann zugelassen oder verursacht werden, wenn sie sich aus der Handlung *nicht vor* der erwünschten guten Wirkung ergibt, sondern entweder mit ihr allenfalls gleichzeitig ist oder – besser – erst nach ihr folgt.[39] Dabei hat man gar nicht verstanden, warum es außerdem noch eines »entsprechenden Grundes« bedarf. Ist nicht die Frage, ob eine üble Wirkung »indirekt« oder »direkt« zugelassen oder verursacht wird, in Wirklichkeit nur davon abhängig, ob der Grund der Handlung ein »entsprechender« ist oder nicht? Ist nicht die Zulassung oder Verursachung eines Schadens ohne »entsprechenden Grund« auch bereits nach der klassischen Formulierung des Prinzips der Doppelwirkung immer *eo ipso* im ethischen Sinn »direkt« und damit unzulässig?

Es scheint, dass in der herkömmlichen Ethik kaum bedacht worden ist, dass hier eine universalisierende Betrachtungsweise notwendig ist: Man hat nach dem zu fragen, was auf die Dauer und im Ganzen der Fall ist.

Das Prinzip der Doppelwirkung in seiner herkömmlichen Formulierung und seinem herkömmlichen Verständnis bleibt auf Randfälle der Ethik eingeschränkt. Fast alle seine Begriffe bleiben unklar. Diese Unklarheit kann zu schwerwiegenden Fehlentscheidungen führen. Vielleicht ist dies auch der Grund, weshalb in vielen modernen Ethiklehrbüchern dieses Prinzip überhaupt nicht mehr vorkommt. Um das Ungenügen der traditionellen Interpretation zu überwinden, wird im Folgenden eine Rekonstruktion dieses Prinzips unternommen.

---

39 HARRIS, Wert, 1995, 80, schreibt zum traditionellen Verständnis des Prinzips der Doppelwirkung: »Es gibt ein immenses, und meiner Ansicht nach unlösbares Problem hinsichtlich der Frage, wann der Tod eines Menschen (oder irgendeine andere Folge) als Zweck oder als Mittel gewollt wird und wann er nur eine Nebenwirkung darstellt.« Im folgenden soll dargestellt werden, dass diese Frage sehr wohl mit Hilfe des Kriteriums zu lösen ist, ob der »Grund« der Handlung ein »entsprechender« ist oder nicht.

III. Neuinterpretation des Prinzips der Doppelwirkung

Zunächst soll auf den Ursprung des Prinzips der Doppelwirkung in einer Formulierung von Thomas von Aquin (1225–1274) eingegangen werden. Sodann soll aufgezeigt werden, dass es sich in Wirklichkeit um das Grundprinzip der gesamten Ethik handelt: Das Prinzip der Doppelwirkung ist das letzte Kriterium dafür, ob eine Handlung ethisch zulässig ist oder nicht. Es gibt die genaue Grenze zwischen beiden Arten von Handlungen an. Nach diesem Nachweis wird das Prinzip in seiner herkömmlichen Formulierung neu interpretiert. Danach soll es zur besseren Verständlichkeit auch sachgemäßer formuliert werden.

1) Rückkehr zum Ursprung des Prinzips der Doppelwirkung

Zu einem genaueren Verständnis des Prinzips der Doppelwirkung empfiehlt es sich, auf eine möglichst ursprüngliche Fassung zurückzugehen. Thomas von Aquin behandelt die Frage, ob man zur Selbstverteidigung einen Angreifer töten dürfe.[40] In seiner Antwort spricht Thomas ausdrücklich davon, dass eine Handlung »zwei Wirkungen« (Z. 4) bzw. eine »doppelte Wirkung« (Z. 18) haben könne. Er will auf die Frage eingehen, wie man solche Handlungen mit doppelter Wirkung zu beurteilen hat. Es handelt sich hier, soweit mir bekannt ist, um die Erstbeschreibung dieser Problematik:

	Respondeo dicendum	Ich antworte, es sei zu sagen:
	quod nihil prohibet	Nichts hindert,
	unius actus	dass von einer einzigen Handlung
	esse duos effectus,	zwei Wirkungen bestehen,
5	*quorum alter solum*	von denen nur die eine
	sit in intentione,	in der Absicht liegt,
	alius vero	während die andere
	sit praeter intentionem.	außerhalb der Absicht liegt.
	Morales autem actus	Die moralischen Handlungen aber
10	*recipiunt speciem*	erlangen ihre Wesensbestimmung
	secundum id quod intenditur,	gemäß dem, was beabsichtigt ist,
	non autem ab eo,	nicht aber aus dem,
	quod est praeter intentionem,	was außerhalb der Absicht liegt,
	cum sit per accidens,	weil es akzidentell ist,
15	*ut ex supra dictis patet.*	wie aus oben Gesagtem hervorgeht.
	Ex actu igitur	Also kann aus der Handlung
	alicuius se ipsum defendentis	eines sich selbst Verteidigenden
	duplex effectus sequi potest:	eine doppelte Wirkung folgen:
	unus quidem	als die eine
20	*conservatio propriae vitae;*	die Erhaltung des eigenen Lebens,
	alius autem	als die andere aber

---

40 *Summa theologica, II-II q64 a7 ad c.*

occisio invadentis.	die Tötung des Angreifers.
Actus igitur huiusmodi	Eine derartige Handlung also
ex hoc quod intenditur	hat daraus, dass beabsichtigt ist
25 *conservatio propriae vitae,*	die Erhaltung des eigenen Lebens,
non habet rationem illiciti:	nicht den Charakter des Unerlaubten:
cum hoc sit cuilibet naturale	Denn für jeden ist dies natürlich,
quod se conservet in esse	sich im Sein zu erhalten,
quantum potest.	soweit er vermag.
30 *Potest tamen aliquis actus*	Es kann aber eine Handlung,
ex bona intentione proveniens	die aus einer guten Absicht hervorgeht,
illicitus reddi,	unerlaubt werden,
si non sit	wenn sie nicht
proportionatus fini.	entsprechend ist zum Ziel.
35 *Et ideo, si aliquis*	Und wenn somit jemand
ad defendendum propriam vitam	zur Verteidigung des eigenen Lebens
utatur maiori violentia	größere Gewalt anwendet,
quam oporteat,	als notwendig ist,
erit illicitum.	wird es unerlaubt sein.
40 *Si vero moderate*	Wenn er aber maßvoll
violentiam repellat,	die Gewalt zurückweist,
erit licita defensio.	wird es eine erlaubte Verteidigung sein.

Ein erster sehr wichtiger Punkt in dieser Darlegung besteht in der Einsicht, dass die ethische Spezifizierung einer Handlung allein durch das in ihr Gewollte oder Beabsichtigte zustande kommt. Für Thomas ist der »Gegenstand *(obiectum)*« einer Handlung und damit das »Ziel der Handlung *(finis operis)*« das, was man in dieser Handlung real beabsichtigt. Was nicht in irgendeiner Weise gewollt ist, kann auch nicht ethisch relevant sein (mit »in irgendeiner Weise« seien auch diejenigen Handlungen inbegriffen, bei denen man in schuldhafter Unwissenheit handelt). Der Handlungsbegriff wird im Übrigen hier so weit gefasst, dass auch eine gewollte Unterlassung noch als Handlung bezeichnet wird.

Thomas versteht die Selbstverteidigung als die Erhaltung des eigenen Lebens. Dies ist keine zusätzliche Absicht, die zu der Handlung noch hinzukäme, sondern es ist dasjenige gewollte »Ziel der Handlung«, welches das Geschehen zu einer Handlung macht.

Mit der Formulierung »eine Handlung, die aus einer guten Absicht hervorgeht« (Z. 30f) ist mit »guter« Absicht nur die Tatsache gemeint, dass man unvermeidlich in jeder Handlung einen Wert anstrebt. Es geht noch nicht um die ethische Gutheit; denn die Erlaubtheit der Handlung steht an dieser Stelle noch in Frage. Ebenso ist mit dem Hinweis, dass es für jeden »natürlich« sei, sich am Leben zu erhalten, hier nur gemeint, dass es sich bei der Erhaltung des eigenen Lebens um einen Wert handelt. Obwohl nur eine Handlung, die einen Wert anstrebt, ethisch gut sein kann, genügt dies allein noch nicht zur tatsächlichen ethischen Gutheit der Handlung. Dazu ist vielmehr – wie noch ausführlich gezeigt werden soll

– erforderlich, dass die Handlung dem angestrebten Wert oder Verbund von Werten auch tatsächlich auf die Dauer und im Ganzen entspricht bzw. den Schaden, den sie vermeiden will, nicht letztlich vergrößert.

In der Lehre von den »Quellen der Sittlichkeit *(fontes moralitatis)*« gibt es nun aber neben dem »Ziel der Handlung (oder Handlungsziel) *(finis operis)*« noch das »Ziel des Handelnden *(finis operantis)*«. Es wird deshalb noch zu fragen sein, wie sich zu dem gewollten und damit beabsichtigten »Handlungsziel« oder »Handlungsgegenstand *(obiectum)*« das so genannte »Ziel des Handelnden *(finis operantis)*« verhält, für das man sonst in der Ethik den Ausdruck »Absicht *(intentio)*« gebraucht. Von einer Absicht, die vom Wollen des Gegenstandes der Handlung verschieden wäre, ist in unserem Text noch nicht die Rede. Hier (Z. 6, Z. 11, Z. 24, Z. 31) ist vielmehr mit »Absicht *(intentio)*« in Wirklichkeit der beabsichtigte »Gegenstand *(obiectum)*« der Handlung gemeint und damit das »Ziel der Handlung *(finis operis)*«, nicht jedoch das »Ziel des Handelnden *(finis operantis)*«. Man muss also genau hinschauen, in welchem Sinn der Begriff »Absicht *(intentio)*« jeweils gebraucht wird.

Thomas erklärt nun, dass die in der Selbstverteidigung wissentlich und aktiv bewirkte Tötung des Angreifers die Handlung nicht bestimme, weil sie »außerhalb der Absicht« (Z. 8, Z. 13), nämlich des gewollten »Ziels der Handlung« bleibe. Von den beiden Ergebnissen der Handlung macht nur das eine das »Ziel der Handlung« und damit ihren »Gegenstand« aus. Das andere Ergebnis ist nicht in sich selber und damit auch nicht »direkt« gewollt. Es ist nur insofern noch immer, aber nur »indirekt« gewollt, dass man es wissentlich notgedrungen »in Kauf nimmt«.

In dieser frühen Fassung einer Lehre von Handlungen mit doppelter Wirkung werden nicht wie später vier, sondern nur zwei Bedingungen genannt. Die gute Wirkung muss erstens in einer Weise angestrebt werden, die nichts Unerlaubtes an sich hat; zweitens muss der in Kauf genommene oder sogar verursachte Schaden so gering gehalten werden, als es möglich ist, um noch die angestrebte gute Wirkung zu erreichen.

Der zweiten Bedingung des thomasischen Textes entspricht die vierte Bedingung in der späteren Formulierung des Prinzips. Diese vierte Bedingung fordert, dass man für die Zulassung oder Verursachung des Schadens einen »entsprechenden Grund« hat.

Die thomasische Fassung dieser Bedingung gibt einen deutlichen Hinweis darauf, was mit einem »entsprechenden Grund« gemeint ist. Thomas formuliert auffallenderweise nicht, dass der *Grund* der Handlung ein »entsprechender« sein müsse, sondern vielmehr, dass die *Handlung* ihrem Grund »entsprechen« solle (Z. 34). Wenn man es auch so formulieren kann, scheint es letztlich um eine wechselseitige »Entsprechung« von Handlung und Grund zu gehen. *Bei Thomas ist der Grund einer Handlung dann ein »entsprechender«, wenn zwischen der Handlung und ihrem Grund oder Ziel eine wirkliche »Entsprechung« und kein »Widerspruch« vorliegt.* Die Handlung ist nur dann gerechtfertigt, wenn sie ihrem Ziel wirklich entspricht. So dient sie zum Beispiel dem Ziel der Lebenserhaltung nicht wirklich, wenn sie unnötiger Weise Leben aufs Spiel setzt. Wenn es möglich sein sollte, sich vor einem Angriff zu schützen und das eigene Leben zu erhalten, ohne den Angreifer zu töten, dann ist die Tötung des Angreifers bereits unerlaubt. Denn man wendet dann »größere Gewalt« an, »als notwendig ist«. Man hat für sie keinen »entsprechenden Grund«.

Offenbar abstrahiert Thomas in seiner Analyse davon, dass man bei einer solchen Handlung unter extremem Zeitdruck und in Todesangst vermutlich nicht zu dem geforderten Nachdenken in der Lage sein wird. Ihm geht es hier nur um das prinzipielle Kriterium, nach dem man die Handlung beurteilen müsste, wenn man den Kopf frei hätte.

Warum fehlen in dieser frühen Fassung des Prinzips der Doppelwirkung die beiden anderen Bedingungen, nämlich die zweite und die dritte Bedingung der klassischen Formulierung?[41] Die Antwort ist einfach und naheliegend: Thomas betrachtet hier nur eine einzige Handlung. Die spätere klassische Formulierung des Prinzips der Doppelwirkung behandelt jedoch auch den Fall, dass eine Handlung nicht isoliert für sich allein steht, sondern mit einer oder mehreren weiteren Handlungen einen Verbund bildet. Die Handlung dient dann über ihr eigenes »Handlungsziel« hinaus zur Ermöglichung einer oder mehrerer weiterer Handlungen, oder sie wird umgekehrt selber durch eine oder mehrere andere Handlungen ermöglicht. Dann gilt: Eine Handlung kann auch dadurch schlecht werden, dass sie mit einer anderen in Verbund steht, die ihrerseits bereits schlecht ist. Das Kriterium für die Schlechtigkeit weiterer Handlungen, an der eine mit ihnen verbundene Handlung teilhat, wird aber das gleiche sein, das auch dann anzuwenden ist, wenn von vornherein nur eine einzige Handlung vorliegt. Eine Handlung wird auch dann schlecht, wenn sie lediglich im Verbund mit einer anderen Handlung steht, die keinen »entsprechenden Grund« hat. Der letzte Grund für alle ethische Schlechtigkeit ist immer das Fehlen eines »entsprechenden Grundes«.

2) Das Prinzip der Doppelwirkung als Grundprinzip der Ethik

Das Prinzip der Doppelwirkung geht davon aus, dass Handlungen zugleich erwünschte und unerwünschte Auswirkungen haben können. Sie haben jeweils unter irgendeiner Hinsicht eine Gewinn- und unter einer anderen Hinsicht eine Verlustseite.

Die Fragestellung des Prinzips der Doppelwirkung lautet, unter welchen Bedingungen die Zulassung oder Verursachung eines Verlustes oder Schadens ethisch zulässig sein kann.

Diese Fragestellung setzt voraus, dass eine Handlung nur dadurch ethisch schlecht sein kann, dass sie tatsächlich oder zumindest vermeintlich *Schaden* (für wen auch immer, auch für den Handelnden selbst) zulässt oder verursacht. Allerdings gilt: Nicht jede Zulassung oder Verursachung von Schaden macht die Handlung tatsächlich schlecht.

Rechtfertigungspflichtig kann nur die Zulassung oder Verursachung eines Schadens sein; dagegen braucht man das Anstreben eines Nutzens oder Gewinns, solange damit kein Schaden verbunden ist, nicht eigens zu rechtfertigen.

Auch umgekehrt kann eine Handlung nur dadurch ethisch gut sein, dass sie einen Gewinn anstrebt. Es gilt jedoch ebenfalls, dass nicht jede Handlung, die einen Gewinn anstrebt, tatsächlich gut ist. Denn es kann sein, dass dieser »Grund« der Handlung doch noch kein »entsprechender« ist.

---

41 Man hat – wahrscheinlich vor allem wegen des Fehlens von zwei der gewöhnlich benannten vier Bedingungen – zuweilen gemeint, es handele sich in diesem Text von Thomas noch gar nicht um den Grundsachverhalt des Prinzips der Doppelwirkung; so z. B. GHOES, *L'acte*, 1951, 31f. Vgl. zur Auseinandersetzung mit dieser Frage auch WEIß, Wert, 1996, 112–118.

»Schaden« meint hier zunächst einen vorethischen Sachverhalt; es geht noch nicht um ethische Beurteilung. Als »Schaden« wird jede beliebige Form von Verlust bezeichnet, der natürlich als solcher von einer Person erkannt werden muss. Es geht dabei nicht nur um Schaden für einen selbst, sondern auch für andere Personen; umgekehrt geht es auch nicht nur um Schaden für andere Personen, sondern auch um Schaden für einen selbst. Beispiele für Schäden sind alle Formen von Mangel und Leid, etwa Armut, Krankheit, Irrtum, Unwissenheit usw.

Man kann das ethisch Schlechte nur definieren durch den Bezug auf einen zugelassenen oder verursachten Schaden. Ohne dass zumindest vermeintlich ein Schaden zugelassen oder verursacht wird, kann keine ethische Schlechtigkeit zustande kommen. Auch eine vermeintlich rein innerlich bleibende böse Absicht kann durch nichts anderes böse sein, als dass sie darauf ausgerichtet ist, irgendwann einmal in der Realität einen Schaden zuzulassen oder zu verursachen.

Eine Absicht, die nicht in irgendeiner Weise auf ihre Verwirklichung in einer Handlung aus wäre, wäre auch keine Absicht, sondern nur die Vorstellung oder Einbildung einer Absicht. Sie wäre ethisch ohne Bedeutung. Insofern sind *bloße* »Gesinnungen« uninteressant. Ich erinnere mich, dass jemand sich anklagte, einen anderen Menschen zu hassen; aber er wäre nie bereit gewesen, diesem irgendetwas Böses zu tun oder ihm in einer Not die Hilfe zu versagen. Ein solcher »Hass« wäre kein wirklicher Hass, sondern eher nur die Vorstellung von Hass. Anders läge der Fall, wenn jemand einem anderen gerne Schaden zufügen würde, aber es nur deshalb unterlässt, weil er fürchtet, erwischt und bestraft zu werden; dies bliebe eine auf Verwirklichung ausgerichtete und deshalb wirkliche und nicht nur vorgestellte Absicht.

Dass ethische Schlechtigkeit nur durch eine wissentliche oder zumindest vermeintliche Zulassung oder Verursachung von Schaden zustande kommen kann, ist die heuristische Hypothese für alles, was im Folgenden dargestellt wird.[42] So selbstverständlich diese Hypothese klingt, habe ich sie doch noch in keinem Ethiklehrbuch ausdrücklich formuliert gefunden. Aber wodurch sonst sollte eine Handlung schlecht werden können, wenn nicht durch die Zulassung oder Verursachung eines Schadens? Die Hypothese wird zusätzlich auch dadurch bestätigt werden, dass sich von ihr her alle ethischen Begriffe in neuer Weise konsistent erklären lassen.

---

42 Meine erste Veröffentlichung zum Thema erschien in NRT 87 (1965) 356–376: *La détermination du bien et du mal moral par le principe du double effet.* In Bezug auf diesen Artikel schrieb MCCORMICK, *Theology*, 1989, 9: *«In 1965 Peter Knauer, S.J., published his seminal essay on the principle of double effect. [...] It proved to be the opening shot in a 25-year discussion of the proper understanding of the moral norms within the community of Catholic moral theologians. [...] Knauer was on to something, yet he filtered it through traditional categories. The result was provocative, yet a bit untidy and unsettling. That is the way it is with many beginnings.»* McCormick verweist dabei auch auf GRISEZ, Abortion, 1970, 331: *«In 1970 Germain Grisez wrote of Knauer that he ‹is carrying through a revolution in principle while pretending only a clarification of traditional ideas.› Grisez was, I believe, right. That ‹revolution in principle› gradually led to a vast literature that huddles under the umbrella-term ‹proportionalism›.»* Der Begriff »Proportionalismus« im Sinn eines Gütervergleichs gibt jedoch den von mir angesprochenen Sachverhalt nicht zutreffend wieder.

Allerdings – und darauf kommt es ebenfalls an – setzt das Prinzip auch voraus, dass *nicht jede* Zulassung oder Verursachung eines Schadens die Handlung tatsächlich ethisch schlecht macht. Dies ist nämlich dann nicht der Fall, wenn man für die Zulassung oder Verursachung des Schadens einen »entsprechenden Grund« hat.

Sollte es Handlungen geben, die als schlecht angesehen werden, obwohl kein ohne »entsprechenden Grund« zugelassener oder verursachter Schaden erkennbar ist, dann müsste das Urteil über diese Handlungen revidiert werden.

Es geht somit im Prinzip der Doppelwirkung darum, die genaue Grenze zwischen allen nicht verantwortbaren und damit schlechten und allen verantwortbaren und damit nicht schlechten, sondern richtigen oder sogar guten Handlungen anzugeben. Denn unverantwortlich und damit schlecht können nur diejenigen Handlungen sein, die ohne einen »entsprechenden Grund« wissentlich oder vermeintlich einen Schaden zulassen.

Wenn das Prinzip der Doppelwirkung tatsächlich die Grenze zwischen allen verantwortbaren und allen nicht verantwortbaren Handlungen angibt, erweist es sich dadurch als das eine Grundprinzip der gesamten Ethik. Es ist das Kriterium, mit Hilfe dessen man universal bestimmen kann, welche Handlungen erlaubt und welche nicht erlaubt sind, und es gibt zugleich den Grund an, warum etwas erlaubt oder unerlaubt ist. Das Kriterium dafür, *dass* eine Handlung unverantwortlich und damit schlecht ist, ist zugleich auch schon das Kriterium, mit Hilfe dessen man erkennt, *warum* sie unverantwortlich ist. Es lässt also nicht nur die Norm, sondern zugleich deren Begründung verstehen. Die Behauptung, die Ethik lasse sich auf dieses eine Prinzip zurückführen, mag überraschend und vielleicht sogar arrogant erscheinen. Aber lässt sie sich widerlegen? Sie besagt nicht, dass die Anwendung des Prinzips der Doppelwirkung leicht und bequem ist. Diese erfordert stets eine sehr genaue und oft mühsame Sachverhaltsanalyse.

Es gibt kein anderes ethisches Prinzip, das dem Prinzip der Doppelwirkung zur Seite gestellt werden könnte. Das Prinzip der Doppelwirkung bedarf keiner Ergänzung; in seiner universalen Bedeutung duldet es auch keine Ergänzung. Denn auch z. B. ethische Haltungen (Tugenden) lassen sich nur von den ihnen entsprechenden Handlungen her richtig beschreiben. Deren Kriterium aber ist das Prinzip der Doppelwirkung.

Indem das Prinzip der Doppelwirkung die genaue Grenze zwischen schlechten und nicht schlechten Handlungen angibt, bestimmt es die Bereiche der nicht verantwortbaren Handlungen und der verantwortbaren Handlungen; in den Bereich der letzteren gehören nicht nur die bestmöglichen Handlungen, sondern auch die nur guten, denen gegenüber noch bessere Handlungen möglich wären. So wird auch letztere Unterscheidung vom Prinzip der Doppelwirkung umfasst.

Die herkömmliche Ethik hatte das Prinzip der Doppelwirkung nur zur Lösung komplizierter Randfälle herangezogen. In Wirklichkeit gibt es überhaupt keine anderen Handlungen als solche mit einer doppelten Wirkung. Die Erfahrung zeigt: Für jeden angestrebten Wert muss man unter irgendeiner anderen Hinsicht eine Einbuße in Kauf nehmen, und sei es auch nur die Ermüdung oder die aufgewandte Zeit, die dann für etwas anderes nicht mehr zur Verfügung steht. Das ist so elementar, dass es gewöhnlich gar nicht mehr auffällt. Überhaupt jede Handlung hat ihre Schattenseite, die in einem Verlust oder Schaden besteht.[43] Ein und derselbe Sachverhalt kann unter der einen Hinsicht erwünscht und unter einer anderen unerwünscht sein. Es muss an der Schattenseite liegen, wenn eine Handlung schlecht ist; aber nicht jede Handlung, die eine Schattenseite hat, ist tatsächlich schlecht.

Man könnte auch umgekehrt formulieren: Eine Handlung kann nur dadurch zu einer verantwortbaren Handlung werden, dass sie auf einen Gewinn oder Nutzen, also auf das Gegenteil eines Schadens abzielt. Aber nicht jede Handlung, die einen Gewinn anstrebt, wird dadurch tatsächlich auch schon ethisch positiv qualifiziert. Es könnte sein, dass dies durch die Schattenseite der Handlung verhindert wird. Das ist dann der Fall, wenn die Handlung auf die Dauer und im Ganzen auf eine Untergrabung auch des angestrebten Wertes selber hinausläuft oder wenn die Schattenseite zumindest nicht notwendig in Kauf zu nehmen ist, um den angestrebten Wert zu erreichen. Denn dann nimmt man sie »billigend« in Kauf und macht sie damit zum Gegenstand des eigenen Handelns.

Angenommen, der Grund für die Zulassung oder Verursachung eines Schadens wäre kein »entsprechender«. Damit wäre nach dem Prinzip der Doppelwirkung eine schlechte Handlung gegeben. Weil sie durch das Fehlen eines »entsprechenden Grundes« bestimmt ist, ist die dadurch schlechte Handlung immer und ohne jede Ausnahme verboten. Deshalb bezeichnet man sie als »in sich schlecht«.

Bei der Zulassung oder Verursachung eines Schadens geht es zunächst um ein vorethisches Übel. Es könnte sich aber bei dem zugelassenen oder verursachten Schaden sogar um fremde moralische Schuld handeln. Für den Handelnden selbst bleibt auch dies jedoch zunächst ein vorethisches Übel; es steht noch nicht fest, ob auch er sich schuldig macht. Dies ergibt sich erst daraus, ob sein »Grund« für seine Handlung ein »entsprechender« ist oder nicht.

Mit dem öffentlichen Verkauf von Waffen verursacht man die Möglichkeit, dass jemand mit einer solchen Waffe einen Mord begeht. Im internationalen Waffenhandel ist der erwartbare Missbrauch des Kriegsgeräts zur Anwendung illegitimer Gewalt oft der eigentliche Grund für die Gewinnerwartung der Lieferanten. Die häufig vorgeschützten Gründe wie Erhaltung von Arbeitsplätzen im Inland oder dass sonst andere liefern würden, lassen sich nicht als »entsprechende Gründe« erweisen.

Wenn umgekehrt ein Politiker mit seinem Handeln nicht nur das physische Wohl, sondern den sittlichen Hochstand seines Volkes anstrebt, ist sein Handeln deshalb allein noch nicht als sittlich positiv zu beurteilen. Das eigene Handeln dieses Politikers wird erst dadurch sittlich positiv, dass es dem in ihm angestrebten Wert auch tatsächlich entspricht, anstatt ihn auf die Dauer und im Ganzen zu untergraben. Wenn dieser Politiker den vermeintlichen sittlichen Hochstand seines Volkes zum Beispiel um den Preis von dessen Freiheit anstrebt, wird sein Handeln unverantwortlich.

---

43 Vgl. dazu DINGJAN, Beschränktheit, 1973.

3) Gesamtinterpretation

Im Folgenden soll die eben genannte Grundhypothese durchgespielt und damit eine zusammenhängende Interpretation auch der traditionellen Formel des Prinzips der Doppelwirkung geboten werden.

Aus Gründen der Übersichtlichkeit werden im Folgenden alle Begriffe objektiv gefasst; es geht also um tatsächliche und nicht nur vermeintliche Schäden und um tatsächlich und nicht nur vermeintlich »entsprechende Gründe«. Der jeweils Handelnde ist ja verpflichtet, sich an die Realität zu halten, und kann sich nicht auf seine subjektive Setzung berufen. Wo er aber in unüberwindlichem Irrtum und nach seinem besten Wissen und Gewissen Dinge nach seiner Sicht zutreffend (wenngleich in der Sicht anderer objektiv falsch) beurteilt, gilt für die ethische Beurteilung seines Handelns objektiv dasjenige, was gelten würde, wenn seine Beurteilung objektiv zutreffend wäre. So wirkt sich auch ein nur vermeintlich »entsprechender Grund« für die ethische Beurteilung wie ein tatsächlich »entsprechender Grund« aus.

Im Zusammenhang mit dem Prinzip der Doppelwirkung wird unter einer »Handlung« die durch einen Grund motivierte und damit gewollte Zulassung oder Verursachung einer »Wirkung« in der Realität verstanden.

Mit »Verursachung« ist gemeint, dass man selber aktiv handelt: Man unternimmt etwas, das geeignet ist, eine Wirkung zu erzielen oder zumindest zu dieser Wirkung beizutragen.

»Zulassung« bezieht sich darauf, dass man eine fremde Kausalität nicht behindert. Fremde Kausalität kann entweder eine Naturkausalität sein oder aber die Kausalität anderer Handelnder. Man lässt zu, dass ein Nichtschwimmer ertrinkt: es handelt sich um zugelassene Naturkausalität. Man kommt einem von Straßenräubern Bedrohten nicht zu Hilfe: zugelassene Kausalität anderer Handelnder. Auch von einem bloß zugelassenen unerwünschten Sachverhalt kann man sagen, dass man ihn »in Kauf nimmt«. Die Handlung besteht dann in einer wissentlichen und gewollten Unterlassung eines Tuns, das einem möglich wäre. Zum Beispiel kann man es nicht als Unterlassung bezeichnen, wenn jemand einem Unfallopfer an einem weit entfernten Ort nicht zu Hilfe kommt; es wäre ihm gar nicht möglich, rechtzeitig dort zu sein.

Der Begriff der »Zulassung« ist die Stelle im Prinzip der Doppelwirkung, an der mit der Möglichkeit gerechnet wird, dass die Auswirkung des eigenen Tuns oder Unterlassens von anderen Handelnden mitbestimmt wird.

Das Prinzip behandelt die wissentliche und gewollte aktive Verursachung und wissentliche und gewollte Zulassung eines Schadens gleich. Vorausgesetzt ist, dass der Handelnde die Verursachung oder Zulassung vermeiden kann.[44]

Es macht keinen wesentlichen Unterschied, ob man einen Kranken verhungern und verdursten lässt, indem man es unterlässt, ihm Nahrung zuzuführen, obwohl einem diese Aufgabe zumutbar zukommt, oder ob man ihn aktiv durch eine Spritze umbringt. Die Unterlassung, weit davon entfernt, immer das weniger Schuldhafte zu sein, kann sogar gegenüber dem Tätigwerden als das Schlimmere erscheinen, wenn man zum Beispiel an die Dauer der

---

44 Zur ethischen Parallelität von Verursachen und Zulassen vgl. BIRNBACHER, Tun, 1995.

Qualen denkt. Aber die größere Schlechtigkeit liegt nicht an dem Unterschied zwischen aktiver Handlung und Unterlassung, sondern an der Größe des ohne »entsprechenden Grund« zugelassenen oder verursachten Schadens.

In dem vorangehenden Abschnitt ist der Begriff »zumutbar« wichtig. Der Eindruck, dass das Zulassen von Übeln, indem man selber nicht tätig wird, weniger schlimm ist, als selber die Übel zu verursachen, trifft nur insoweit zu, als es nicht ohne weiteres zumutbar ist, weit entfernte Übel zu bekämpfen. Normalerweise werden sich Feuerwehrleute mit Recht damit begnügen, Brände in der eigenen Region zu bekämpfen, und sie werden die Arbeit in anderen weit entfernten Gegenden der dortigen Feuerwehr überlassen.

Es ist möglich, dass eine Handlung erwünschte und unerwünschte Auswirkungen hat; beide können sowohl erwartet wie unerwartet eintreten. Die erwartbare bloße Möglichkeit unerwarteter Auswirkungen des eigenen Handelns fordert bereits zur Umsicht im Handeln auf. Jedenfalls aber werden ursprünglich vielleicht unerwartete unerwünschte Auswirkungen bei Wiederholung der Handlung erwartbar. Sie sind von da an auch von Bedeutung für die ethische Beurteilung der Handlung: »Nicht intendierte Auswirkungen, die erkannt und nicht berücksichtigt werden, sind intendierten Auswirkungen gleichzusetzen.«[45]

Die Auswirkungen einer Handlung hängen oft nicht von ihr allein ab, sondern werden auch von fremden Handlungen mitbeeinflusst. Man denke an die Staus auf der Autobahn bei Ferienbeginn, die entstehen, wenn alle am selben Tag unbeschwert in den Urlaub fahren wollen, oder an eine von Streiks behinderte Bahnreise. Noch deutlicher wird dies, wenn mehrere Akteure bewusst gegeneinander handeln und einander »auszutricksen« versuchen. So verlaufen Kriege gewöhnlich sehr anders, als von den jeweiligen Strategen der Kriegsparteien geplant, und geraten dadurch außer Kontrolle. Auch angeblich legitime Gewaltanwendung zur Verhinderung noch größerer Gewalt kann unter solchen Bedingungen ins Uferlose eskalieren und so alle Legitimität verlieren[46].

Die entscheidende Bedingung des Prinzips der Doppelwirkung ist nun nach dem bisher Gesagten die vierte, wonach man einen Schaden nur dann zulassen oder verursachen darf, wenn man dafür einen »entsprechenden Grund« hat. Nur dann verbleibt die Zulassung oder Verursachung des Schadens außerhalb des beabsichtigten »Gegenstandes« der Handlung. Ohne einen »entsprechenden Grund« wird die Zulassung oder Verursachung des Schadens »direkt« beabsichtigt und ist dadurch »in sich schlecht«.

Die erste Bedingung des traditionellen Prinzips der Doppelwirkung lautete, dass die Handlung nicht »in sich schlecht« sein darf. Sollte also bereits – auf welche Weise auch immer – feststehen, dass die Handlung »in sich schlecht« ist, dann braucht man gar nicht mehr nach den weiteren Bedingungen des traditionellen Prinzips der Doppelwirkung für die Beurteilung der Handlung zu fragen. Es steht von da an bereits fest, dass die Handlung nicht

---

45 GANS, Staat, 2001.
46 Vgl. II. Vatikanum, *Gaudium et spes*, n. 80: »Mit der Fortentwicklung wissenschaftlicher Waffen wachsen der Schrecken und die Verwerflichkeit des Krieges ins Unermessliche. Die Anwendung solcher Waffen im Krieg vermag ungeheure und unkontrollierbare Zerstörungen auszulösen, die die Grenzen einer gerechten Verteidigung weit überschreiten.«

zu verantworten ist, und daran lässt sich durch die weiteren Bedingungen nichts mehr ändern.

Traditionellerweise hatte man allerdings – wie bereits erwähnt – vorausgesetzt, dass man die Beurteilung einer Handlung als »in sich schlecht« nicht aus dem Prinzip der Doppelwirkung selbst gewinnen kann, sondern sie bereits anderswoher erreicht hat. Man meinte, das Prinzip der Doppelwirkung mit seinen drei weiteren Bedingungen lasse sich nur dann anwenden, um die Zulassung oder Verursachung eines Schadens zu rechtfertigen, wenn zunächst von der Handlung bereits feststeht, dass sie zumindest nicht »in sich schlecht« ist. Deshalb schien das Prinzip nur für Randfälle der Moral anwendbar zu sein. Vor allem wurde nicht erkannt, dass in Wirklichkeit erst die vierte Bedingung das Kriterium dafür ist, ob die Handlung tatsächlich »in sich schlecht« ist. Man setzte voraus, dass Handlungen von vornherein »in sich schlecht« sein können, aber ohne sich daran zu erinnern, woran diese Schlechtigkeit ursprünglich einmal erkannt worden war. Man erfasste nicht mehr den Zusammenhang der ersten mit der vierten Bedingung, den Thomas von Aquin in seiner ursprünglichen Formulierung des Prinzips der Doppelwirkung herausgestellt hat. Er nannte überhaupt nur diese beiden Bedingungen und stellte sie in ihrem Zusammenhang untereinander dar.

Gegenüber der herkömmlichen Deutung ist das Kriterium für die erste Bedingung, nach der die Handlung nicht von vornherein »in sich schlecht« sein darf, dass die in der Handlung geschehende Zulassung oder Verursachung eines Schadens gemäß der vierten Bedingung keinen »entsprechenden Grund« hat. Wenn dies bereits feststeht, dann ist es natürlich sinnlos, die Handlung erneut nach den Bedingungen des Prinzips der Doppelwirkung zu prüfen. Die erste Bedingung sagt in diesem Verständnis nichts anderes, als dass ein bereits zweifelsfrei erlangtes Ergebnis durch keine zusätzlichen Erwägungen relativiert werden kann. Die erste Bedingung verhindert eine Programmschleife, die sinnlose Wiederholung einer bereits beantworteten Frage. Eine als »in sich schlecht« feststehende Handlung wird auch nachträglich nicht besser; sie ist ein für alle Mal nicht zu verantworten.

Streng genommen ist in dieser Interpretation die erste Bedingung überflüssig. Sie betont nur noch einmal, dass eine Handlung, die gegen die vierte Bedingung keinen »entsprechenden Grund« hat, nicht zu verantworten ist. Aber dies ist bereits aus der vierten Bedingung für sich allein zu erkennen.

Die oben[47] erwähnte Auffassung, dass man sich grundsätzlich auch durch eine gar nicht vermeidbare Zulassung oder Verursachung eines Schadens bereits schuldig mache, verwechselt dagegen das Bedauern über einen leider nicht vermeidbaren Schaden mit Schuld. Man muss dieses Bedauern zulassen und reflektieren, damit es sich nicht in Schuldgefühl verwandelt. Man bleibt auch durchaus verpflichtet, den Schaden so gering wie möglich zu halten. Deshalb muss man immer neu nach Alternativen suchen. Aber jedenfalls gibt das Prinzip von der Doppelwirkung genau an, wann man einen Schaden zulassen oder sogar verursachen kann, ohne moralische Schuld auf sich zu laden.

---

47 Vgl. S. 17.

In der zweiten und dritten Bedingung der traditionellen Formulierung des Prinzips der Doppelwirkung geht es darum, dass ein ethisch gutes Mittel verdorben wird, wenn es zu einem ethisch schlechten Zweck gebraucht wird, und dass auch umgekehrt ein ethisch guter Zweck ein ethisch schlechtes Mittel nicht nachträglich heiligen kann. Es geht in diesen beiden Bedingungen um die Verknüpfung *mehrerer Handlungen* ein und desselben Subjektes. Die Ethik hat es nicht einfach nur mit einzelnen Handlungen zu tun, sondern muss sich auch mit der Möglichkeit befassen, dass mehrere Handlungen miteinander verbunden werden und einander damit auch in ethischer Hinsicht beeinflussen. Wenn eine Handlung benutzt wird, um zusätzlich eine andere Handlung desselben Handelnden zu ermöglichen, dann beeinflusst eine eventuelle Schlechtigkeit der zweiten Handlung selbstverständlich auch die sittliche Qualität der ersten Handlung. Und umgekehrt wird eine schlechte erste Handlung nicht dadurch besser, dass man sie benutzt, um eine zweite gute Handlung zu ermöglichen, sondern die zweite Handlung verliert ihre Gutheit durch ihren Verbund mit der vorausgehenden Handlung, die der Handelnde zu ihrer Ermöglichung benutzt.

So bleibt es dabei, dass im Prinzip der Doppelwirkung die eigentlich entscheidende Bedingung die vierte ist, dass man für die Zulassung oder Verursachung eines Schadens einen »entsprechenden Grund« haben müsse.[48] Die zweite und die dritte Bedingung handeln von der Verknüpfung mehrerer Handlungen und deren negativer Beurteilung, wenn zumindest eine von ihnen keinen »entsprechenden Grund« hat.

Die zweite, die dritte und die vierte Bedingung haben als gemeinsamen Nenner, dass Handlungen nur dadurch ethisch schlecht sein können, dass in ihnen selbst oder in mit ihnen verbundenen Handlungen ein Schaden zugelassen oder verursacht wird, ohne dass dafür ein »entsprechender Grund« vorliegt. Dies ist die kürzeste Fassung unseres ethischen Grundkriteriums.

4) Vierte und erste Bedingung: »entsprechender Grund«

Die entscheidende Frage, um das Prinzip der Doppelwirkung zu verstehen, lautet: Was ist unter einem »entsprechenden Grund« zu verstehen?

Zunächst gilt, dass man für überhaupt jede willentliche Handlung einen »Grund« hat, um dessentwillen man die Handlung ausführt. Es gehört zum Wesen einer Handlung, dass man in ihr etwas anstrebt bzw. etwas zu vermeiden sucht. Dies gilt unausweichlich und ist unvermeidlich; und es handelt sich noch nicht um eine ethische Aussage. Es ist dabei durchaus möglich, dass man etwas irrtümlich für anstrebenswert oder als etwas zu Vermeidendes ansieht. Solange ein solcher Irrtum nicht selbstverschuldet ist, bleibt er ebenfalls vorethisch.

---

48 Für RICKEN, Handeln, 1998, 199, liegt das »Problem des Prinzips der Doppelwirkung darin, weshalb bei gleichen Folgen die Unterscheidung zwischen beabsichtigten und zugelassenen Folgen bzw. die kausale Abfolge von guten und schlechten Folgen moralisch relevant sein soll, zumal die Absicht ein rein subjektiver Faktor zu sein scheint.« Vgl. auch DERS., Ethik, 1998, 231: »Das Problem liegt darin, ob und wie gezeigt werden kann, daß der handlungstheoretische Unterschied zwischen Beabsichtigen und Inkaufnehmen eine unterschiedliche moralische Beurteilung rechtfertigt.« Ricken hat nicht gesehen, dass der Unterschied zwischen Beabsichtigen und Inkaufnehmen allein daran hängt, ob der »Grund« der Handlung ein »entsprechender« ist oder nicht.

Bereits Thomas von Aquin legt dar, dass der Wille nur das anstreben kann, was (in einem noch vorethischen Sinn) unter irgendeiner Hinsicht ein Wert ist oder wenigstens als Wert erscheint. Man kann nur »unter der Hinsicht, dass es sich um ein Gut handelt *(sub ratione boni)*«[49] oder wenigstens zu handeln scheint, überhaupt etwas anstreben. Auch wer etwas Böses will, tut dies um irgendeines Vorteils willen. »Es ist unmöglich, dass ein Übel als solches angestrebt wird.«[50] Und umgekehrt kann man etwas nur so zu vermeiden suchen, dass es unter irgendeiner Hinsicht ein Übel, ein Verlust, ein Schaden ist oder einem wenigstens als solcher erscheint. Der Grund jeder Handlung ist entweder ein zu erreichender Wert oder die Vermeidung eines Schadens.

Man braucht also nicht lange zu fragen, was unter einem »Wert« zu verstehen sei oder umgekehrt unter einem »Unwert« oder »Schaden«. Jede Hinsicht, unter der es objektiv möglich ist, etwas anzustreben, stellt damit auch einen Wert dar, den zu erreichen unter irgendeiner Hinsicht einen Gewinn, einen Vorteil bedeutet. Auch umgekehrt muss es sich bei jeder Hinsicht, unter der es möglich ist, etwas vermeiden zu wollen, um einen wirklichen oder zumindest vermeintlichen Schaden handeln. Dies sind Aussagen im Voraus zu aller Ethik. Auch in als ethisch schlecht zu qualifizierenden Handlungen strebt man notwendig einen Wert an oder sucht einen Schaden zu vermeiden.

Zum Beispiel ist einem Dieb daran gelegen, auf irgendeine Weise zu Besitz zu kommen. Besitz ist objektiv anstrebbar und damit ein Wert. Tatsächlich ist Besitz mit realen Vorteilen verbunden. Das gilt durchaus auch von zu Unrecht erworbenem Besitz.

Auch wo jemand aus purer Bosheit zu handeln scheint, wird er noch immer etwas anstreben, was ihm unter irgendeiner Hinsicht als erstrebenswert erscheint, und sei es auch nur die Demonstration der eigenen Macht und Unabhängigkeit von anderen. Man kann zwar materiell einen Unwert anstreben, aber nur unter einer anderen Hinsicht, unter der er einem als Wert erscheint. Man braucht nur zu fragen, weshalb jemand etwas anstrebt, um den Wert zu finden, um dessentwillen er es anstrebt.

Umgekehrt ist ein Unwert oder Übel der Verlust eines Wertes, also ein Schaden. Man braucht ebenfalls nicht lange zu fragen, was man unter Schaden verstehen soll. Alles das, was unter irgendeiner Hinsicht als Nachteil und als zu vermeiden erscheint, muss unter dieser Hinsicht einen Schaden darstellen. Der Verlust von Reichtum ist zumindest unter einer bestimmten Hinsicht ein Schaden, ebenso der Verlust von Gesundheit; auch sich zu täuschen wird man normalerweise und mit Recht als Schaden ansehen. Als Schaden kommt jede physische oder psychische Beeinträchtigung in Frage, wie zum Beispiel auch die Verletzung von Gefühlen. Für den Sachverhalt Schaden genügt es bereits, dass irgendjemand etwas als Schaden für sich ansieht.

Häufig ist ein Sachverhalt, der unter einer Hinsicht als Schaden erfahren wird, unter anderer Hinsicht mit einem Vorteil verbunden. Zum Beispiel wird man Schmerzen gewöhnlich eher als etwas zu Vermeidendes ansehen; aber wenn sie das rechtzeitige Alarmsignal für eine sich sonst ungehemmt ausbreitende Krankheit sind, wird man sie unter dieser Hin-

---

49 *Summa theologica, I-II q8 a1*; vgl. auch *I-II q94 a2*.
50 *Summa theologica, I q19 a9 c*; vgl. auch *I-II q78 a1 ad2*.

sicht als wünschenswert ansehen. Es gibt auch den so genannten »sekundären Krankheits-gewinn«: Jemand zieht sich absichtlich eine Krankheit zu bzw. tut nichts gegen sie; denn es ist angenehm, gepflegt und umsorgt zu werden.

Der »Grund« jeder Handlung ist der in ihr angestrebte Wert oder die Vermeidung eines Unwerts oder Schadens. Als »Grund« einer Handlung kommt nur etwas in Frage, was man mit dem objektiven Vorgang der Handlung tatsächlich oder wenigstens vermeintlich errei-chen kann.

Natürlich muss der Grund einer Handlung nicht nur in einem einzigen zu erreichenden Wert bzw. in einem einzigen zu vermeidenden Schaden bestehen. Es kann sich auch um einen Verbund verschiedener Werte bzw. Schäden handeln, die zugleich angestrebt werden bzw. vermieden werden sollen. Man kann »mehrere Fliegen mit einer Klappe« schlagen. Dies wird sogar der Normalfall sein. Es ist möglich, diese Werte nebeneinander anzustreben oder aber als aufeinander folgend, das heißt, dass man den einen Wert durch die Erreichung des anderen anstrebt; und entsprechend können auch die Schäden, die vermieden werden sollen, entweder parallel oder sequentiell zueinander stehen. Es kann sich gleichwohl auch dann, wenn die Werte oder Schäden aufeinander folgen, um nur *eine* Handlung handeln, wenn nämlich die gesamte Handlung nur zur Erreichung des Verbunds der aufeinander folgenden Werte bzw. zur Vermeidung des Verbunds der aufeinander folgenden Schäden stattfindet und sonst nicht stattfände. Möglich ist auch, dass der Grund einer Handlung zu-gleich darin besteht, sowohl einen Wert oder Verbund von Werten zu erreichen wie einen Schaden oder einen Verbund von Schäden zu vermeiden. *Mehrere* zusammenhängende Handlungen entstehen erst dadurch, dass eine Handlung zusätzlich zu ihrem eigenen Grund, der zu ihrer Setzung ausreicht, benutzt wird, eine oder weitere Handlungen zu ermöglichen.

Dass jede Handlung einen unter irgendeiner Hinsicht im vorethischen Sinn »guten« Grund hat und damit einen Wert oder Werteverbund anstrebt oder einen Schaden oder Ver-bund von Schäden zu vermeiden sucht, genügt jedoch nach dem Gesagten noch nicht zu ihrer ethischen Gutheit. Zur ethischen Gutheit ist nach der vierten Bedingung des Prinzips der Doppelwirkung erforderlich, dass der Grund der Handlung nicht nur ein »Grund«, son-dern ein »entsprechender Grund« sei. Erst durch das Vorhandensein eines »entsprechenden Grundes« wird ein zugelassener oder verursachter Schaden »indirekt« und bleibt außerhalb des »Handlungsziels«. Die Forderung nach einem »entsprechenden Grund« verlangt offenbar mehr als die sowieso unvermeidliche Tatsache, dass jede Handlung einen »Grund« hat, ohne den man sie nicht ausführen würde.

Die Frage ist, in Entsprechung wozu der Grund einer Handlung stehen muss, damit er ein »entsprechender« sei. Die thomasische Fassung des Prinzips der Doppelwirkung hatte uns bereits darauf aufmerksam gemacht, dass es um eine *»Entsprechung« zwischen der Hand-lung und ihrem Ziel* gehen werde. Was könnte damit gemeint sein? Es gibt offenbar Hand-lungen, die ihrem Ziel nicht entsprechen, sondern letztlich in *Widerspruch* zu ihm stehen. Es ist möglich, einen Wert in einer Weise anzustreben, dass man ihn zwar zunächst in einem gewissen Maß erreicht, ihn aber auf die Dauer und im Ganzen, also im Kontext der Gesamt-wirklichkeit, eher untergräbt und mindert. Man sucht einen Gewinn um den Preis zu errei-chen, dass man letztlich die Quellen des Gewinns selber zerstört. Eine solche Handlung erweist sich als kontraproduktiv. Genau dies wäre das Kriterium für die durch nichts zu relativierende Unverantwortlichkeit einer solchen Handlung, für ihre moralische Schlechtigkeit.

Es geht also in dem Begriff des »entsprechenden Grundes« nicht um einen Gütervergleich[51], als müsste man von mehreren Gütern immer das höhere wählen. Und es geht auch nicht darum, dass der »Grund« in einer »Entsprechung« zu einem verursachten oder zugelassenen Schaden stehen müsste. Deshalb genügt es auch nicht, von einem »ernsthaften«, »wichtigen« oder »schwerwiegenden« Grund zu sprechen.

Es geht allein darum, ob die Handlung dem in ihr angestrebten Wert oder Werteverbund wirklich entspricht bzw. den Schaden oder die Schäden, die sie vermeiden will, tatsächlich auch auf die Dauer und im Ganzen vermeidet, anstatt sie noch zu vergrößern. Denn dann wäre die Handlung letztlich »widersprüchlich«, und dies wäre das Kriterium für ihre Nichtverantwortbarkeit, ihre ethische Schlechtigkeit.

Der »Grund« einer Handlung ist kein »entsprechender«, sowohl wenn die Handlung den angestrebten Wert oder Werteverbund letztlich untergräbt und damit im Widerspruch zu ihm steht, wie wenn sie den Schaden oder Verbund von Schäden, den sie vermeiden will, letztlich vergrößert. Man kommt dann »vom Regen in die Traufe«.

Es handelt sich nicht um etwas Neues: Denn z. B. in der Rechtsprechung wird dieses Thema schon immer unter dem Begriff des »Übermaßverbots« verhandelt. Es ist zum Beispiel bei staatlichen Eingriffen zu prüfen, ob die zugefügten Nachteile überhaupt »gerechtfertigt« sind: ob die Maßnahme »geeignet«, ob sie »erforderlich« (mildestes Mittel) und schließlich ob sie, was das Verhältnis zwischen Zweck und Mittel betrifft, »verhältnismäßig« ist. Am Ende wird sogar noch die Frage der individuellen »Zumutbarkeit« gestellt.

Was ist, wenn eine Handlung einen angestrebten Wert zwar erreicht, aber andere Werte für diese Erreichung unnötig aufs Spiel setzt, also sonstige Schäden unnötig in Kauf nimmt? Sobald dies wissentlich geschieht, hat sich damit bereits der »Grund« der Handlung verändert. Er besteht nicht mehr nur in dem ursprünglich angestrebten Wert, sondern es muss ein anderer Wert zusätzlich angestrebt werden, um dessentwillen man sich um den weiteren Schaden nicht kümmert. Der ursprüngliche Grund für sich allein kommt dafür nicht in Frage. Dann muss man einen offenbar zusätzlichen Grund haben, der mit dem ursprünglichen in Verbund tritt. Zum Beispiel möchte man es beim Anstreben des ursprünglichen Wertes außerdem noch bequem haben. Nur ist dieser Wunsch für die Zulassung oder Verursachung des weiteren Schadens zwar ein Grund, aber möglicherweise kein »entsprechender Grund«, weil um der eigenen Bequemlichkeit willen für andere sehr große Unbequemlichkeiten bewirkt und damit dem universalisierten Wert Bequemlichkeit nicht auf die Dauer und im Ganzen entspricht.

---

51 Dies wird mir immer wieder zugeschrieben. Z. B. schreibt RHONHEIMER, Natur, 1987, 97 unter Hinweis auf KNAUER, *Function*, 1979, 2: »Für Knauer hat die praktische Vernunft keinen Einfluß auf die (In-)Formierung des praktisch Guten ("the morally good"); ihre Aufgabe beschränkt sich vielmehr darauf, angemessene Gründe für das Abwägen zwischen "physical goods" zu finden.« Ich hatte dort den Gegenstand guter Handlungen als »einfachhin gut« bestimmt, insofern Schäden außerhalb der Absicht bleiben.

Gegenüber dem ursprünglichen Grund wird also ein anderer Wert immer dann »unnötig« geopfert, wenn der angestrebte Wert auch erreicht werden könnte, ohne die anderen Werte zu opfern. Dass ein Wert »unnötig« geopfert wird, soll nicht heißen, dass es sich um einen zu hohen Preis handeln würde, sondern dass sich der angestrebte Wert auch ohne dieses Opfer erreichen lässt. Man kann zum Beispiel eine Mahlzeit so vernünftig abgemessen vorbereiten, dass nicht hinterher die Hälfte in den Abfall gehen muss. Sonst würde man unnötigen Schaden in Kauf nehmen. Denn auch in solchen vergleichsweise geringfügigen Dingen kann man verantwortlich oder unverantwortlich handeln. Zu bedenken ist auch, daß ein kleiner Fehler bei Vervielfältigung große Ausmaße annehmen kann. Ein kleiner Fehler in der Spitze eines Winkels wirkt sich um so mehr aus, je länger die Schenkel des Winkels gezogen werden.

Dies sind die Weisen, wie ein Schaden ohne »entsprechenden Grund« verursacht oder zugelassen werden kann. Natürlich können diese Weisen auch miteinander kombiniert sein. Es ist wichtig, diese Begriffsbestimmung des »entsprechenden Grundes« für alles Folgende im Auge zu behalten. Alles würde missverstanden, wenn man hier in ungenaue Denkgewohnheiten zurückfällt. Es geht nicht um den Vergleich verschiedener Werte, sondern um verschiedene Weisen, ein und denselben Wert oder Werteverbund anzustreben bzw. einen Schaden oder Verbund von Schäden zu vermeiden.

Für Handlungen ohne »entsprechenden Grund« gibt es in der deutschen Sprache das Wort »Raubbau«, in der schwedischen *rovdrift*, in der niederländischen *roofbouw*; die englische Sprache scheint das Wort nur für die Wirtschaft zu kennen: *robber economy*. Erstaunlicherweise scheint es in vielen anderen Sprachen, etwa im Französischen, im Italienischen und im Spanischen, überhaupt kein genau zutreffendes und eingeführtes Wort zu geben. Man muss dort seine Zuflucht zu qualifizierenden Eigenschafts- oder Umstandswörtern nehmen oder das Gemeinte mit einer Geschichte erklären. Im Spanischen kommen die Begriffe «*abuso* [Mißbrauch]», «*tala* [Kahlschlag]» oder «*depredación* [Plünderung, Auspressung]», «*devastación* [Verwüstung]» vor, die aber alle nicht deutlich machen, dass zunächst der Anschein und in partieller Hinsicht die Wirklichkeit eines Gewinns vorliegt. Am ehesten trifft der bildliche Ausdruck «*matar la gallina de los huevos de oro* [das Huhn mit den goldenen Eiern schlachten]» die Sache: Man möchte die goldenen Eier möglichst rasch erlangen und verhindert die Entstehung weiterer goldener Eier.

Unter »Raubbau« ist beispielsweise zu verstehen: Man möchte mit Walfang Gewinn machen und betreibt den Walfang in einer Weise, dass man die Wale ausrottet. Hier wird ein Wert in einer Weise angestrebt, die ihm auf die Dauer und im Ganzen nicht gerecht wird. Vielleicht erreicht man für sich selber oder die eigene Gruppe und zu eigenen Lebzeiten den ersehnten Gewinn. Aber man tut dies um den Preis, auf die Dauer und im Ganzen, vielleicht erst für eine künftige Menschheit, den mit Walfang möglichen Gewinn zu untergraben. Durch den Raubbau gibt es am Schluss gar keine Wale mehr, mit denen man Gewinn machen kann. Exzessiver Walfang ist »Raubbau« und als solcher kontraproduktiv. Außerdem stellt die Erhaltung der Arten in ihrer reichen Vielfalt auch unabhängig von ihrem wirtschaftlichen Nutzen einen Wert dar, den man nicht ohne »entsprechenden Grund« aufs Spiel setzen darf.

Ähnliches gilt von der hemmungslosen Abholzung der Regenwälder, durch die man zunächst großen Gewinn machen kann, aber zugleich Lebensgrundlagen für die Menschheit zerstört. Solche Handlungsweisen erreichen den in ihnen angestrebten Wert nur in sehr partikulärer Hinsicht, entsprechen ihm aber nicht auf die Dauer und im Ganzen.

Die Verarbeitung von Tierkadavern zu Tiermehl und dessen Verfütterung machte eine besonders billige industriemäßige Fleischproduktion möglich; aber durch das Tiermehl wurde, wie es scheint, der Rinderwahnsinn (BSE) weiterverbreitet. Das billige Verfahren brachte auch für die Konsumenten große Gefahr und führte zu ungeahnten Folgekosten. Auch nachdem dies erkennbar wurde, gab es bis zur Einrichtung strenger Kontrollen noch immer Unternehmen, in denen heimlich weiter Tiermehl verwandt wurde. Das ethische Problem besteht hier allerdings nicht darin, dass pflanzenfressende Tiere mit Nahrung tierischen Ursprungs gefüttert würden und dies »unnatürlich« oder »widernatürlich« wäre, so dass es von der Natur »bestraft« würde. Die Verwendung von Tiermehl ist nur aufgrund des begründeten Verdachts unverantwortlich, dass dadurch BSE weiterverbreitet wird.

In Trockenheitsgebieten baut man Tiefbrunnen, die den Grundwasserspiegel absenken und so zu noch stärkerer Austrocknung führen.

Die USA sind einer der Hauptverursacher von global klimaschädlichen Emissionen. Es erscheint als eine äußerst kurzsichtige Politik, sich internationalen Vereinbarungen zur Abhilfe zu entziehen, »um der einheimischen Wirtschaft nicht zu schaden«. Auf die Dauer und im Ganzen wird damit nicht nur der gesamten Welt, sondern auch dieser Wirtschaft selbst geschadet.

Andere Beispiele für Raubbau sind: Der Rausch der Freiheit kann die Freiheit zerstören. Die Gewährung oder Inanspruchnahme grenzenloser Freiheit lässt auch Handlungsweisen zu, welche die Grundlagen der Freiheit untergraben. Das Beispiel dafür ist die Französische Revolution, die in ein Terrorregime umschlug.

Wenn ein Lehrer auf seine Autorität so versessen ist, dass er nie einen Fehler zugeben kann, untergräbt er genau dadurch seine eigene Autorität.

Es gibt viele Sprichwörter und bildhafte Redeweisen, die das gleiche beschreiben. Zunächst im negativen Sinn: den Ast absägen, auf dem man selbst sitzt; ein Eigentor schießen; sich ins eigene Fleisch schneiden; es mit einem Rohrkrepierer zu tun haben; der Schuss geht nach hinten los; wer selbst im Glashaus sitzt, soll nicht mit Steinen werfen; wer anderen eine Grube gräbt, fällt selbst hinein; Lügen haben kurze Beine; Hochmut kommt vor dem Fall; eine Schraube überdrehen; ein Prinzip zu Tode reiten; wenn es dem Esel zu wohl wird, geht er aufs Eis tanzen; um den Löffel aufzuheben, die Schüssel zertreten; den Teufel mit Beelzebul austreiben; etwas auf Teufel komm raus durchsetzen wollen; mit dem Kopf durch die Wand gehen wollen; vom Regen in die Traufe kommen; den Bock zum Gärtner machen; allzuviel ist ungesund; nichts übertreiben (μηδὲν ἄγαν, *ne quid nimis*).

Positiv lässt sich formulieren: nimm dir Zeit und nicht das Leben; eile mit Weile *(festina lente)*; was du tun willst, tue klug und bedenke das Ende (*quídquid agís, prudénter agás et réspice fínem*); ehrlich währt am längsten; wer zuletzt lacht, lacht am besten. Dass man manche Schäden notwendig in Kauf nehmen muss, drückt das Sprichwort aus: Wo gehobelt wird, fallen Späne. Das Sprichwort sollte nicht in dem Sinn missverstanden werden, als dürfe man überhaupt ohne jede Rücksicht auf Verluste handeln.

In den letzten Jahren spricht man in ökologischem Zusammenhang häufig von »nachhaltiger«, also aufrechterhaltbarer oder sich selbst aufrechterhaltender *(sustainable)* Nutzung der Ressourcen als Gegensatz zu Raubbau.[52]

Bei Raubbau wird derjenige Wert oder Werteverbund untergraben, der in der Handlung angestrebt wird. Hier sind also nicht unterschiedliche Güter oder Werte miteinander zu vergleichen. Vielmehr wird eine partikuläre Verwirklichung eines Wertes oder eines Verbunds von Werten damit verglichen, was diese Handlung für denselben Wert oder Werteverbund unter universaler Hinsicht ausmacht. Wird derselbe Wert unter universaler Hinsicht betrachtet untergraben? Werden zu vermeidende Schäden letztlich nur vergrößert?

Raubbau bedeutet, dass die Gesamtbilanz des Handelns, soweit sie überhaupt überschaubar ist *(available evidence)*, negativ ist. Der angestrebte Wert wird letztlich nicht gefördert, sondern untergraben. Gegenüber einer Gesamtbilanz gibt es keine noch umfassendere Bilanz, die sie relativieren könnte.

Allerdings kann man sich sogar bei dem Versuch einer solchen Bilanzierung noch immer täuschen. Zum Beispiel betreibt ein Land Raubbau an seinen Wäldern. Dadurch wird die Wasserspeicherungsfähigkeit der Umwelt beeinträchtigt. Ursprünglich stand Wasser kostenlos zur Verfügung. Jetzt muss man es von immer weiter entfernten Quellen holen, in Flaschen füllen und per LKW transportieren. Weil die Gewinne der beteiligten Firmen steigen und viele Arbeitsplätze geschaffen werden, steigt sogar das Bruttoinlandsprodukt des betreffenden Landes. Aber diese Bilanz ist trügerisch. Reicher geworden ist das Land nicht. Es gibt Formen von Wirtschaftswachstum und einer »Gemeinwohlillusion«[53], die insgesamt

---

52 Im Abschlussbericht der Enquete-Kommission des Bundestages »Schutz des Menschen und der Umwelt« von 1998 werden unter 2.3 die folgenden Kriterien für Nachhaltigkeit benannt: »1. Die Abbaurate erneuerbarer Ressourcen soll deren Regenerationsrate nicht überschreiten. Dies entspricht der Forderung nach Aufrechterhaltung der ökologischen Leistungsfähigkeit, d. h. (mindestens) nach Erhaltung des von den Funktionen her definierten ökologischen Realkapitals. 2. Nicht-erneuerbare Ressourcen sollen nur in dem Umfang genutzt werden, in dem ein physisch und funktionell gleichwertiger Ersatz in Form erneuerbarer Ressourcen oder höherer Produktivität der erneuerbaren sowie der nicht-erneuerbaren Ressourcen geschaffen wird. 3. Stoffeinträge in die Umwelt sollen sich an der Belastbarkeit der Umweltmedien orientieren, wobei alle Funktionen zu berücksichtigen sind, nicht zuletzt auch die ›stille‹ und empfindlichere Regelungsfunktion. 4. Das Zeitmaß anthropogener Einträge bzw. Eingriffe in die Umwelt muß im ausgewogenen Verhältnis zum Zeitmaß der für das Reaktionsvermögen der Umwelt relevanten natürlichen Prozesse stehen. 5. Gefahren und unvertretbare Risiken für die menschliche Gesundheit und für den natürlichen Bestand der biologischen Arten und ihrer Diversität, sowie für die Umwelt als Ganzes sind zu vermeiden.« – Vgl. auch SUHR, Ansätze, 203: »Nur Seinsgebilde, die in irgendeiner Form Rückkopplungsvorgänge aufweisen, sind fähig, sich in einer Umwelt mit vielfältigen und praktisch nicht berechenbaren Kausalverläufen für eine längere Zeit zu erhalten. Rückkopplung ist notwendige Bedingung des sich selbst erhaltenden Seins.«

53 Vgl. zu diesem Begriff SUHR, Bedeutung, 1990: Angesichts der häufig vom Staat um des Gemeinwohls willen verlangten Opfer Betroffener ist festzustellen: »... nur in den seltensten Fällen entspricht das individuelle Opfer an eigenen Gütern genau dem Gewinn aus der Teilhabe an dem Gemeinschaftsgut, um dessentwillen das Opfer verlangt wird. [...] Das hieße, daß der Staat nur solche hoheitlichen Maßnahmen ergreifen darf, bei denen sichergestellt ist, daß die Betroffenen am Ende keinen negativen Nutzensaldo verbuchen, oder sogar, daß sie von dem gesamten Vorgang in vergleichbarer Weise profitieren wie die Allgemeinheit: ›mutual[ly] utility increasing‹.« (129f)

auf eine Verarmung hinauslaufen. Deshalb ist es notwendig, auf den umfassenderen Horizont zu achten.

Das Kriterium und der Grund der definitiven ethischen Schlechtigkeit einer Handlung liegen genau darin, dass ihre Gesamtbilanz negativ ist.

Die ethisch entscheidende Frage ist somit nicht, *welche* Werte wir wählen sollen, sondern *wie* wir die Werte wählen, für die wir uns entscheiden. Wir können sie entweder so wählen, dass wir ihnen auch auf die Dauer und im Ganzen gerecht werden, oder aber in einer Weise, dass wir sie letzten Endes untergraben.

Anstatt Ranglisten unterschiedlich hoher Werte erstellen zu müssen, geht es eher darum, dass man nach der Bedeutung der einen Werte für die anderen Werte fragen muss. Wer ein möglichst scharfes Messer herstellen will, wird beachten müssen: die Klinge darf nicht so dünn werden, dass sie bereits beim ersten Versuch, etwas zu schneiden, zerbricht. Eine Klinge ohne Stabilität verliert ihren Nutzen. Es kann auch umgekehrt die Klinge eines Messers so stabil sein, dass sie stumpf bleibt und sich nicht mehr zum Schneiden eignet. Das Beispiel erläutert den Erfahrungssatz, dass man weder in der einen noch in der anderen Richtung übertreiben soll, weil die Handlung dann kontraproduktiv wird. Man sollte kein Prinzip »zu Tode reiten«. Vielleicht wird man hier einwenden, dass mit einem solchen Beispiel der Bereich der Ethik längst verlassen sei; es ginge hier nur noch darum, ob ein Verhalten klug oder unklug sei. Darauf sei geantwortet, dass es sich in dem Beispiel in der Tat um einen geringfügigen Sachverhalt handelt, dass aber auch die Unterscheidung zwischen Klugheit und Torheit ethisch relevant bleibt. Natürlich ist auch hier auf der einen Seite zwischen vermeintlicher, nur auf kurze Sicht bestehender Klugheit und tatsächlicher Klugheit auf die Dauer und im Ganzen zu unterscheiden, und auf der anderen Seite zwischen einer Torheit, die nur auf kurze Sicht als solche erscheint, und wirklicher Torheit. Wirkliche Torheit ist ethisch als Verantwortungslosigkeit zu bestimmen.

Wenn ein Staat aus Achtung vor dem Leben Gesetze erließe, dass das Leben hochbetagter Menschen unter Einsatz aller überhaupt verfügbaren Mittel zu erhalten sei, schiene dies auf den ersten Blick nur die Höherbewertung des Lebens gegenüber den physischen Ressourcen zu bedeuten und sehr anerkennenswert zu sein. Aber in Wirklichkeit könnte dies dazu führen, dass an anderer Stelle um so mehr Leben aufs Spiel gesetzt würde, zum Beispiel weil man Ausbildung nicht mehr genügend finanzieren könnte und am Schluss sogar die Ärzte fehlen würden, um dem hehren Ziel der Lebenserhaltung zu dienen. An anderer Stelle würde das Geld fehlen, um den Hunger in der Welt zu bekämpfen.

Übertriebene Hygieneforderungen scheinen zu einer um so größeren Anfälligkeit für Krankheiten zu führen, weil das Immunsystem nicht trainiert wird.

Wenn Eltern ihre Kinder vor überhaupt jeder Gefahr zu schützen versuchen, wird das Resultat sein, dass solche Kinder lebensuntüchtig werden und sich nicht mehr zu helfen wissen, wenn sie doch einmal in Gefahr geraten.

Wenn jemand eine Urkunde fälscht, nimmt er für diese Urkunde gerade den öffentlichen Glauben in Anspruch und möchte ihn gewahrt wissen, während er ihn in universaler Betrachtung durch seine Fälschung untergräbt.

Man wird auch in der Politik viele Beispiele dafür finden können, dass man mit bestimmten Maßnahmen auf die Dauer und im Ganzen in Wirklichkeit nur das Gegenteil von dem erreicht, was man eigentlich wollte.

So bewirken nicht wirklich austarierte Maßnahmen zum Mieterschutz oft, dass es sich nicht mehr lohnt, Wohnraum für Mieter anzubieten. Dann wird es für Mieter schwer, überhaupt noch Wohnungen zu finden.

Der Bau von Umgehungsstraßen und »überörtlichen Zubringern« zur Lösung von Verkehrsproblemen löst oft nur scheinbar Verkehrsprobleme. In Wirklichkeit werden nicht selten mehr Verkehrsprobleme erzeugt, als zunächst anstanden. In dem Maße, wie der Individualverkehr freie Bahn erhält, bricht oft die Infrastruktur des öffentlichen Verkehrs zusammen. Damit werden auch noch diejenigen zum Autofahren gezwungen, die lieber die öffentlichen Verkehrsmittel benutzt hätten. Die Straßen der Städte sind von Autos überfüllt. Kinder, alte Menschen und andere, die noch nicht oder nicht mehr ein eigenes Auto fahren können, können oft nicht mehr in die Stadt; denn wie sollen sie abends noch nach Hause kommen?

Vermeintliche Entwicklungshilfe hat vor allem in den Anfängen oft zum Zusammenbruch lokaler Handwerksbetriebe geführt.[54]

Flussregulierungen, die keinen Auffang von steigenden Wassermengen vorsehen, verursachen Hochwasserkatastrophen.

Eine von der Landesregierung gesponserte Zukunftsinitiative Rheinland-Pfalz hat im Jahr 1999 ein Podium mit dem Thema »Gesetzesfolgenabschätzung« veranstaltet. Ähnlich wie bei der »Technikfolgenabschätzung« geht es darum, unerwünschte Nebeneffekte oder gar eigentliche Kontraproduktivität rechtzeitig vorauszusehen. Auch noch so gut gemeinte Gesetze können sich als kontraproduktiv erweisen. Im einzelnen ist zwischen kurz-, mittel- und langfristigen Folgen zu unterscheiden; und die Gesetzesfolgenabschätzung kann prospektiv, begleitend und retrospektiv sein. Es gibt auch schon die Forderung nach einer »Ethikfolgenabschätzung«[55].

Alle diese Beispiele zeigen: Der Grund einer Handlung ist nur dann ein »entsprechender Grund«, wenn die Handlung dem angestrebten Wert auch auf die Dauer und im Ganzen gerecht wird bzw. wenn der zu vermeidende Schaden oder Verbund von Schäden nicht noch vergrößert wird. Es kann aber notwendig sein, um einen Wert auf die Dauer und im Ganzen zu sichern, dass man in partikulärer Hinsicht einen Verlust des Wertes in Kauf zu nehmen hat.

Das Grundbeispiel dafür war bei Thomas die Verteidigung gegen einen Angreifer. Wenn die einzige Weise, einen Amokläufer an seinem Tun zu hindern, darin bestünde, ihn zu erschießen, dann wäre diese Handlung ethisch als Lebensrettung für viele zu qualifizieren. Die in Kauf genommene Tötung des Angreifers hätte in der Lebensrettung für die vielen ihren »entsprechenden Grund« und bliebe dadurch im moralischen Sinn »indirekt«, sie blie-

---

54 Vgl. den berühmten Artikel von DÖRNER, Experiment, 1975; DERS., Logik, 2000.
55 Vgl. HILGENDORF, Moralphilosophie, 1986, 415, unter Berufung auf KEUTH, Ethik, 1994, 300ff.

be außerhalb der moralischen »Absicht«, womit in dem Text der beabsichtigte »Handlungsgegenstand« gemeint ist. Der Gegenstand der Handlung wäre allein die Lebensrettung.
Wüsste man aber um eine Möglichkeit, den Amokläufer auf andere Weise unschädlich zu
machen, ohne dass er sein Leben verliert, wenn es zum Beispiel genügte, eine Tür vor ihm
zuzuschlagen, dann wäre seine eventuelle Tötung nicht mehr durch einen »entsprechenden
Grund« gerechtfertigt. Sie wäre als »Mord« oder zumindest »Totschlag« zu bezeichnen.
Dass man sich vor dem Amokläufer schützen will, wäre kein »entsprechender Grund« mehr,
um die Verursachung seines Todes in Kauf nehmen zu dürfen.

Man muss sich also davor hüten, in Kauf genommene Schäden vorschnell als nur »indirekte« Nebenwirkungen zu bezeichnen. Dass man sich um sie nicht gekümmert hat, reicht
nicht aus, um sie »indirekt« werden zu lassen. Im Kosovo-Konflikt wurden auch Schäden
für die Zivilbevölkerung manchmal in zynischer Weise als »Kollateralschäden« bezeichnet,
die keineswegs durch einen »entsprechenden Grund« gerechtfertigt waren. Sie waren zwar
nicht ausdrücklich positiv gewollt, aber sie lagen nicht schon deshalb »außerhalb der Absicht«, weil man sich um sie nicht sonderlich gekümmert hat.

Es wäre im Übrigen ein Irrtum zu meinen, dass von mehreren Handlungsmöglichkeiten
immer nur eine einzige sittlich zulässig wäre. Man hat häufig die Möglichkeit, zwischen
vielen Handlungen zu wählen, von denen durchaus mehrere verantwortbar sein können. Und
diese können sogar untereinander gegensätzlich sein.[56] Alle diejenigen Handlungen sind
verantwortbar, bei denen ein zugelassener oder verursachter Schaden durch einen »entsprechenden Grund« »indirekt« wird und damit auch soweit wie möglich begrenzt wird. Alle
wissentlich ohne »entsprechenden Grund« zugelassenen oder verursachten Schäden werden
im ethischen Sinn »direkt« zugelassen oder verursacht.

Wenn eine Handlung nur dadurch ethisch schlecht werden kann, dass sie ohne »entsprechenden Grund« einen Schaden zulässt oder verursacht, dann muss man natürlich auch danach fragen, ob ein eventuell befürchteter Schaden tatsächlich vorliegt. Ist die Organentnahme bei Hirntoten, deren Herz- und Lungenfunktion maschinell aufrecht erhalten wird, tatsächlich eine Tötung, oder ist der Tod in Wirklichkeit längst eingetreten?[57]

Gegen eine solche Sicht, dass alles an der Frage des »entsprechenden Grundes« hängt,
könnte man einzuwenden versucht sein, dass ethisches Verhalten dadurch ungeheuer er-
schwert wird. Wer ist schon in der Lage, die tatsächlichen Ergebnisse des eigenen Handelns
über längere Zeit zu überschauen? Aber Verantwortung besteht gerade darin, der Wirklichkeit, *soweit man sie tatsächlich überschauen kann*, Rechnung zu tragen. Zugleich ist damit
auch eine Begrenzung der Verantwortung gegeben. Niemand trägt für das Verantwortung,
was er gar nicht voraussehen konnte. Allerdings ist man verpflichtet, »aus Schaden klug zu
werden«. Man soll einmal erkannte Fehler nicht wiederholen. Und man soll von sich aus
darum bemüht sein, den Horizont der Überschaubarkeit zu erweitern. Jedenfalls gibt es auch

---

56 Vgl. von psychoanalytischer und theologischer Seite das bedenkenswerte Buch von BOGE, Antinomik,
    1990.
57 Vgl. Bundesärztekammer, Richtlinien, 1998; SCHLAAKE / ROOSEN, Hirntod, 1997.

in der Ethik kein Schlaraffenland, in welchem ethische Urteile völlig mühelos zu erreichen wären.

Es geht nicht darum, eine letztlich unüberschaubare Fülle von Informationen aufzunehmen. Erforderlich ist nur, nicht einlinig nach dem bloßen Schema Ursache und Wirkung zu denken, sondern die Vernetzung verschiedener Ursachen und ihre Rückwirkung aufeinander bzw. ihre Rückkopplungseffekte zu erkennen.[58] Es gilt Systemzusammenhänge zu erfassen; und gewöhnlich genügt dann eine grobe Schätzung der Einzelgrößen. Dass im Gebirge Steine nach unten zu werfen die Gefahr mit sich bringt, dass Wanderer getroffen werden, kann man erkennen, auch ohne das Gewicht der Steine und ihre Fallgeschwindigkeit genau messen zu müssen. Komplexität als solche zu erfassen, ist zwar eine Weise der Erkenntnis, die selten eingeübt wird und deshalb ungewohnt ist. Sie ist aber nicht kompliziert, sondern entlastet gerade davon, alle Details wissen zu müssen. Man kann sich dies am Beispiel einer sehr grobrastrigen Computerwiedergabe eines Portraitfotos anschaulich machen. Man erkennt die dargestellte Person nicht dadurch, dass man die genaue Zahl der unterschiedlich hellen Rasterquadrate herauszubekommen versucht; statt dessen geht es um eine zunächst eher vage, dadurch aber einfache Gestalterfassung des Ganzen.

5) Entsprechung »auf die Dauer und im Ganzen«

Unser Ansatz greift nicht auf Gütervergleich und Güterabwägung zurück; es ist deshalb auch nicht notwendig, anderen Menschen die eigenen Bewertungsmaßstäbe für unterschiedliche Güter aufzuerlegen. Es ist nur danach zu fragen, ob eine Handlung ihrem von dem jeweiligen Handelnden selber gesetzten Grund tatsächlich gerecht wird. Dadurch werden die Grundlagen für eine Ethik geschaffen, die nicht nur mit dem Prinzip der Toleranz verträglich ist, die also nicht nur die Duldung anderer Meinungen und anderer Menschen verlangt, die vielmehr von der Bejahung des anderen Menschen und seiner Meinungen ausgeht, auch und gerade dann, wenn er anders ist als man selbst. Dies dient – so ist zu hoffen – der Klarheit und der Freiheit.

Die Ausrichtung auf »Nichtkontraproduktivität auf die Dauer und im Ganzen« bedeutet die Bemühung um den Weitblick auf die menschliche Wirklichkeit, und zwar den Weitblick in der Sachdimension (was wird bewirkt?), den Weitblick in der Sozialdimension (wen trifft es?) und den Weitblick in der Zeitdimension (welche Inkubationszeit haben kontraproduktive Wirkungen?).

---

58 In diese Problematik führt gut ein VESTER, Kunst, 2000. In diesem Buch wird vor allem ein biokybernetischer, also an Regelkreisen des Lebens abgelesener Ansatz erläutert. Es werden viele Beispiele von durch menschliche Kurzsichtigkeit erzeugter Kontraproduktivität vorgeführt. Der Autor nennt mehrere Regeln für den biokybernetischen Ansatz, deren wichtigste die ist, dass negative Rückkopplung über positive Rückkopplung dominieren muss, damit Entwicklungen nicht außer Kontrolle geraten. – Hilfreich zur Veranschaulichung von Vernetzungen ist die graphische Darstellung durch sogenannte Petrinetze, die aus zwei Arten von »Knoten« und aus »Pfeilen« gebildet werden, welche die Knoten miteinander verbinden. Runde Knoten (Kreise, sogenannte »Stellen«) benennen Zustände oder Bedingungen, die mit einem Punkt als erfüllt »markiert« werden können; eckige Knoten (Rechtecke; sogenannte »Transitionen«) benennen Ereignisse oder Aktionen, die den Übergang zu einem anderen Zustand bewirken. In Petrinetzen dürfen nur Knoten unterschiedlicher Art direkt miteinander verbunden werden. Vgl. REISIG, Petrinetze, 1990.

»Auf die Dauer und im Ganzen« umfasst den Bezug auf das eigene Selbst, auf alle gegenwärtig existierenden Betroffenen und schließlich sogar auf künftige mögliche Betroffene, die noch gar nicht existieren.

Eine Handlung kann bereits in Bezug auf den Handelnden selbst kontraproduktiv sein: Man sägt den Ast ab, auf dem man selber sitzt. Gewiss kann man kurzfristig wegen dringender Arbeit auf Schlaf verzichten, wenn Aussicht besteht, den Verlust wieder aufzuholen. Anderenfalls handelt es sich um Raubbau an der eigenen Gesundheit. Oder man steigert durch Drogen kurzfristig die eigene Leistungsfähigkeit und das eigene Wohlbefinden um den Preis eines bei nachlassender Wirkung des Rauschmittels um so schlimmeren und längerdauernden Tiefs und vielleicht sogar irreparabler Gesundheitsschäden.

Jemand nimmt einen Kredit auf, um ein ihm wichtiges Vorhaben zu finanzieren. Er ist jedoch nach einiger Zeit nicht in der Lage, den Schuldendienst zu erfüllen. Um mit seinen Schulden fertig zu werden, macht er noch höhere Schulden. Dies kann dann zulässig sein, wenn eine reale Aussicht besteht, in absehbarer Zeit auch diese neuen Schulden wieder tilgen zu können. Anderenfalls liegt eine kontraproduktive Handlung vor.

Aber die Kontraproduktivität muss nicht notwendig einen selbst betreffen. Eine Handlung kann zwar für einen selbst Gewinn bringen, aber um den Preis eines um so größeren Verlustes für andere, so dass auch dann die Gesamtbilanz dieses Handelns negativ ist. Auch damit wird ein Schaden ohne »entsprechenden Grund« zugelassen oder verursacht.

Der umfassende Horizont wird erst erreicht, wenn man den angestrebten Wert oder den zu vermeidenden Schaden abgesehen von aller partikulären Eingrenzung betrachtet. Es könnte sein, dass eine Handlung für alle heute Betroffenen gewinnbringend wäre: Die Handlung bliebe dennoch ohne »entsprechenden Grund« und damit »in sich schlecht«, wenn sie einer künftigen Menschheit das Leben unmöglich machte.

Für die ethische Analyse müssen alle diese Bezüge beachtet werden; sie sind im umfassenden Horizont impliziert. Deshalb muss der jeweils angestrebte Wert oder der zu vermeidende Schaden universal formuliert werden, das heißt unter Absehung von partikulären Eingrenzungen etwa auf die eigene Person oder die eigene Gruppe oder die eigene Zeit[59] und damit auch auf real vorhandene Menschen. Die geforderte Universalisierung handelt vom Menschen als solchem, unabhängig von der Frage, um wen es im einzelnen geht[60], und sogar unabhängig davon, ob der Begriff auf einen bereits Lebenden oder noch nicht Lebenden angewandt wird. Es geht sozusagen darum, sich in einen »generalisierten Anderen«[61] hineinzuversetzen und ihm gegenüber gemäß der Goldenen Regel zu handeln. Künf-

---

59 Vgl. BIRNBACHER, Verantwortung, 1988.

60 Im Gedanken der Universalisierung liegt die Schnittstelle unseres Ansatzes zu dem Werk von RAWLS, *Theory*, 1999. Gerechtigkeit als Fairness meint die Gewinnung von Verfahrensregeln, denen man vernünftigerweise gerade dann zustimmen würde, wenn man gar keine Kenntnis davon haben könnte, wer von ihnen konkret begünstigt würde. Zentral ist dabei für Rawls das auf Pareto-Optimalität zielende Unterschiedsprinzip, nach welchem eine gesellschaftliche Grundstruktur dann als gerecht gelten kann, wenn niemand besser gestellt werden kann, ohne dass (nicht irgendein anderer, sondern) einer der weniger begünstigten anderen schlechter gestellt wird (vgl. § 12 und 13).

61 Vgl. zu diesem Begriff SUHR, Prolegomena, 1989, 354. Suhr beruft sich auf MEAD, *Mind*, 1934, und allgemein auf G. W. F. Hegel.

tige mögliche Menschen stellen eigentlich noch kein Rechtssubjekt dar. Deshalb ist der springende Punkt der Universalisierung letztlich geradezu das »Absehen von der Person«[62]: Es geht nur darum, den anzustrebenden Wert oder den zu vermeidenden Unwert ohne alle partikuläre Eingrenzungen zu formulieren.[63] Es handelt sich nicht um Abstraktion, sondern um Entgrenzung. Dies ist die für die Ethik bestimmende Weise der »Universalisierung«.

Nun haben wir es aber gewöhnlich nicht nur unmittelbar mit den von uns angestrebten Werten zu tun, die nicht auf eine Weise angestrebt werden dürfen, dass sie letztlich untergraben werden. Häufig kann man die einen Werte nur um den Preis erreichen, dass man andere Werte für sie einsetzt. Auf den ersten Blick läge es nahe, nun doch eine Hierarchisierung von Werten zu versuchen. Muss man es nicht vermeiden, höhere Werte für geringere zu opfern? Aber woran soll man erkennen, welche Werte die höheren sind?

Man wird zum Beispiel meinen, dass das Leben der allerhöchste Wert sei, der nie preisgegeben werden dürfe. Aber diese zunächst sehr plausibel erscheinende Auskunft erweist sich bei näherem Hinsehen als fragwürdig. Unser heutiger motorisierter Straßenverkehr bringt mit statistischer Notwendigkeit lebensbedrohende Unfälle mit sich, die man wohl nur mit einer rigorosen Geschwindigkeitsbegrenzung oder überhaupt durch Abschaffung motorisierten Verkehrs ganz vermeiden könnte. Warum nimmt man auch Verluste an Menschenleben in Kauf, um jedenfalls einen einigermaßen flüssigen Verkehr aufrechterhalten zu können? Müsste nicht der Wert des flüssigen Verkehrs gegenüber Menschenleben unbedingt zurückstehen?

Aber würde man, um den Verlust von Menschenleben durch Unfälle zu vermeiden, den Kraftfahrzeugverkehr völlig abschaffen wollen, würden vermutlich viele Menschen statt dessen verhungern, weil die Wirtschaft insgesamt zusammenbräche; nicht nur die Autoindustrie und die Zulieferbetriebe würden schwere Einbußen erleiden, sondern es wäre kaum mehr möglich, Güter auch nur zum nächsten Bahnhof zu transportieren. Streng genommen hat man also nicht den schnellen Verkehr der Erhaltung von Menschenleben vorgezogen, sondern er ist seinerseits zur Erhaltung von Menschenleben notwendig. Allerdings wird man zumindest durch ausgewogene Geschwindigkeitsbegrenzungen versuchen müssen, den Verkehr sicherer zu gestalten. Die Möglichkeiten dafür sind noch lange nicht ausgeschöpft.[64]

---

62 Vgl. Jak 2,1.

63 Dies entspricht auch dem Grundansatz von JONAS, Prinzip, 1987. Für ihn ist die »erste Pflicht« der Zukunftsethik die Beschaffung der Vorstellung von den Fernwirkungen und den mit ihnen verbundenen Gefahren, und die »zweite Pflicht« besteht in der Aufbietung des dem Vorgestellten angemessenen Gefühls (64f).

64 Im 42. Bericht des Umwelt- und Prognose-Instituts e.V. heißt es über die Möglichkeiten der Einsparung auch volkswirtschaftlicher Kosten durch Tempolimits: »Im Jahr 1995 wurden in der Bundesrepublik Deutschland bei Unfällen im Straßenverkehr 9.485 Menschen getötet und 515.069 verletzt. Hauptursache war bei insgesamt 101.000 Unfällen ›nicht angepaßte Geschwindigkeit‹. Dabei bedeutete ›nicht angepaßte Geschwindigkeit‹ nur in 10,8 % der Fälle eine Überschreitung der zulässigen Höchstgeschwindigkeit, in 89,4 % der Fälle fuhren die den Verkehrsunfall verursachenden Verkehrsteilnehmer nicht schneller als die geltende zulässige Höchstgeschwindigkeit. Die Auswertung zahlreicher Versuche mit niedrigeren Höchstgeschwindigkeiten ergibt eine deutliche Senkung der Unfallzahlen und Personenschäden. Durch ein Geschwindigkeitskonzept 100/80/30 könnten pro Jahr in der Bundesrepublik Deutschland 2.000 Menschenleben gerettet und über 100.000 Verletzte vermieden werden. Neben dem damit vermiedenen menschlichen Leid könnten durch diese Maßnahmen in der Bundesrepublik Deutschland pro Jahr 1,04 Milliarden DM an

Noch an einigen anderen Beispielen kann man sich vor Augen stellen, was es bedeutet, für die Analyse den angestrebten Wert zu universalisieren. Im Jahr 1958 stellte Nikita S. Chruschtschow ein Ultimatum, mit dem er den Rückzug der Westmächte aus Berlin forderte. Die Westmächte haben sich diesem Ansinnen verweigert. Aber durfte man wegen dieser einen Stadt einen neuen Weltkrieg riskieren? So kann man nur ohne Universalisierung argumentieren. Auf dieses Ultimatum einzugehen hätte in Wirklichkeit bedeutet, dass die andere Seite danach jederzeit in einer Art Salamitaktik immer einzelne weitere Städte hätte fordern können. Warum nicht auch Hamburg wegen seines Seezugangs? Auch wenn man eine Salami nur scheibchenweise abschneidet, hat man am Schluss die ganze Salami. Dies ist übrigens auch der Wahrheitskern des »Dammbrucharguments« oder des Arguments von der »schiefen Ebene *(slippery slope)*«[65] in der Ethik: Obwohl manche Handlungen im Einzelfall verantwortbar scheinen könnten, werden sie doch deshalb verboten, weil man sich mit ihnen auf eine schiefe Ebene begibt und eine Ausweitung auf andere Fälle nicht mehr verhindert werden könnte. Handlungen, bei denen die Zulassung oder Verursachung von Schaden keine innere Grenze hat, sind als unerlaubt zu beurteilen.

Im Jahr 1977 wurde der Präsident des Bundesverbandes der deutschen Industrie Hanns Martin Schleyer von Mitgliedern der Baader-Meinhof-Gruppe entführt, um die Freilassung inhaftierter Terroristen zu erpressen. Weil sich die Bundesrepublik nicht erpressen ließ, wurde er von seinen Entführern umgebracht. Hat man hier ein Menschenleben der Staatsraison geopfert? In Wirklichkeit hätte ein Nachgeben wahrscheinlich zu weiteren Erpressungsserien geführt.

Der Medizinethiker John Harris veröffentlichte 1975 einen Artikel *The Survival Lottery*[66] mit dem folgenden Gedankenexperiment: Zwei Patienten Y und Z würden sterben, wenn ihnen nicht Organe transplantiert werden. Y braucht ein neues Herz, Z eine Lunge, und beide erwarten, dass man ihnen nach Möglichkeit hilft. Darf man diese Organe notfalls einer anderen Person A entnehmen? Um niemandem die Macht zu geben, willkürlich einen Spender zu bestimmen, sollte in solchen Fällen kraft eines Gesetzes durch Los diejenige Person bestimmt werden, der diese Organe zu entnehmen wären; sie würde ihr Leben verlieren, um das Leben zweier Menschen zu retten. Das Gedankenexperiment sieht eigens vor, dass das Gesetz nur angewandt werden solle, wenn Y und Z an ihrem Krankheitszustand nicht selber schuld wären [aber wer beurteilt das?]. Die Alternative, A leben zu lassen und statt dessen das Organ für einen der beiden Kranken dem anderen Kranken zu entnehmen, würde nach Harris die Gruppe der Kranken als minderberechtigt behandeln und damit gegen den allgemeinen Gleichheitsgrundsatz verstoßen. Wäre es nicht vielmehr vernünftig – so Harris –, dass alle mit der Regelung durch Losentscheid einverstanden sein sollten, weil die Lebenserwartung insgesamt gefördert würde?

Behandlungskosten und darüber hinaus für die Volkswirtschaft weitere 4,7 Milliarden DM pro Jahr eingespart werden. Insgesamt ergibt sich eine Einsparung an volkswirtschaftlichen Kosten durch ein Tempolimit 100/80/30 in Höhe von 5,74 Milliarden DM pro Jahr.«

65 Eine ausführliche Darstellung, allerdings nur auf der Grundlage einer präferenz-utilitaristischen Ethik, bietet GUCKES, Argument, 1996.

66 HARRIS, *Survival*, 1975.

Wie kann man begründen, dass ein solches Organentnahme-Gesetz Unrecht wäre? Harris meint, dass das Gebot »du sollst nicht töten« für eine solche Begründung nicht ausreiche. Denn es sei schlimmer, zwei Menschen, die man durchaus retten könne, sterben zu lassen, als einen zu töten. Müsste man nicht tatsächlich sagen, es sei auf die Dauer und im Ganzen besser, um den Preis eines Lebens zwei Leben zu retten? Auch sei ja der Tod von A nicht in sich selbst intendiert; könnte man die Organe gewinnen, ohne dass er sterben müsste, würde man gerne zu dieser besseren Lösung greifen.

Glücklicherweise kann man das Gedankenexperiment von Harris nur als *science fiction* bezeichnen; Organe lassen sich wegen der gewöhnlich bestehenden Gewebeunverträglichkeit nicht von beliebigen Spendern übertragen. Aber Harris will mit diesem Beispiel ethische Reflexion provozieren. Als der entscheidende Gegengrund erscheint mir: A als Subjekt ethischer Verantwortung wird zum bloßen Mittel degradiert. Die Organentnahme geschieht gegen den Willen von A und damit gewaltsam. Die Anwendung von Gewalt ist jedoch nach dem Kriterium des Prinzips der Doppelwirkung nur zulässig, um noch mehr Gewalt zu verhindern. Es handelt sich um einen Schaden, für dessen Zulassung oder Verursachung zwar ein »Grund«, aber kein »entsprechender Grund« geltend gemacht werden kann.

Mit der in diesem und dem vorangehenden Kapitel gegebenen Deutung des Begriffs des »entsprechenden Grundes« ist auch eine Antwort auf die Frage möglich, wie Wertentscheidungen mit Sachverhaltsaussagen zusammenhängen. Es trifft zunächst zu, dass man das Anstreben von Werten nicht aus bloßen Tatsachen ableiten kann. Deshalb kann man aus bloßen Fakten auch nicht logisch ein Sollen folgern. Aber unter der Voraussetzung, dass man einen Wert anstrebt, lässt es sich gegebenenfalls als Tatsachenaussage formulieren, dass man in der Weise, wie man diesen Wert anstrebt, ihn auf die Dauer und im Ganzen untergräbt. Und diese Weise, den Wert anzustreben, ist unzulässig; denn dann ist der angestrebte Wert zwar ein »Grund«, aber kein »entsprechender Grund«. Das Fehlen eines »entsprechenden Grundes« kann oft definitiv erkannt werden.

Ob man dagegen positiv tatsächlich einen »entsprechenden Grund hat«, also ob man einem Wert auch auf die Dauer und im Ganzen entspricht, kann man immer nur unter dem Vorbehalt erkennen, dass sich eines Tages noch weitere Horizonte auftun könnten, in denen dies nicht mehr der Fall ist. Man bleibt immer darauf angewiesen, unerwartete Rückmeldungen aus der Wirklichkeit zur Kenntnis zu nehmen.

Man kann also die eigene Wertentscheidung aufgrund einer Tatsachenaussage durchaus als »sittlich richtig« oder aber als »sittlich falsch« und damit als »schlecht« erkennen. Es gibt daher sehr wohl einen Zusammenhang von Sollen und Sein. Dabei wird aber der Wert nicht aus einem Sein abgeleitet, sondern die Weise, einen Wert anzustreben, wird im Licht einer Tatsachenaussage beurteilt. Unter einem Wert hatten wir verstanden, dass etwas unter einer bestimmten Hinsicht anstrebbar ist. Ob dann die den Wert anstrebende Handlung die Struktur des Raubbaus hat oder nicht, ist eine Tatsachenaussage, die unabhängig von den Wünschen des Handelnden gilt. Der Einwand, es handele sich bei dem so verstandenen Zusammenhang zwischen Sollen und Sein um einen »naturalistischen Fehlschluss«, lässt sich hier nicht mehr erheben. Es bleibt dabei, dass Sollenssätze sich nur aus Prämissen herleiten lassen, die wenigstens einen Sollenssatz enthalten, zumindest in dem Sinn, dass die Entscheidung, einen Wert anzustreben, vorausgesetzt ist.

Bei der Forderung nach einem »entsprechenden Grund« geht es letztlich darum, einen Wert *(bonum)* so anzustreben, daß man ihm tatsächlich gerecht wird *(bene)*[67], anstatt ihn auf die Dauer und im Ganzen zu untergraben.

Damit ist nun auch der eigentliche Grund dafür gegeben, warum man für Handlungen, die einen Schaden zulassen oder verursachen, zwei verschiedene Bezeichnungen benötigt. Die eine Bezeichnung soll den Sachverhalt der Zulassung oder Verursachung eines Schadens beschreiben, und zwar noch abgesehen von der Frage, ob diese Zulassung oder Verursachung von Schaden gerechtfertigt ist oder nicht. Solche Bezeichnungen sind: »Wegnahme fremden Eigentums«, »Falschrede«, »Tötung«, »Schwangerschaftsabbruch«. Sobald Handlungen, die einen Schaden zulassen oder verursachen, keinen »entsprechenden Grund« haben, sind sie als »Diebstahl« bzw. als »Lüge«, als »Mord« oder als »Abtreibung« zu bezeichnen und können niemals verantwortet werden. Für alle Handlungen, die einen Schaden zulassen oder verursachen, wäre eine solche doppelte Terminologie wünschenswert.

Wenn für die Zulassung oder Verursachung eines Schadens ein »entsprechender Grund« vorliegt, werden solche Handlungen nach diesem Grund benannt, weil der Schaden dann »außerhalb der Absicht«[68] bleibt. So wird eine Handlung, in der um der Selbstverteidigung willen die Tötung des Angreifers notwendig ist, ethisch nur als »Selbstverteidigung« bezeichnet.

Oben hatten wir die Aristotelische Mesoteslehre in der veränderten Form eines Viererschemas als auf alle Tugenden und Laster anwendbar erläutert.[69] Dies hängt mit der Lehre vom »entsprechenden Grund« zusammen. Wenn einer angeblichen Tugend die Komplementärtugend fehlt, hat das entsprechende Handeln keinen »entsprechenden Grund«, sondern wird kontraproduktiv sein. Das rechte Handeln sucht dagegen den für einen Gewinn zu zahlenden Preis so gering wie möglich zu halten.

6) Zweite und dritte Bedingung: Verknüpfung von Handlungen

Eine weitere wichtige Frage für die Interpretation des Prinzips der Doppelwirkung bezieht sich auf die zweite und dritte Bedingung. In diesen beiden Bedingungen geht es um das Verhältnis von Mittel und Zweck. Die Zulassung oder Verursachung des Schadens darf nicht in sich selbst beabsichtigt sein, weder als Mittel noch als Zweck. Weder heiligt der gute Zweck das schlechte Mittel noch heiligt das gute Mittel den schlechten Zweck.

---

67 Vgl. dazu und zur Notwendigkeit verschiedener Bezeichnungen für den physischen Vollzug und das ethisch Gewollte ERNST, Gesinnungsethik, 1997.

68 Es sei wie schon in der Interpretation der »Doppelwirkung« bei Thomas von Aquin (s. oben S. 35) darauf hingewiesen: Mit »Absicht« in der Formulierung »außerhalb der Absicht« ist hier der Sache nach nicht das »Ziel des Handelnden«, sondern der *beabsichtigte* »Handlungsgegenstand«, das »Ziel der Handlung« gemeint. Denn es geht hier um die moralische »Wesensbestimmung« der Handlung. Die Begriffe »Ziel der Handlung« und »Ziel des Handelnden« werden später (vgl. unten S. 86) ausführlicher erklärt.

69 Vgl. S. 24.

Der springende Punkt bei diesen Begriffen ist, dass es bei »Mittel« und »Zweck« um *voneinander unterschiedene Handlungen* geht, die miteinander verknüpft werden.[70] Denn zum einen können im ethischen Sinn nur tatsächliche oder beabsichtigte *Handlungen*, nicht aber bloße Sachverhalte schlecht sein. Die Sachverhalte als solche, der zugelassene oder verursachte Schaden oder Gewinn, bleiben gegenüber dem Handelnden immer vorethisch.[71] Moralisch qualifizierbar sind nur Handlungen.

Zum anderen liegt eine Beziehung von Mittel und Zweck im Sinne des Prinzips nur dann vor, wenn sie voneinander real unterschieden sind, wenn es also tatsächlich um zwei voneinander unterschiedene Handlungen geht.

Zum Beispiel ist die bei einer Gewebenekrose eventuell notwendige Amputation eines Beines nicht das *Mittel* zur Rettung des Patienten, sondern sie ist mit der Rettung des Patienten identisch. Es geht nicht um zwei verschiedene Handlungen. Hier liegt deshalb auch keine Beziehung von Mittel und Zweck im Sinn des Grundsatzes vor, dass der gute Zweck nicht das schlechte Mittel heiligt.

Man kann nicht sagen, dass die Wegnahme eines Körpergliedes eine Verstümmelung des Patienten darstelle, die als solche unerlaubt sei und deshalb auch nicht durch das gute Ziel der Lebensrettung gerechtfertigt werde. Ebensowenig kann man sagen, es handele sich hier um eine Ausnahme von dem Prinzip, dass der gute Zweck das schlechte Mittel nicht heiligt. Es liegt hier vielmehr gar nicht der Fall zweier verschiedener Handlungen vor, von denen die erste über ihre eigene Begründung hinaus zur Ermöglichung der zweiten benutzt wird.

Wenn dagegen jemand einen Diebstahl durchführt und sich dabei zusätzlich vornimmt, zur Beruhigung seines Gewissens einen Teil der Beute für Erdbebenopfer zu spenden, dann liegen zwei verschiedene Handlungen vor. Denn die Absicht der Spende ist zwar bereits beim Diebstahl selber präsent, aber nicht ausschlaggebend für ihn. Hier gilt, dass der gute Zweck das schlechte Mittel nicht heiligen kann.

Sollte jemand eine Wegnahme fremden Eigentums allein deshalb (und nicht nur zusätzlich deshalb) durchführen, um das so gewonnene Gut den Armen zu schenken, wären dies nicht zwei verschiedene Handlungen, sondern nur eine einzige aus mehreren Vollzügen zusammengesetzte. Die Schlechtigkeit der Handlung läge dann nicht daran, dass der gute Zweck das schlechte Mittel nicht heiligt, denn dieses Prinzip ist nur auf den Verbund mehrerer Handlungen anwendbar. Vielmehr ist die Argumentation hier anders: Wären die Armen anderenfalls in extremer Not und könnte ihnen auf keine andere Weise geholfen werden, wäre die Handlung nicht einmal schlecht. Es würde sich nicht um Diebstahl handeln. Um Diebstahl handelt es sich dann, wenn eine Hilfe für die Armen auch auf andere Weise möglich wäre. Denn dann würde gar nicht mehr nur die Hilfe für die Armen angetrebt, sondern

---

70 Zur Unterscheidung einzelner Handlungen vgl. SPAEMANN, Einzelhandlungen, 2000. Mit Recht formuliert er: »Eine ihrem Typus nach schlechte Einzelhandlung kann nicht durch einen übergreifenden Kontext gutgemacht werden, wohl aber die übergreifende, von einer guten Absicht geleitete Handlungssequenz durch eine schlechte Einzelhandlung schlecht. [...] Mit anderen Worten, der schlechte Zweck verdirbt das gute Mittel, aber der gute Zweck heiligt nicht das schlechte.« (519f [54]) Allerdings scheint es Spaemann nicht zu gelingen, die Kriterien für eine »ihrem Typus nach schlechte Handlung«, also eine »in sich schlechte Handlung«, genau zu benennen.

71 Vgl. JANSSENS, *Good*, 1987.

sondern die Handlung hätte noch andere Gründe, von denen sehr fraglich ist, ob sie »entsprechende« sind.

Und umgekehrt: Jemand besucht die Buchmesse in Frankfurt, um sich einen Überblick über die Neuerscheinungen zu verschaffen. Er wird die Buchmesse auf jeden Fall besuchen. Nun hat er bereits irgendwo eine freundliche Rezension des Buches »Handlungsnetze« gelesen. Er nimmt sich vor, das Gedrängel bei der Buchmesse zu nutzen, um dieses ihn sehr interessierende Buch ohne Bezahlung mitgehen zu lassen. Der Besuch der Buchmesse ist durchaus löblich. Aber wenn jemand daraus zusätzlich das Mittel für einen kleinen Diebstahl macht, dann wirkt sich diese etwas problematische Absicht bereits auf den Besuch der Buchmesse selbst aus.

Würde unser Mann die Buchmesse von vornherein nur besuchen, wenn auch die Möglichkeit bestünde, das Buch »Handlungsnetze« mitgehen zu lassen, und ginge er sonst gar nicht hin, dann wäre das ganze nur eine einzige komplexe Handlung, bei der ein Verbund von Werten (Information über Neuerscheinungen und Mitnahme des Buches) angezielt wird. Es sei daran erinnert, dass das Wort »Wert« hier in einem vorethischen Sinn gebraucht wird, nämlich in dem Sinn, dass jemandem etwas in irgendeiner Hinsicht als erstrebenswert erscheint. Aber in diesem Verbund von Werten würde einer der angestrebten Werte – der Erwerb des Buches – in einer ihn in universalisierter Betrachtung letztlich untergrabenden Weise angestrebt. Dies genügt dazu, die ganze Handlung »in sich schlecht« sein zu lassen.

Im Jahr 2000 ging der Fall der in England am 8. August geborenen siamesischen Zwillinge Jody und Mary durch die Weltpresse. Die beiden Babies waren am Unterleib zusammengewachsen; Mary war im zentralen Nervensystem geschädigt und für ihr Überleben auf die Lungen-und Herzfunktion von Jody angewiesen. Weil beide Kinder, wenn sie zusammenblieben, mit hoher Wahrscheinlichkeit bald gestorben wären, wollten die Ärzte gegen den Willen der Eltern die Zwillinge voneinander trennen, um wenigstens Jody das Überleben zu ermöglichen. In zwei Instanzen entschieden Gerichte für die Operation. Der katholische Primas von England, Kardinalerzbischof Cormac Murphy-O'Connor, protestierte um der Heiligkeit des menschlichen Lebens willen gegen eine solche Operation und erklärte, dass der gute Zweck ein schlechtes Mittel nicht heiligen könne.[72] Aber handelt es sich um eine Tötung des einen Kindes, um das Leben des anderen zu retten? Die Trennung Jodys von Mary hat zwar den Tod der letzteren zur vorausgesehenen unmittelbaren Folge; aber die Trennung ist nicht das Mittel zur Lebensrettung Jodys, sondern mit dieser Lebensrettung identisch. In unserer Sicht trifft es zwar zu, dass der Tod von Mary durch die trennende Operation verursacht wird. Er ist jedoch nicht beabsichtigt und bleibt außerhalb des »Handlungsziels«; denn die Operation hat in der Lebensrettung für Jody ihren »entsprechenden Grund«. Das Handeln der Ärzte ließ sich insofern ethisch rechtfertigen; es war gemäß dem Prinzip der Doppelwirkung erlaubt.

Damit ist allerdings nicht ausgeschlossen, dass auch die entgegengesetzte Entscheidung der Eltern natürlich einen anderen, aber ebenfalls »entsprechenden Grund« hätte haben kön-

---

72 Vgl. seine Eingabe vom 14. September 2000 an das höchste Gericht, dessen Urteil erst am 22. September gefällt wurde <www.westminsterdiocese.org.uk/arch/subtwins.htm> (24. Juni 2001).

nen und dass ihnen das fundamentalere Entscheidungsrecht zukam. Ihr »entsprechender Grund« hätte vielleicht darin bestehen können, da sie das Überleben von Jody nicht wirklich gesichert sahen, dann lieber beiden Kindern im Sterben liebevoll beizustehen. Und man kann durchaus fragen, ob die Ärzte zu der erlaubten Operation auch verpflichtet waren.

Auch dieses Beispiel zeigt, dass zum einen mehrere unterschiedliche Entscheidungen verantwortbar sein können und dass zum anderen umstritten bleiben kann, welche von ihnen den Vorzug verdient. Auch eine weniger gute Entscheidung ist nicht notwendig bereits eine verwerfliche Entscheidung.

Die Unterscheidung von Mittel und Zweck als zwei verschiedene Handlungen kann auch dadurch begründet sein, dass das *Dazwischentreten des Willens eines oder mehrerer anderer* in dem Sinn erforderlich ist, dass ich zunächst nur versuchen kann, diesen Willen zu beeinflussen. Der weitere Fortgang des Geschehens liegt dann nicht mehr allein in meiner eigenen Regie; dadurch entsteht eine weitere, von der ersten verschiedene Handlung.

Dies ist ein Sachverhalt, der in der Diskussion der folgenden Fälle – es handelt sich meist um Standardfälle –, soweit ich sehen kann, bisher kaum beachtet wurde. Er ist jedoch zur Lösung erforderlich. Zugleich wird dadurch der Einwand mangelnder Praktikabilität des Ethikprinzips widerlegt, der sich darauf stützt, dass die Gesamtfolgen einer Handlung oft gar nicht vorausgesehen werden könnten[73]. Denn es geht zunächst nur um den »Gegenstand« der betreffenden Handlung selbst, wenngleich dabei tatsächlich voraussehbare weitere Folgen zu berücksichtigen sind und man sich auch darum bemühen muss, so weit wie möglich vorauszuschauen.

Ein berühmter Fall ist das Angebot an einen Kriegsgefangenen, man wolle, wenn er einen aus seiner Gruppe töte, die ganze übrige Gruppe freilassen. Sonst werde die ganze Gruppe erschossen.[74] Wird ein Kriegsgefangener, der sich nicht darauf einlässt, an seinem und dem Tod seiner Mitgefangenen schuldig? Oder wird er umgekehrt zu einem Mörder, indem er sich auf das Ansinnen einlässt, einen anderen zu töten? Zwar schiene ein Kriegsgefangener, der daraufhin einen Kameraden tötet, dies allein deshalb zu tun, um selber zusammen mit den Übrigen freizukommen. Aber man könnte dies nicht als eine einzige Handlung ansehen, weil zwischen der Tötung des einen und der Befreiung der Übrigen kein sachlich notwendiger Zusammenhang besteht, sondern erst ein fremder Wille diesen Zusammenhang herstellen bzw. aufrechterhalten muss. Das Töten und die Erreichung der Befreiung sind deshalb in Wirklichkeit zwei verschiedene Handlungen, gerade dadurch auseinandergehalten, dass zwischen ihnen ein fremder Wille vermitteln muss. Deshalb wäre hier das Prinzip anzuwenden, dass der gute Zweck das schlechte Mittel nicht heiligt: Die Aus-

---

73 Diesen Einwand erhebt z. B. KUTSCHERA, Grundlagen, 1999, 75; er nennt als Beispiel: »Ein offensichtlich Bedürftiger bittet mich um Geld, damit er sich etwas zu essen kaufen kann. Soll ich seiner Bitte entsprechen? Daß ein Hungernder gesättigt wird, ist gut, aber vielleicht gibt er das Geld für Schnaps aus und verprügelt dann im Suff seine Frau. Ich kenne die tatsächlichen Folgen meiner Handlungsalternativen nicht, also auch nicht ihren Wert.« Denselben Einwand mangelnder Praktikabilität und der Überforderung erhebt auch SPAEMANN, Unmöglichkeit, 1981, 75; 83–86 [198; 206–208]. Vgl. als Kritik zu dem letztgenannten Aufsatz SCHÜLLER, Muster, 1988.
74 Vgl. SPAEMANN, Lehre, 1999, Nr. 247, I [398] (vgl. unten Fußnote 163).

sicht auf Befreiung für die ganze übrige Gruppe berechtigt keineswegs dazu, dem Ansinnen zu gehorchen, ein Mitglied umzubringen.

Ein anderes Beispiel: Nach der Besetzung Hollands im Jahr 1940 begannen die National-sozialisten auch dort mit der Deportation jüdischer Einwohner. Auf ein gemeinsames Pro-testtelegramm der Kirchen hin wurde diesen angeboten, dass alle vor dem 1. Januar 1941 getauften Juden von den Deportationen ausgenommen werden sollten, wenn der Protest nicht öffentlich gemacht würde. Weil es ihnen jedoch um alle Juden und nicht nur um die getauf-ten ging, beschlossen die katholischen Bischöfe, gegen das Verbot der Nazis den vollen Wortlaut ihres Protestes zu veröffentlichen. Daraufhin wurde vom Reichskommissar Arthur Seyß-Inquart verfügt: »Da die katholischen Bischöfe sich – ohne beteiligt zu sein – in die Angelegenheit gemischt haben, werden nunmehr die sämtlichen katholischen Juden noch in dieser Woche abgeschoben. Interventionen sollen nicht berücksichtigt werden.« Mit Recht haben sich die Bischöfe auf die Erpressung nicht eingelassen, sondern die Deportation öf-fentlich verurteilt. Die Karmelitin Edith Stein gehörte zu den ersten Opfern der verschärften Judenverfolgung in Holland.[75] Der Zweck einer Rettung der katholischen Juden heiligt des-halb nicht das Mittel des protestlosen Wegsehens, weil zwischen beidem ein durch dieses Wegsehen zu beeinflussender fremder Wille, der des Reichskommissars, steht. Es geht also um zwei verschiedene Handlungen, auf die das Prinzip anzuwenden ist, dass der gute Zweck nicht das schlechte Mittel heiligt. Zwischen dem die Verfolgung der übrigen Juden erleich-ternden Wegsehen und der Rettung der katholischen Juden besteht keine Naturkausalität.

Anders scheint der Fall beim Schweigen Pius XII. zur Judenverfolgung zu liegen. Er scheint gefürchtet zu haben, dass sein Protest, weit davon entfernt, die Judenverfolgung einzudämmen, die Nationalsozialisten zu einer um so hemmungsloseren Verfolgung veran-lasst hätte. Es wäre wahrscheinlich eine Illusion gewesen, wenn er gemeint hätte, durch einen Protest jüdisches Leben retten zu können. Pius XII. hat deshalb nur im Geheimen jüdischen Flüchtlingen zu helfen gesucht.[76] Es handelt sich bei dem Schweigen und der Vermeidung einer Provokation zu noch hemmungsloserer Verfolgung nicht um zwei ver-schiedene Handlungen und deshalb auch nicht um einen Anwendungsfall des Prinzips, dass ein guter Zweck nicht das schlechte Mittel heiligt.

Auch die Entscheidung des Deutschen Bundestags vom 30. Januar 2002 zur Frage des Imports humaner embryonaler Stammzellen verstößt meines Erachtens nicht gegen das Prin-zip, dass der gute Zweck nicht das schlechte Mittel heiligt. In dieser Entscheidung wird der Import solcher Stammzellen für öffentlich oder privat finanzierte Vorhaben grundsätzlich verboten. Er wird jedoch ausnahmsweise für in ihrer Wichtigkeit für diagnostische oder therapeutische Verfahren ausgewiesene Forschungsvorhaben neben verschiedenen anderen Kautelen nur unter der Bedingung erlaubt, dass es allein um bis zum Stichtag dieser Ent-scheidung bereits bestehende Stammzellenlinien geht. Natürlich hängt alles daran, dass die

---

75 Vgl. MÜLLER / NEYER, Edith Stein, 1998, 275. Vgl. zu den Quellen im einzelnen auch STEIN, Karmel, 1994, 88ff; insbesondere 132f.

76 Vgl. LEIBER, Pius XII., 1960/61. Ferner LAPIDE, Rom, 1967, 188: »Die katholische Kirche ermöglichte unter dem Pontifikat von Pius XII. die Rettung von mindestens 700 000, wenn nicht sogar von 860 000 Juden vor dem gewissen Tod unter den Händen des Nationalsozialismus.«

Einhaltung dieser Bedingung auch nachprüfbar ist. Dadurch soll ausgeschlossen werden, dass man in irgendeiner Weise auch nur billigend an der Tötung von Embryonen zum Zweck der Stammzellengewinnung beteiligt wird.[77] Die Forschung hätte das Ziel, so auch die Strukturen adulter Stammzellen besser erfassen und therapeutisch nutzen zu können. Das Ganze lässt sich mit dem folgenden hypothetischen Fall vergleichen: In einem Land besteht großer Mangel an Blutkonserven. Die Polizei kommt einer Bande auf die Spur, die sich Blutkonserven auf kriminelle Weise (durch Entführung und Ausbeutung von Straßenkindern) verschafft und sie verkauft. Die Polizei verhaftet die Täter und beschlagnahmt die Blutkonserven. Aber anstatt diese zu vernichten, stellt sie sie einem Krankenhaus zur Verfügung. Damit würde keineswegs die kriminelle Weise der ursprünglichen Beschaffung der Blutkonserven nachträglich gebilligt; und man kann der Polizei auch nicht den Vorwurf der Doppelmoral machen oder dass sie sich auf eine abschüssige Bahn begebe. Ganz anders läge der Fall, wenn man die Bande absichtlich würde gewähren lassen, um auf diese Weise hin und wieder durch Razzien an Blutkonserven für ein Krankenhaus heranzukommen. Dies wäre die selber in sich schlechte formelle Mitwirkung an einer in sich schlechten Handlung. Das Gewährenlassen wäre hier eine bereits in sich schlechte Mitwirkung an dem Treiben der Bande und könnte nicht dadurch nachträglich gerechtfertigt werden, dass es der Ermöglichung einer weiteren Handlung dient, die nicht in sich schlecht ist. Ähnlich würde im Fall des Imports von Stammzellenlinien alles verändert, würde man dem Druck von Geschäftsinteressen nachgeben und auch erst neu zu gewinnende Stammzellenlinien einführen wollen.

Im Jahr 1945 befahl der amerikanische Präsident Truman den Abwurf von Atombomben über Hiroshima und Nagasaki, der über 200.000 Zivilisten das Leben kostete. Das Ziel dieses Befehls war angeblich die raschere Beendigung des Krieges unter weniger Verlusten. Ein Angriff auf die japanischen Hauptinseln mit Bodentruppen der Alliierten hätte, so wurde später behauptet, auf beiden Seiten mindestens eine Million Menschenleben gefordert.[78] War die Tötung von 200.000 Nicht-Kombattanten damit durch einen »entsprechenden Grund« gerechtfertigt und deshalb eine nur »indirekte« Tötung? Es handelt sich auch hier um den Fall, dass das mit dem Abwurf der Atombombe angezielte Ergebnis, nämlich den Krieg abzukürzen, durch einen dadurch zu beeinflussenden fremden Willen vermittelt ist. Es kann deshalb nicht das »Handlungsziel« des Abwurfs der Atombombe sein. Vielmehr besteht dessen »Handlungsziel« nur in der Tötung einer so großen Zahl von Nicht-Kombattanten, dass dadurch der japanischen Regierung die Kapitulation psychologisch nahegelegt wird. Diese Insinuierung ist nicht bereits selbst die Abkürzung des Krieges, sondern die Abkürzung des Krieges kommt erst dadurch zustande, dass ein fremder Wille sich zu ihr entschließt. Dazwischen liegt also die Vermittlung durch einen fremden Willen. Hier liegt somit eine Verflechtung unterschiedlicher Handlungen vor. Deshalb ist hier das Prinzip, dass

---

77 Ganz unzutreffend wurde dies am nächsten Tag von der Frankfurter Neuen Presse auf ihrer Titelseite mit der Schlagzeile wiedergegeben: »Forschung mit Embryonen erlaubt.« Es geht vielmehr um die nachträgliche Verwendung von embryonalen Stammzellen, die von anderen durch die unzulässige und unzulässig bleibende Tötung eines Embryos gewonnen wurden. Und vorausgesetzt ist, dass man an dem Handeln dieser anderen auf keine Weise mitgewirkt hat.

78 Vgl. jedoch MILES, Hiroshima, 1985, und ALPEROVITZ, Hiroshima, 1995.

der gute Zweck nicht das schlechte Mittel heiligt, anzuwenden. Der Abwurf der Atombombe war nicht zu rechtfertigen.

Eine Terrorgruppe hat an verschiedenen Orten einer Stadt Bomben versteckt und teilt dies den Behörden mit. Es gelingt der Polizei, einen der Terroristen ausfindig zu machen und ihn festzunehmen. Darf sie ihn foltern, um ihn zur Preisgabe des Verstecks der Bomben zu zwingen? Der einzige »Gegenstand« der Folterungshandlung oder das »Handlungsziel« scheint zu sein, die Bomben unschädlich machen zu können. Tatsächlich aber liegen auch hier deshalb zwei verschiedene Handlungen mit jeweils verschiedenem »Handlungsziel« vor, weil sie durch die Vermittlung eines fremden Willens auseinandergehalten werden. Das unmittelbare »Handlungsziel« der Folter besteht darin, einen fremden Willen zu brechen. Dass man daraufhin das Versteck der Bomben erfährt, ist eine weitere Handlung. Sie kann bei der Folter selbst nicht »Handlungsziel« sein, sondern nur »Absicht« oder »Ziel des Handelnden«. Ein gutes »Ziel des Handelnden« (das »Handlungsziel« einer weiteren Handlung, auf die man eine erste Handlung hinordnet) kann ein schlechtes »Handlungsziel« einer ersten Handlung nicht rechtfertigen.

Mit dem Fall der Folter vergleichbar ist Geiselnahme. Weil das damit erstrebte Ziel nur durch Vermittlung eines fremden Willens erreicht werden kann, kann man dieses Ziel nur als »Ziel des Handelnden«, nicht aber als »Handlungsziel« bezeichnen. Selbst wenn man also in der Geiselnahme auf einen guten Zweck abzielte, zum Beispiel die Beendigung sozialer Missstände zu erzwingen, bliebe das »Handlungsziel« der Geiselnahme »in sich schlecht« und könnte nicht durch den guten Zweck gerechtfertigt werden.

Die NATO wollte im Kosovo-Konflikt des Jahres 1999 das serbische Jugoslawien durch Bombardements aus der Luft von der Vertreibung ethnischer Albaner aus dem Kosovo abbringen. Sie schloss jedoch öffentlich aus, dass irgendwelche Bodentruppen eingesetzt würden. Die Beobachter der Vereinten Nationen wurden aus dem Kosovo zurückgezogen. So konnte die Vertreibung zunächst noch ungehemmter weitergehen und erreichte überhaupt erst ihr größtes Ausmaß. Es war auch nicht abzusehen, wann die jugoslawische Führung klein beigeben würde. Die Handlungsweise der NATO kann nicht ohne weiteres als Verhinderung von Vertreibung bezeichnet werden. Die Bombardierungen waren keine direkte Verhinderung der Vertreibung, sondern sollten Schaden zufügen, um zunächst den Willen der jugoslawischen Führung zu brechen. Aber der gute Zweck, Vertreibungen verhindern zu wollen, heiligt nicht dieses von der Verhinderung der Vertreibung verschiedene Mittel. Mittel und Zweck sind hier zwei verschiedene Handlungen, voneinander durch die Notwendigkeit des Kleinbeigebens der jugoslawischen Führung getrennt. Anders wäre es gewesen, wenn man Truppen eingesetzt hätte, die den Zugang zu den albanischen Dörfern verwehrt hätten. Aber wäre man dazu bereit gewesen?

Durch eine so genannte »Notlüge« verheimliche ich einem Stasi-Spitzel den Aufenthaltsort meines von ihm verfolgten Freundes. Aber bereits die Bezeichnung einer solchen durch einen »entsprechenden Grund« gerechtfertigten »Falschrede« als »Notlüge« ist unzutreffend und irreführend. Hier wird nicht etwa eine eigentlich unerlaubte Lüge durch die Hinordnung auf eine weitere gute Handlung nachträglich gerechtfertigt. Vielmehr handelt es sich von vornherein gar nicht um eine Lüge im ethischen Sinn, sondern lediglich um die berechtigte

Wahrung eines Geheimnisses. »Gegenstand« der Handlung (»Handlungsziel«) ist allein Letzteres. Die Wahrung des Geheimnisses und die Falschrede sind nicht zwei verschiedene Handlungen, sondern es liegt nur eine einzige Handlung vor; sie treten auch nicht dadurch auseinander, dass ein fremder Wille zwischen ihnen vermitteln müsste. Die Wahrung des Geheimnisses ist der »entsprechende Grund«, der die Falschrede »indirekt«, außerhalb des gewollten »Handlungsziels« bleiben lässt.

Zur Veranschaulichung kann diese graphische Darstellung dienen:

O	soll einen Einzelvollzug bezeichnen, der von einem anderen Einzelvollzug unterscheidbar ist.
→	soll bezeichnen, dass ein Einzelvollzug mit einem anderen Einzelvollzug verbunden ist.
I	soll bezeichnen, dass zwei Einzelvollzüge, die miteinander verbunden sind, dennoch voneinander verschiedene Handlungen bleiben; sie stehen dann zueinander in einer Mittel-Zweck-Beziehung.
□	soll die Handlung eines anderen Handelnden bezeichnen.
↓	soll einen für das Zustandekommen des zweiten Einzelvollzugs notwendigen Einfluss der Handlung eines anderen Handelnden bezeichnen.
{ }	soll eine solche Zusammengehörigkeit zweier Einzelvollzüge bezeichnen, dass nur eine einzige komplexe Handlung vorliegt.

Die Verschiedenheit I zweier miteinander verbundener Handlungen im Unterschied zu einer einzigen komplexen (aus mehreren Einzelvollzügen bestehenden) Handlung kommt dadurch zustande, dass

1)	entweder der Grund der ersten zu ihrer Setzung bereits ausreicht auch ohne den Grund der zweiten; dann ist der Grund der zweiten bei der ersten nur als »Absicht« gegenwärtig;	OI→O
2)	oder die Verbindung von Einzelvollzügen dadurch unterbrochen ist, dass zur Erreichung des im zweiten Einzelvollzug angestrebten Wertes ein fremder Wille intervenieren muss.	□ ↓ O→I→O

In diesen Fällen gilt das Prinzip, dass der gute Zweck (die zweite Handlung) ein schlechtes Mittel (die erste Handlung) nicht heiligen kann.

3)	Anders verhält es sich, wenn zwei Handlungsvollzüge so zusammengehören, dass der eine nicht ohne den anderen geschehen würde und sie auch nicht durch die Notwendigkeit der Intervention eines fremden Willens voneinander getrennt werden. Dann liegt nur eine einzige komplexe Handlung vor; es besteht jedoch keine Mittel-Zweck-Beziehung zweier verschiedener Handlungen.	{O→O}

Wir gewinnen mit dem bisher zur Erläuterung des Prinzips der Doppelwirkung Gesagten eine Präzisierung des Begriffs »ethisch schlecht«: Ethische Schlechtigkeit besteht entweder darin, dass eine Handlung selber »in sich schlecht« ist, oder darin, dass sie mit zumindest einer anderen vorausgehenden oder nachfolgenden Handlung in Verbund steht, die ihrerseits »in sich schlecht« ist. Es handelt sich dann um zwei Handlungen, wenn eine von ihnen auch ohne die andere ausgeführt würde oder sie durch die Vermittlung durch einen fremden Willen voneinander getrennt sind. Sie stehen dann miteinander im Verbund, wenn die eine Handlung über ihr eigenes »Handlungsziel« hinaus zusätzlich benutzt wird, um die andere zu ermöglichen; dies ist dann bei der ersten Handlung das zusätzliche »Ziel des Handelnden«. Wenn Handlungen nur faktisch ohne willentliche Verknüpfung aufeinander folgen, läge kein solcher Verbund vor.

Wenn das in sich schlechte »Handlungsziel« einer zweiten Handlung bereits als »Ziel des Handelnden« bei einer vorausgehenden Handlung präsent ist, dann wird damit auch die vorausgehende Handlung schlecht, obwohl ihr eigenes »Handlungsziel« noch nicht »in sich schlecht« war. Natürlich gilt auch umgekehrt, das eine »in sich schlechte« Handlung, die benutzt wird, um zusätzlich eine nicht »in sich schlechte« Handlung zu ermöglichen, dann auf diese zweite Handlung abfärbt und sie gleichsam ansteckt.

7) Hermeneutische Neufassung des Prinzips der Doppelwirkung

Aus der vorangehenden Interpretation des traditionellen Prinzips der Doppelwirkung ergibt sich die folgende hermeneutische Neufassung dieses Prinzips mit drei Bedingungen:

> Nur eine Handlung, die einen Schaden »ohne entsprechenden Grund« zulässt oder verursacht, kann »in sich schlecht« sein. Man darf jedoch einen Schaden zulassen oder verursachen, wenn
> 1) die Handlung einen »entsprechenden Grund« hat;
> 2) nicht eine andere, »in sich schlechte« Handlung desselben Handelnden zu ihrer Ermöglichung dient;
> 3) sie nicht zur Ermöglichung einer anderen, »in sich schlechten« Handlung desselben Handelnden benutzt wird.

Dies lässt sich graphisch so verdeutlichen:

> ● soll eine Handlung bezeichnen, die deshalb, weil ihr »Grund« kein »entsprechender« ist, »in sich schlecht« ist.
> ○ soll eine nicht »in sich schlechte« Handlung bezeichnen, die aber dennoch durch Verbund mit einer »in sich schlechten« Handlung immer noch »schlecht« werden kann.
> → soll bezeichnen, dass eine Handlung über ihr eigenes Handlungsziel hinaus dazu dienen soll, eine andere Handlung desselben Handelnden zu ermöglichen.

> Dann gilt von der Handlung zwischen den Strichen | |, dass sie in den folgenden drei Fällen (die auch miteinander kombiniert vorkommen können) unzulässig ist:

1)	wenn sie »in sich schlecht« ist;	*in sich unzulässig:*	|●|
2)	wenn eine andere, »in sich schlechte« Handlung benutzt wird, um sie zu ermöglichen.	*unzulässig durch Verbund:*	●→|○|
3)	wenn sie benutzt wird, um eine andere, »in sich schlechte« Handlung zu ermöglichen.	*unzulässig durch Verbund:*	|○|→●
Zulässig dagegen ist jede nicht »in sich schlechte« Handlung, solange sie auch nicht im Verbund mit einer anderen, »in sich schlechten« Handlung steht.			|○| ○→|○| |○|→○

Dabei stellt die erste Bedingung eine Zusammenfassung der ersten und der vierten Bedingung der herkömmlichen Fassung des Prinzips[79] dar.

In der früheren und jetzigen zweiten und dritten Bedingung geht es um die Verknüpfung mehrerer vollkonstituierter Einzelhandlungen desselben Handelnden, die ihren je eigenen »Gegenstand« haben: Weder heiligt das gute Mittel den schlechten Zweck, sondern es wird vom schlechten Zweck beeinflusst und gleichsam angesteckt; noch heiligt umgekehrt der gute Zweck das schlechte Mittel.

Zur Beurteilung der eigenen Handlungen ist nach dem angestrebten Wert zu fragen bzw. nach dem Schaden, der vermieden werden soll; dieser Wert bzw. Schaden ist universal zu formulieren, also unabhängig vom jeweils Handelnden oder seiner Gruppe. Dann ergibt sich als grundlegende Handlungsmaxime:

Handle so, dass du nicht gerade den (universal zu formulierenden) Wert, den du suchst, auf die Dauer und im Ganzen gesehen untergräbst; bzw. handle so, dass du nicht den (universal zu formulierenden) Schaden, den du zu vermeiden suchst, auf die Dauer und im Ganzen gesehen noch vergrößerst.

Anstatt einer Vorgabe materieller Normen handelt es sich um ein Verfahren zur Gewinnung von Normen: Verfahrensethik. Wann eine Handlung »in sich schlecht« oder zumindest dadurch »schlecht« ist, dass sie mit anderen »in sich schlechten« Handlungen in Verbund steht, lässt sich somit in der folgenden Weise bestimmen (s. Kasten nächste Seite).

Damit sind wir zu einer Neuinterpretation des traditionellen Prinzips der Doppelwirkung gelangt, die sich erheblich von seinem herkömmlichen Verständnis unterscheidet. Dieses Prinzip hatte früher nur eine marginale Bedeutung und diente letztlich vor allem zu einer restriktiven Auslegung sonst allzu absoluter deontologischer Normen. Jetzt stellt es das Grundprinzip der gesamten Ethik dar.

---

79 Vgl. oben S. 28.

---

1) Eine Handlung ist nur dann »*in sich* schlecht«,
   wenn man in ihr einen Schaden *ohne* »*entsprechenden Grund*« zulässt oder verursacht.
   Der »Grund« einer Handlung ist kein »entsprechender«,
   - wenn der (universal zu formulierende) angestrebte Wert oder Werteverbund auf die Dauer und im Ganzen untergraben wird oder
   - wenn man einen (universal zu formulierenden) Schaden oder Verbund von Schäden in einer Weise zu vermeiden sucht, die ihn auf die Dauer und im Ganzen nur vergrößert.

2) Für den Fall der *Verknüpfung mehrerer Handlungen* gilt,
   dass eine Handlung auch dann »schlecht« ist,
   a) wenn der Handelnde *sie durch* eine andere eigene, »in sich schlechte« Handlung ermöglichen will;
   b) wenn der Handelnde *durch sie* eine andere eigene, »in sich schlechte« Handlung ermöglichen will.

Aber warum ist es überhaupt notwendig, an dieses alte Prinzip anzuschließen? Bei allem Ungenügen der traditionellen Ethik wäre es nicht sinnvoll, den Dialog mit ihr abzubrechen und damit auch ihre richtigen Anliegen und ihr Begriffsinstrumentar unbesehen zu verwerfen. Gerade das traditionelle Prinzip der Doppelwirkung war für mich der heuristische Ausgangspunkt für die sonst in der ethischen Diskussion bisher kaum zur Klarheit gelangte, aber zugleich für alle Ethik grundlegende und elementare Erkenntnis: Nur eine Handlung, die einen Schaden ohne »entsprechenden Grund« zulässt oder verursacht, kann moralisch schlecht sein. Ohne die in diesem Satz angewandten Begriffe (Handlung, Schaden, »entsprechender Grund«, Zulassen, Verursachen) und ohne die Möglichkeit, eine Kombination von Handlungen zu bedenken, ist eine rationale Ethik kaum möglich. Es wird sich im folgenden Kapitel darüber hinaus zeigen, dass sich von dieser Grundeinsicht des Prinzips der Doppelwirkung her auch die übrigen Grundbegriffe der herkömmlichen Ethik konsistent erläutern lassen und damit wieder verstehbar werden.

IV. Zugeordnete Grundbegriffe

Auf der Basis des als Grundprinzip der Ethik verstandenen Prinzips der Doppelwirkung sollen nun die wichtigsten Begriffe der Fundamentalethik neu interpretiert werden. Zentrale Bedeutung kommt hier der Erläuterung der »Quellen der Sittlichkeit« (Abschnitt 6) und der Unterscheidung von physischer und ethischer Handlungsbeschreibung (Abschnitt 7) zu.

1) Willensfreiheit

Voraussetzung jeder Ethik ist, dass es eine Willensfreiheit gibt, in welcher der Mensch mit dem Gewollten zugleich sich selber bestimmt. Wie ist diese Willensfreiheit zu verstehen?

Häufig sieht man die Grundform der Willensfreiheit darin, zwischen verschiedenen Gütern wählen zu können *(libertas specificationis)*. Aber eine solche Definition führt zu unauflösbaren Dilemmata. Denn dann wäre nur eine solche Wahl rational vertretbar, in der man das jeweils größte Gut wählt. Welches das größte Gut unter den verschiedenen zur Wahl stehenden Gütern ist, ist aber entweder objektiv vorgegeben oder wird vom wählenden Subjekt bestimmt. Im ersten Fall könnte eine vernünftige Wahl nicht mehr frei sein, sondern wäre objektiv determiniert; im zweiten Fall wäre die Wahl zwar frei, aber nicht vernünftig, sondern rein willkürlich.

Könnte man die Grundform der Willensfreiheit darin sehen, dass sie ermöglicht, entweder einen Willensakt zu setzen oder sich eines solchen zu enthalten *(libertas exercitii)*? Damit würde zum einen verkannt, dass der gewählte Willensakt seinerseits einen Gegenstand haben muss, und zum anderen, dass es auch negative, also ablehnende Willensakte gibt. Letztere sind etwas anderes als die bloße Enthaltung von einem Willensakt.

Traditionell werden aber gewöhnlich nur diese beiden Formen von Willensfreiheit genannt: »dies oder jenes wollen« oder »einen Willensakt setzen oder keinen Willensakt setzen«.[80]

In Wirklichkeit besteht die Willensfreiheit darin, gegenüber einem beliebigen endlichen Gut auch je für sich genommen entweder ja oder nein sagen zu können. Eine solche freie Entscheidung setzt die Erkenntnis voraus, dass es sich bei dem zur Entscheidung stehenden Gegenstand um »ein Gut« handelt. Insofern es sich um »ein *Gut*« handelt, insofern es also anstrebbar ist, kann man *Ja* dazu sagen und es tatsächlich anstreben. Insofern es sich aber nur um »*ein* Gut« und nicht um das Gut schlechthin handelt, kann man auch *Nein* sagen und das betreffende Gut zurückweisen. In beiden Fällen weiß man, was man tut, und entscheidet selber. Um zu einem Gut Ja oder Nein sagen zu können, braucht man keine anderen Gründe, als für das Ja die Tatsache, dass es sich um ein *Gut* handelt, und für das Nein die Kehrseite dieser Tatsache, nämlich dass es sich nur um *ein* Gut handelt. Die jeweilige Entscheidung ist erkenntnisgeleitet und damit rational[81], ohne jedoch in irgendeiner Weise determiniert zu sein oder deduziert werden zu können.[82] Aber bereits aus der Struktur dieser Erkenntnis ergibt sich die prinzipielle Möglichkeit freier Entscheidung.

Jedenfalls ist die Freiheit gerade nicht darin begründet, dass unsere Erkenntnis unvollkommen wäre; es trifft deshalb auch nicht zu, dass der Mensch sich nur solange als frei erfährt, als er die Tragweite seiner jeweiligen Handlungen noch nicht voll erfasst.

---

80 Vgl. z. B. THOMAS VON AQUIN, *Summa theologica, I-II q 9 a1*.

81 Vgl. THOMAS VON AQUIN, *Quaestiones disputatae de veritate, q24 a2 c*: »Die Wurzel der ganzen Freiheit besteht in der Vernunft.« – Nur wenn die Grundform der Freiheit erst in der Wahl zwischen mehreren Gegenständen bestünde, träfe zu, was KUTSCHERA, Grundlagen, 1999, 344, meint: »Jede sinnvolle Entscheidung setzt ja voraus, daß wir über Präferenzen verfügen, nach denen wir uns für die beste Alternative entscheiden. Ohne solche Präferenzen wären alle Alternativen für uns indifferent, die Entscheidung für eine von ihnen wäre also willkürlich.«

82 Dies wäre zu der sonst sehr gelungenen und überzeugenden Analyse der Willensfreiheit von BIERI, Handwerk, 2001, anzumerken. Dort wird vorausgesetzt, dass man nur das verstehen kann, was aus seinen Bedingungen notwendig folgt (15); aber zur Verstehbarkeit der alternativen Entscheidungen Ja oder Nein zu einem Gegenstand reicht es bereits, die jeweilige Entscheidung auf die Erkenntnis zurückzuführen, dass es sich bei dem Gegenstand um »ein Gut« handelt. Die jeweilige Entscheidung kann auf diese Erkenntnis zurückgeführt, aber nicht aus ihr als notwendig hergeleitet werden.

Auch die Wahl eines Übels ist – wie bereits erläutert wurde – nur möglich, wenn es unter irgendeiner Hinsicht als ein Gut, nämlich als erstrebenswert erscheint. Es geht aber hier nur erst um die Willensfreiheit als solche und noch nicht um die Frage der ethischen Gutheit oder Schlechtigkeit der Entscheidung.

Die eventuelle Wahl zwischen *mehreren* Gütern ist nach dem Gesagten nicht die Grundform der Freiheit. Eine solche Wahl lässt sich vielmehr nur als Kombination mehrerer Entscheidungen verstehen, die auch für sich allein bestehen könnten: Soll ich spazieren gehen (ja oder nein) oder Radio hören (ja oder nein)? Gegenüber beiden Gegenständen auch einzeln für sich betrachtet bin ich bereits frei. Ich kann wählen spazierenzugehen, weil es ein *Gut* ist, weil es nämlich erholsam und wohltuend ist; ich kann es aber auch ablehnen, weil es nur *ein* Gut und nicht das Gut schlechthin ist. Ebenso habe ich die Entscheidungsfreiheit, Radio zu hören oder nicht. Beide Entscheidungen kann ich auch kombinieren; diese Möglichkeit, dann eben zwischen Radiohören und Spazierengehen zu entscheiden, ist jedoch davon abgeleitet, dass ich bereits gegenüber beiden Gegenständen auch einzeln betrachtet in einer erkenntnisgeleiteten Weise frei bin. Selbst wenn unsere Entscheidungen gewöhnlich in der Wahl zwischen verschiedenen Gütern bestehen, ist doch dafür die Möglichkeitsbedingung, dass wir bereits jedem einzelnen Gut gegenüber frei sind. Unzutreffend ist die Behauptung, dass nur eine der beiden Entscheidungen rational sein könne. Angenommen, eines der beiden Güter sei das größere Gut, dann kann noch immer auch die Wahl des kleineren Gutes verantwortet werden, solange man es nicht in einer Weise anstrebt, durch die es letztlich untergraben wird.

Allerdings bedeutet eine solche Entscheidung dann auch den Ausschluss der entgegengesetzten Entscheidung und damit so etwas wie den »Verbrauch« von Freiheit. Aus den ursprünglich offenen Möglichkeiten entsteht durch unsere Entscheidungen der tatsächliche Lebensweg.

Welche neuen Möglichkeiten entstehen bzw. welche Gegenstände zur Wahl stehen, hängt deshalb in hohem Maß auch von bisherigen Entscheidungen ab. Dies ist damit zu vergleichen, dass jemand ein Bild malt, ohne es in seinem Inneren bereits fertig vor sich zu sehen. Wie es jeweils weitergeht, wird weitgehend davon abhängen, was er bereits gemalt hat. Hat jemand mit einer Landschaft begonnen, dann ist damit zu rechnen, dass er sie weitermalt; es ist aber vielleicht noch offen, ob Berge dazukommen oder Wälder usw. Um ein Bild völlig zu übermalen und statt dessen mit einem ganz anderen Gegenstand zu beginnen, wird es gewöhnlich besonderer Gründe bedürfen.

Ähnlich gilt, dass zum Beispiel jemand, der Arzt geworden ist, von da an vor allem vor Entscheidungen auf medizinischem Gebiet gestellt sein wird. Im Allgemeinen stehen unsere Entscheidungen in einem Kontext und sind miteinander vernetzt. Bisherige Entscheidungen bedeuten eine Vorprägung für künftige Entscheidungen. Nicht nur weil unsere Handlungen mit denen anderer Menschen verknüpft sind, sondern auch weil sie von früheren eigenen Handlungen mitbestimmt werden, ist von »Handlungsnetzen« zu sprechen.

Dieses Verständnis von Freiheit entspricht zum einen der tatsächlichen Erfahrung. Es entgeht zum anderen, soweit ich sehe, allen Einwänden[83] gegen die Existenz einer Willensfreiheit. Zwischen Freiheit und Rationalität, dass die Entscheidung nämlich erkenntnisgeleitet ist, besteht kein Gegensatz mehr.

Es gibt allerdings eine Flucht vor der Freiheit als Selbstbestimmung. In dieser Flucht ist »eine tiefe Angst vor der Einsamkeit wirksam, in die unausweichlich gerät, wer sich im Denken und Handeln auf sich selber stellt, eine Sorge auch um die Reputation und eine Furcht vor der Ächtung und Diffamierung, die in der Welt, wie sie nun einmal eingerichtet ist, das unvermeidliche Schicksal derjenigen zu sein scheint, denen an der Selbständigkeit des Gedankens und des Tuns liegt.« Aber sobald wir uns »ernstlich darauf besinnen, was in jener Angst vor der Freiheit vor sich geht, wird unmittelbar gewiß: Wenn wir ihr nachgeben, geben wir uns selber auf«[84].

Noch in einem anderen Sinn ist der Begriff der »Freiheit« und damit auch der Willensfreiheit zu bedenken. Spontan erscheint uns Freiheit als Gegensatz von Abhängigkeit. Wir verstehen Freiheit als das Recht, Eingriffe von seiten anderer abzuwehren und uns statt dessen selbst zu bestimmen. Dabei verkennen wir, dass Abhängigkeit von anderen Menschen ursprünglich geradezu die ermöglichende Bedingung für unsere Freiheit ist. Die ersten Lebensjahre eines Menschen und zum Beispiel das Sprechenlernen werden überhaupt nur durch eine Abhängigkeit von anderen Menschen ermöglicht. Aber auch für den zur Selbständigkeit gelangten Menschen bleibt es dabei, dass er für die meisten seiner Handlungen auf Dinge angewiesen ist, die von anderen bereitgestellt werden. Wollte ich allein mit meinen eigenen Kräften von Hamburg nach München reisen, würde ich sehr lange Zeit brauchen und vielleicht unterwegs verhungern. Dass ich bereits in wenigen Stunden an meinem Ziel sein kann, verdanke ich der Tatsache, dass Tausende von Menschen bei der Bahn verlässlich ihre Arbeit tun; fahre ich Auto, dann bin ich abhängig davon, dass die Straßen in gutem Zustand gehalten werden und verlässlich damit zu rechnen ist, dass ich unterwegs auch tanken kann. Jedenfalls werde ich hier durch die Abhängigkeit von anderen letztlich nicht eingeschränkt, sondern es handelt sich eher um so etwas wie soziale Tragseile für meine eigenen Entfaltungsmöglichkeiten.

Natürlich wird es dann wünschenswert und notwendig sein, dass auch ich meinerseits zur Freiheit anderer beitrage, die dann gegeben ist, wenn sie sich auf die von mir zu erwartenden Leistungen verlassen können. Schlechte Abhängigkeit entsteht da, wo nur einseitige Gefällstrecken entstehen.[85] Wenn zum Beispiel jemand auf eine Leistung von mir angewiesen ist, sollte ich ihn nie ohne Termin ins Blaue hinein warten lassen; und ich sollte mir eine Ehre daraus machen, die Leistung innerhalb des angegebenen Termins tatsächlich zu erbringen.

---

83 In ausführlicher Darlegung bei CRANACH und AMMAN, Annahme, 1999.

84 WEISCHEDEL, Ethik, 1976, 134f. Dieses grundlegende Werk stellt überzeugend dar, dass aus der Fraglichkeit aller konkreten Normen keineswegs folgt, dass dann alles erlaubt ist. Freiheit und Gewissen werden als Voraussetzung aller Ethik erläutert (109–176).

85 Vgl. SUHR, Entfaltung, 1976. Für eine sehr kurze Fassung der Grundgedanken vgl. DERS., Menschen, 1983, 3–17.

2) Gewissensbildung

Ethische Einsicht entsteht aus der Erfahrung dessen, was man mit dem eigenen Handeln bewirkt. Es kann sich dabei um Erfahrung handeln, die man selber macht; oder man kann auch aus der Erfahrung anderer lernen. Deshalb ist Gewissensbildung gewöhnlich ein Kommunikationsgeschehen.[86] Erfahrung ist mehr als das gegenwärtige unmittelbare Empfinden. Sie besteht vielmehr darin, über den unmittelbar gegebenen Augenblick hinaus sich selbst auf die Wirklichkeit hin zu transzendieren.

Das Gewissen ist unsere Fähigkeit zu ethischer Einsicht. Es handelt sich um die grundlegende Fähigkeit unserer Vernunft, zwischen verantwortlichen und nicht verantwortlichen Handlungen begründet zu unterscheiden.

Es geht darum zu erfassen, was das eigene Handeln tatsächlich bewirkt. Wie wirkt sich das eigene Handeln auf andere aus? Wird vielleicht das ursprünglich Gewollte letztlich in Wirklichkeit nur untergraben? Wenn man selber die Auswirkungen des eigenen Handelns noch nicht kennt, kann man von anderen darauf aufmerksam gemacht werden, welche Auswirkungen nach ihrer Erfahrung zu erwarten sind. Man muss nicht selber erst einen Autounfall verursacht haben, um einzusehen, dass man vorsichtig fahren sollte.

An diesem Beispiel lassen sich weitere Zusammenhänge erläutern. Die ethische Norm im Kraftverkehr besteht nicht nur darin, dass man vorsichtig fahren soll. Zur Ethik der Fahrzeughersteller etwa gehört es, ihrerseits nach allen Möglichkeiten zur Schadensbegrenzung bei eventuellen Unfällen zu suchen. Hierher gehören Crashtests mit Dummies; die Erfindung von Verbundglas, dessen Splitter nicht mehr umherfliegen; Dreipunktgurte; Überrollbügel, die sich beim Überschlag auslösen; Umkonstruktion der Lenksäule, so dass man sich an ihr nicht mehr aufspießen kann; Airbags, die sich der Position des Fahrgastes anpassen; Knautschzonen (verformbare Teile des Autos, verbunden mit einer möglichst stabilen Fahrgastzelle) usw. Es ist eine ethische Forderung, nach noch unentdeckten weiteren Möglichkeiten zu suchen. In diesem Sinn handelt es sich um offen bleibende Forderungen, bei denen man nicht einmal von vornherein sagen kann, wonach man konkret sucht. Zugleich ist aber auch gerade bei solchen Verbesserungen die Möglichkeit kontraproduktiver Effekte in Rechnung zu stellen. Effektiv größere Sicherheit zum Beispiel durch mit ABS (Anti-Blockier-System) ausgerüstete Bremsen kann das subjektive Sicherheitsgefühl der Autofahrer so verstärken, dass sie doch wieder riskanter fahren. In all dem geht es keineswegs nur um ethisch neutrale Sachverhalte. Gewissenlosigkeit würde darin bestehen, sich für die eigenen Produkte um solche Fragen nicht kümmern zu wollen. Aber man kommt auf solche Fragen nur durch Rückmeldungen aus der Wirklichkeit.[87]

Anstatt nur bestimmte fertige Normen zu verinnerlichen, handelt es sich in der Gewissensbildung eher darum, fähig zu werden, in der rechten Weise nach den Normen zu suchen,

---

86 Auch für die Gewissensbildung gilt KANTS Hinweis auf den kommunikativen Charakter der Vernunft. Er war der Auffassung, dass die Freiheit, den eigenen Verstand zu gebrauchen, nur gegeben ist, wenn man auch öffentlich und laut sagen darf, was man denkt: »Allein wie viel und mit welcher Richtigkeit würden wir wohl d e n k e n , wenn wir nicht gleichsam in Gemeinschaft mit andern, denen wir unsere und die uns ihre Gedanken m i t t h e i l e n , dächten!« (Denken, 1923, 144)
87 Vgl. dazu den Ansatz von HOFFMANN, Frage, 1997; ferner DERS. / OTT / SCHERHORN, Kriterien, 1997.

also Kriterien für die Unterscheidung von Gut und Böse zu gewinnen, die auch auf neue Sachverhalte anwendbar sind. Nur wenn man von vornherein mit der Möglichkeit unerwarteter Folgen des eigenen Handelns rechnet, kann man auch lernen.

Statt direkt um die Normen selber geht es also eher um die Verfahrensweise zu ihrer Gewinnung. Die menschliche Vernunft ist am tiefsten davon gekennzeichnet, dass man andere in sich zu repräsentieren und sich in ihre Lage hineinzuversetzen vermag. Das Ziel der Gewissensbildung könnte darin bestehen, innere Strukturen zu entwickeln, durch die man fähiger wird, sich mit der Freude anderer mitzufreuen und ebenso auch für das Leid anderer sensibel zu sein: »Geteilte Freude ist doppelte Freude, geteiltes Leid ist halbes Leid.«

3) Die Einheit einer Handlung

Nicht alle Vollzüge sind freie Handlungen. Die traditionelle Moraltheologie unterscheidet mit Recht zwischen einem bloßen »Vollzug des Menschen *(actus hominis)*« und einer eigentlichen »menschlichen Handlung *(actus humanus)*«. Zum Beispiel wäre unwillkürliches Niesen ein bloßer Vollzug, dem keinerlei personales Wollen zugrunde liegt. Es wäre deshalb auch keine Handlung im ethischen Sinn. Die Ethik hat es nur mit den »menschlichen Handlungen« zu tun. Es sind diejenigen Vollzüge (Verursachungen oder Zulassungen), die vom Subjekt gewusst und gewollt werden.

Wenn von solchen Handlungen die Rede sein soll, entsteht die Frage nach ihrer Abgrenzung voneinander. Wodurch unterscheidet sich die Zusammensetzung einer Handlung aus einer Reihe von Einzelvollzügen von der Existenz mehrerer Handlungen? Die Einheit einer Handlung[88] kommt dadurch zustande, dass sie einen zu ihrer Setzung erforderlichen und ausreichenden Grund hat, der in dem angestrebten Wert oder Werteverbund besteht. Es geht hier zunächst nur um den »Grund« der Handlung und noch nicht um den »entsprechenden Grund«, also darum, ob die Handlung ihrem Grund auch gerecht wird. Gewöhnlich haben unsere Handlungen einen Werteverbund als Motivation. Zum Beispiel will man nicht nur eine Ferienreise ins Ausland machen, sondern diese zu einem möglichst günstigen Preis und die Fahrt lieber bei Tag als bei Nacht und durch eine schöne Landschaft.

Die Frage nach der Einheit einer Handlung ist vor allem deshalb wichtig, weil der Satz, dass der gute Zweck nicht das schlechte Mittel heiligt, nur unter der Voraussetzung gelten kann, dass es dabei nicht um nur eine, möglicherweise komplexe Handlung, sondern um

---

88 Zuzustimmen ist SPAEMANN, Einzelhandlungen, 2000, 522 [56]: »Die Handlung ›Einem Polizisten den Verlauf eines Verkehrsunfalls berichten‹ kann aus dem Aussprechen mehrerer Sätze bestehen. Das Aussprechen eines einzelnen dieser Sätze wäre nur dann eine Einzelhandlung, wenn damit eine besondere Absicht verfolgt würde, also zum Beispiel die Absicht, beim Polizisten eine bestimmte Auffassung über die Schuldfrage zu bewirken. Wenn dies nicht der Fall ist, so gilt zwar, daß jeder Satz seine eigenen Wahrheitsbedingungen und seinen eigenen Wahrheitswert hat, der nicht kontextabhängig ist, daß aber das Aussprechen dieses Satzes nicht eine Einzelhandlung darstellt, die auch einer eigenen ethischen Beurteilung unterliegt. Gerade wenn die Absicht nur die wahrheitsgemäße Information des Beamten ist, hat das Aussprechen des einzelnen Satzes kein eigenes praktisches ›Objekt‹, und sein sittlicher Wert ist deshalb nur eine Funktion des Wertes der komplexen Handlung.«

voneinander verschieden je eigene Handlungen geht. Sowohl Mittel wie Zweck müssen voneinander abgrenzbare Einzelhandlungen sein.

Oben[89] war als Beispiel bereits genannt worden, dass eine Reise viele Einzelvollzüge umfasst wie die Reiseplanung, den Koffer packen, die Fahrkarte lösen, den Zug besteigen usw.; und jeder dieser Vollzüge lässt sich erneut in viele weitere Einzelvollzüge auflösen. Warum spricht man nicht von ebenso vielen einzelnen Handlungen? Dies tut man deshalb nicht, weil alle diese Vollzüge vom selben Handlungsgrund bestimmt sind. Hier liegt nur eine einzige, allerdings aus vielen Einzelvollzügen bestehende, nämlich komplexe Handlung vor.

Anders verhält es sich, wenn jemand eine Ferienreise benutzt, um außerdem fremdzugehen. Es handelt sich allerdings nur dann um zwei verschiedene Handlungen, wenn er die Ferienreise auch ohne die Absicht zum Ehebruch ausführen würde. Sie hätte dann ein zu ihrer Durchführung bereits ausreichendes Motiv und wäre deshalb eine eigene Handlung. Würde jemand die Reise jedoch nur dann durchführen wollen, wenn sie ihm auch einen Ehebruch ermöglichte, dann wären beide zusammen eine einzige Handlung mit einem Verbund von angestrebten Zielen.

Eine Organspende zur Rettung des Lebens eines anderen Menschen setzt sich in ethischer Betrachtung nicht aus zwei verschiedenen Handlungen zusammen, nämlich der Abtrennung des Organs von seinem Spender und der Implantation beim Empfänger, sondern diese Einzelvollzüge stellen aufgrund der Einheit ihrer Motivation eine einzige Handlung dar. Anders wäre es auch hier, wenn nach der Abtrennung des Organs der Empfänger noch gefragt werden müsste, ob er die Spende annehmen will. In diesem Fall wären Abtrennung und Implantation durch die Dazwischenkunft eines fremden Willens zwei verschiedene Handlungen; die Abtrennung wäre dann in ethischer Betrachtung keine Organspende, sondern eine Verstümmelung, von der gilt, dass ein guter Zweck das schlechte Mittel nicht heiligen kann.

Es gibt also, wie bereits dargelegt wurde[90], auch die Möglichkeit, dass der Schein einer einzigen Handlung entsteht, obwohl sie sich in Wirklichkeit aus mehreren Handlungen zusammensetzt. Das ist immer dann der Fall, wenn das in der Handlung angezielte Ergebnis durch einen oder viele fremde Willen vermittelt wird. Dann besteht die erste Handlung darin, zum Beispiel diese(n) anderen Willen zu motivieren. Und die erst dadurch ermöglichte angestrebte zweite Handlung besteht darin, tatsächlich das zu erreichen, wozu man den oder die anderen Willen motiviert hat.

Damit, dass ein Gegenstand gewählt werden kann bzw. dass es um eine einzige Handlung geht, bleibt die Frage nach der sittlichen Qualität dieser Handlung noch offen. Um diese zu beurteilen, muss erstens gefragt werden, um welcher Werthaftigkeit willen der betreffende Gegenstand gewählt wird. Zweitens muss der angestrebte Wert oder Werteverbund universal formuliert werden, um prüfen zu können, ob die Handlung diesem universal formulierten Wert oder Werteverbund auch tatsächlich entspricht und deshalb in ihm einen »entsprechenden Grund« hat oder ihn vielmehr untergräbt.

---

89 Vgl. S. 19.
90 Vgl. S. 62.

4) Negative und affirmative Gebote

In der scholastischen Moraltheologie begegnet die zutreffende Beobachtung, dass negativ formulierte Gebote wie »du sollst nicht morden« absolut, und zwar »immer und für jeden Fall *(semper et pro semper)*« gelten. Affirmativ, also als positive Aufforderung formulierte Gebote wie »du sollst Leben schützen« gelten dagegen zwar ebenfalls immer, verpflichten aber nicht immer aktuell zu einem Handeln. Sie gelten »immer, aber nicht für jeden Fall *(semper, sed non pro semper)*«. Konkret bedeutet dies, dass man sich nicht jederzeit damit beschäftigen kann, Leben zu schützen. Es gibt noch andere Aufgaben, die wahrzunehmen ebenfalls notwendig und unmittelbar vielleicht dringlicher ist; man kann nicht alles zugleich tun. Für alle ethischen Gebote gibt es eine negative und eine affirmative Fassung.[91]

Der erste Eindruck ist, dass die negativen Gebote unbedingt gelten, während die Verpflichtung affirmativ formulierter Gebote weniger absolut ist, vielleicht sogar nur auf eine Art Empfehlung oder Einladung hinausläuft.

Vom Prinzip der Doppelwirkung her lässt sich dies so erklären: Dieses Prinzip unterscheidet zwischen nicht verantwortbaren und verantwortbaren Handlungen. Die nicht verantwortbaren Handlungen sollen auf keinen Fall ausgeführt werden; sie sind verboten. Verbote beziehen sich immer nur auf die nicht durch einen »entsprechenden Grund« gerechtfertigte Zulassung oder Verursachung von Schaden, also auf eine Wertminderung. Eine Wertminderung ist ohne einen »entsprechenden Grund« in keinem Fall zulässig. Deshalb gelten Verbote *semper et pro semper*. Die immer verbotenen Handlungen sind mit moralisch wertenden Begriffen zu bezeichnen, zum Beispiel als »Lüge«; die bloße Rede von »Falschaussage« wäre dagegen zu unspezifisch. Zwar ist, wie wir bereits gesehen haben, jede Lüge eine Falschaussage, aber nicht jede Falschaussage ist eine Lüge. Nur die Lüge ist immer verboten.

Die verantwortbaren Handlungen sind *erwünscht.* Natürlich sind sie somit »erlaubt«. Aber »geboten« und damit verpflichtend sind sie nur insoweit, als sonst Schaden entstünde. Innerhalb des Bereichs der verantwortbaren Handlungen kann man zwischen solchen unterscheiden, die einen Wert in höherem oder in weniger hohem Maß fördern. Hier geht es nicht um den Unterschied zwischen »richtig« einerseits und »falsch« und damit »schlecht« anderseits, sondern zwischen »gut« und »besser«. Gegenüber dem höheren Guten zunächst nur das weniger Gute zu erreichen ist nicht bereits schlecht.[92] Auch das weniger Gute bleibt immer noch gut. Natürlich ist die höhere Verwirklichung eines Wertes besser. Es gibt keinen besseren Grund dafür, das Bessere zu tun, als eben diesen, dass es das Bessere sei. Aber es ist bereits erfreulich, wenn ein Wert überhaupt gemehrt wird, anstatt dass er eine Einbuße erleidet.

---

91 Vgl. auch die beiden Fassungen der »Goldenen Regel«, oben S. 12.

92 SCHÜLLER, Gesetz, 1966, 71, erklärt hingegen, es sei eine »Verneinung der absoluten Vorrangstellung des sittlichen Wertes vor allen anderen Werten, also eine Sünde«, wenn man von zwei möglichen Handlungen die weniger gute wähle. Diese Auffassung setzt fälschlich voraus, dass die Grundform der Freiheit die Wahl zwischen verschiedenen Gütern sei und dass dann das sittlich Gute in der Wahl des jeweils höchsten Wertes bestehe. Damit würde auch die traditionelle moraltheologische Unterscheidung zwischen Geboten und Räten aufgegeben.

Das Prinzip der Doppelwirkung mit seiner Forderung eines »entsprechenden Grundes« führt nicht zu einer rigoristischen Ethik, die nur die jeweils besten Handlungen erlaubte. Vielmehr sind alle Handlungen erlaubt, bei denen nicht ein Schaden ohne »entsprechenden Grund« verursacht oder zugelassen wird. Die negativen Gebote, die also als Verbote formuliert sind, sind dann letztlich nur die Anwendung der affirmativen Gebote für den Fall, dass man durch ihre Nichtbefolgung einen Schaden zulassen oder verursachen würde, der nicht durch einen »entsprechenden Grund« entschuldigt wird.

Allgemein gilt: Allen Werten überhaupt entsprechen affirmative Gebote. Man ist aufgefordert, alle Werte zu wahren und zu mehren. In der scholastischen Philosophie gibt es das Axiom »Das Seiende und das Gute fallen in eins *(ens et bonum convertuntur)*[93]«. Alles, was überhaupt ist, stellt unter irgendeiner Hinsicht einen Wert dar. Umgekehrt ist jeder Schaden und Verlust zugleich ein Mangel an Sein, das eigentlich vorhanden sein sollte.

Es ist ein affirmatives Gebot, dem Frieden zu dienen, Bildung zu gewinnen, die Gesundheit zu fördern, Pflanzen, Tiere und Landschaften zu schützen, die Luft von Abgasen rein zu halten usw. Alles, was in irgendeiner Weise anstrebbar ist, bringt die Forderung nach seiner Verwirklichung mit sich. Diese Forderung gilt aber nicht als absolute Verpflichtung, sondern stellt eine Berechtigung, Einladung und Empfehlung dar. Nur für den Fall, dass Werte in der Gefahr stehen, beeinträchtigt oder gemindert zu werden, bedarf es eines »entsprechenden Grundes«, um einen solchen Schaden in Kauf nehmen zu dürfen. Die affirmativen Gebote nehmen dann ihre negative und unbedingte Form an und verpflichten absolut.

Es ist deshalb sinnvoll, der Verhinderung oder Beseitigung von Schäden einen Vorrang einzuräumen. Karl Popper schreibt:

»Arbeite lieber für die Beseitigung von konkreten Mißständen als für die Verwirklichung abstrakter Ideale. Versuche nicht, mit politischen Mitteln die Menschheit zu beglücken. Setze dich statt dessen für die Behebung von konkreten Mißständen ein. Oder praktischer ausgedrückt: Kämpfe für die Beseitigung des Elends mit direkten Mitteln – zum Beispiel durch die Sicherstellung eines Mindesteinkommens für jedermann. Oder kämpfe gegen Epidemien und Krankheiten durch den Bau von Krankenhäusern und medizinischen Lehranstalten. Bekämpfe Unwissenheit, wie du Verbrechen bekämpfst. Aber tu all dies mit direkten Mitteln. Entscheide, was du als das schlimmste Übel in der Gesellschaft, in der du lebst, ansiehst, und versuche geduldig, die Leute zu überzeugen, daß wir es loswerden können. [...] Erlaube deinen Träumen von einer wunderschönen Welt nicht, dich von den wirklichen Nöten der Menschen abzulenken, die heute in unserer Mitte leiden. [...] Kurz gesagt lautet meine These, daß vermeidbares menschliches Leid das dringendste Problem einer rationalen öffentlichen Politik ist, während die Förderung des Glücks kein solches Problem darstellt. Die Suche nach Glück sollte unserer privaten Initiative überlassen bleiben.«[94]

Häufig werden moralische Verbote ähnlich wie das rote Licht an der Ampel unmittelbar nur als Störung und Behinderung empfunden, um so mehr, wenn sie ohne ihre Begründung

93 Vgl. THOMAS VON AQUIN, *Scriptum super sententiis, lib2 d34 q1 a4 sc1.*
94 POPPER, *Vermutungen,* 523f.

tradiert werden. Das rote Licht der Ampel hat aber seine Begründung darin, dass auf der anderen Seite grün ist. Gegen den Anschein stellt die rote Ampel nicht eine Verkehrsbehinderung dar, sondern dient der Ermöglichung eines nicht nur sichereren, sondern auch flüssigeren Verkehrs. Entsprechend ist es für die Weitergabe ethischer Normen wichtig, darauf hinzuweisen, dass durch sie Werte gefördert (affirmative Gebote) oder zumindest vor Beeinträchtigung bewahrt werden sollen (negative Gebote = Verbote).

5) Wertewahl?

Gewöhnlich meint man, die ethische Frage sei, welche Werte wir wählen sollen. Deshalb bemüht man sich oft darum, anderen zunächst Wertehierarchien plausibel zu machen.

Nach dem rechtverstandenen Prinzip der Doppelwirkung ist jedoch die eigentliche ethische Frage gerade nicht, *welche Werte* wir wählen sollen, sondern *wie* wir die Werte wählen, die wir wählen. Natürlich ist es auch eine wichtige Frage, welche Werte man wählt; es kann dabei um Gut und Besser gehen. Aber die eigentliche ethische Frage ist nicht die nach Gut und Besser, sondern die nach der Grenze zwischen Gut und Schlecht. Und für diese Grenze entscheidend ist nur, ob man dem jeweils tatsächlich gewählten Wert oder Werteverbund gerecht wird oder nicht.

Man kann also Energie sparen wegen der Umwelt, und dabei freut sich auch der Geldbeutel; oder man kann Energie sparen wegen des Geldbeutels, und dabei freut sich die Umwelt (so lautete vor Jahren eine gelungene Reklame des Bundeswirtschaftministeriums für Energiesparen). Die ethische Frage ist nicht, ob man die Umwelt oder den Geldbeutel vorzieht, sondern ob man dem, was man wählt, nicht nur partikulär, sondern auf die Dauer und im Ganzen gerecht wird. Wer zum Beispiel, um Geld zu sparen, auf Umweltschutz verzichtet, anstatt weniger Energie zu verbrauchen, verursacht insgesamt auch um so höhere finanzielle Folgekosten, mag er sie auch nicht selber tragen, sondern anderen aufbürden.

Der allgemeine Satz, dass es nicht darauf ankommt, welchen Wert man wählt, sondern ob man dem Wert gerecht wird, den man wählt, ist jedoch in folgender Weise einzuschränken: Es kann sein, dass bestimmte Werte untereinander in einem Bedingungsverhältnis stehen. Zum Beispiel wird Schnelligkeit im Verkehr nur dann anders als sie untergrabend angestrebt, wenn zuallererst ein Mindestmaß an Sicherheit gewährleistet ist. Dies liegt nicht so sehr daran, dass die Sicherheit ein qualitativ ranghöheres Gut wäre, sondern daran, dass sie die Voraussetzung dafür ist, dass man überhaupt von der Schnelligkeit einen Gewinn hat. Es gibt Werte, die man nur dann in der rechten Weise anstreben kann, wenn andere Werte zumindest in einem gewissen Maß zuerst realisiert werden.

Wenn Politiker den Wohlstand ihres Landes wollen, erreichen sie dies nicht dadurch, dass sie extrem niedrige Preise festlegen und die Produzenten zwingen, ihre Waren sofort für diese Preise zu verkaufen. Damit könnte man nur für einige Tage den Schein von Wohlstand erwecken, und danach wären die Märkte leer. Man muss vielmehr zuerst industrialisieren, um die Märkte nachhaltig füllen zu können. Anderenfalls würde auf die Dauer und im Ganzen der Wohlstand nur untergraben. Aber auch eine überzogene Industrialisierung könnte sich letztlich nur kontraproduktiv auswirken.

Einen bestimmten Wert zu wählen kann dann verpflichtend werden, wenn anderenfalls Schaden droht, für dessen Inkaufnahme kein »entsprechender Grund« vorliegt.

6) Die »Quellen der Sittlichkeit«

Unter den »Quellen der Sittlichkeit *(fontes moralitatis)*« versteht die traditionelle Ethik diejenigen Sachverhalte, von denen es im einzelnen abhängt, ob eine Handlung verantwortbar ist oder nicht und in welchem Maß sie das eine oder das andere ist. Nach dieser Ethiktradition hängt der sittliche Gehalt einer Handlung ihrer *Qualität* nach (ob die Handlung verantwortbar ist oder nicht) von »Gegenstand« und »Absicht« ab; der *Quantität* nach (in welchem Maß die Handlung jeweils das eine oder das andere ist) wird der sittliche Gehalt einer Handlung von den »Umständen« bestimmt.

Es handelt sich um Begriffe, die in rechtem Verständnis für die Analyse des Handelns außerordentlich hilfreich sind. Sie erheben den Anspruch, alles zu umfassen, was für die ethische Analyse erforderlich ist, und keiner Ergänzung zu bedürfen. Sie sollen nun genauer erläutert werden.

Unter ethischer Hinsicht sind Handlungen nach ihrem jeweiligen »Gegenstand« zu benennen. Wenn eine Handlung einen »entsprechenden Grund« hat, macht dieser ihren »Gegenstand« aus. Hat sie keinen »entsprechenden Grund«, dann macht der zugelassene oder verursachte Schaden ihren »Gegenstand« aus. Die Handlung wird dann nach dem nicht zu verantwortenden Schaden benannt, zum Beispiel als Diebstahl (unberechtigte Wegnahme fremden Eigentums). Wie hochrangig auch der »Grund« einer Handlung sein mag, bleibt er doch für die Beurteilung einer Handlung irrelevant, wenn er kein »entsprechender« ist, sondern letztlich untergraben wird.[95] Dann sind die zugelassenen oder verursachten Schäden »direkt« gewollt. Nur wenn der »Grund« der Handlung ein »entsprechender« ist, bleiben die zugelassenen oder verursachten Schäden außerhalb der den »Gegenstand« der Handlung bestimmenden Absicht, nämlich des »Ziels der Handlung *(finis operis)*«.

Da der »Gegenstand« einer Handlung notwendigerweise beabsichtigt ist, stellt sich die Frage, wie von diesem beabsichtigten »Gegenstand« die so genannte »Absicht«, auch »Ziel des Handelnden *(finis operantis)*«[96] genannt, zu unterscheiden ist[97], wenn sie ein eigenes

---

95 Vgl. THOMAS VON AQUIN, *Summa theologica, I-II q19 a6 ad1*: »Das Gute entsteht aus einer vollständigen Ursache, das Übel aber aus einzelnen Mängeln.«

96 Die lateinischen Begriffe »Ziel der Handlung *(finis operis)*« und »Ziel des Handelnden *(finis operantis)*« in der Ethik sind vermutlich in Kontamination mit den Begriffen »das gewirkte Werk *(opus operatum)*« oder »aufgrund des gewirkten Werks *(ex opere operato)*« und »das wirkende Werk *(opus operans)*« oder »aufgrund des Werks des Wirkenden *(ex opere operantis)*« entstanden. Diese Begriffe wurden in der Lehre vom Kreuzestod Christi und von den Sakramenten gebraucht, um den Unterschied zwischen der Bedeutung einer Handlung von ihrem Inhalt her oder aber von der Einstellung der Handelnden (Hass gegen Christus) her herauszuarbeiten. Vgl. THOMAS VON AQUIN, *Scriptum super sententiis, lib4 d1 q1 a5 qc1 c; q2 a4 qc2 c; q2 a6 qc1 ad2; d2 q1 a4 sol4 ad2; q2 a4 sol c.*

97 In weitgehender Entsprechung zu den scholastischen Ethiklehrbüchern heißt es in Katechismus, 1993, nn. 1750–1752: »Der sittliche Charakter der gewählten Handlungen hängt ab – vom gewählten Objekt; – vom angestrebten Ziel oder von der Absicht; – von den Umständen der Handlung. [...] Das gewählte *Objekt* ist ein Gut, auf das sich der Wille bewußt richtet. [...] Das gewählte Objekt bestimmt den sittlichen Charakter des Willensaktes [...]. Im Unterschied zum Objekt steht die *Absicht* auf der Seite des handelnden Subjekts.

»Bestimmungsstück der Sittlichkeit *(fons moralitatis)*« sein soll.[98] Wir gehen davon aus, dass diese Begriffe in einer Weise zu verstehen sind, dass sie sich voneinander unterscheiden und nicht überschneiden.

Thomas von Aquin erläutert den Unterschied zwischen »Gegenstand« oder »Ziel der Handlung *(finis operis)*« einerseits und »Absicht« oder »Ziel des Handelnden *(finis operantis)*« anderseits mit dem Beispiel: Das angezielte Ergebnis des Bauens ist das Haus; aber das Ziel des Erbauers kann es sein, Gewinn zu erzielen.[99] Es ist bereits bei Thomas nicht sehr deutlich, dass damit doch wohl *zwei verschiedene Handlungen*, nämlich zuerst der Bau des Hauses und dann sein Verkauf, miteinander verknüpft werden. Das ist dann der Fall, wenn man das Haus auch bauen würde, wenn man nicht zusätzlich bereits beabsichtigte, es später zu verkaufen. Wenn man dagegen das Haus von vornherein nur deshalb baut, um es verkaufen zu können, dann würde es sich bei dem »Ziel« (dem *finis operis*) dieser dann einzigen Handlung bzw. ihrem »Gegenstand« in Wirklichkeit um einen Werteverbund handeln: Bauen und Verkaufen wären dann nur aufeinanderfolgende Teilvollzüge einer einzigen Gesamthandlung. In diesem letzteren Fall ist die Unterscheidung von »Handlungsziel *(finis operis)*« und »Ziel des Handelnden *(finis operantis)*« nicht sinnvoll anwendbar. Sie fallen auch nicht beide in eins, sondern es gibt dann von vornherein nur das eine »Handlungsziel« einer einzigen Handlung. Mit der Meinung, dass sie in eins fielen, würde man zum einen übersehen, dass das »Handlungsziel« grundsätzlich selber bereits gewollt und beabsichtigt ist.[100] Mit einer solchen Konturenverwischung würde zum anderen verkannt, dass es in der Lehre von den drei »Quellen der Sittlichkeit« gerade um drei grundsätzlich voneinander zu unterscheidende Sachverhalte geht. Der Begriff »Ziel des Handelnden *(finis operantis, intentio)*« ist sinnvoll allein für die zusätzliche Hinordnung einer bereits voll konstituierten ersten Handlung auf eine von ihr verschiedene zweite Handlung zu gebrauchen. Die zweite Handlung ist dann als geplant bereits bei der ersten Handlung präsent und beeinflusst deren ethi-

---

Weil die Absicht in der Freiheit wurzelt und die Handlung auf ihr Ziel festlegt, ist sie ein Element, das den sittlichen Charakter einer Handlung wesentlich bestimmt.« Offenbar muss nach diesem Text bereits das Objekt vom Subjekt selbst gewollt sein; wie kann dann die Absicht als das bestimmt werden, was das »Ziel der Handlung« festlegt, das ja mit dem gewollten »Gegenstand« der Handlung identisch ist? In der Lehre von den »Quellen der Sittlichkeit« wird aber sonst unter »Absicht« gerade nicht das »Ziel der Handlung«, sondern das »Ziel des Handelnden« verstanden. So wird der ganze Abschnitt des Katechismus in seinem Versuch, »Gegenstand« und »Absicht« zu unterscheiden, in mehrfacher Hinsicht logisch inkonsistent.

98 Es ist keine Antwort auf dieses Problem, wenn PINCKAERS, *Renouveau*, 1964, 139 sogar schreibt: »Gleichwohl hat dieser *finis operis* keine moralische Bedeutung, wenn er nicht durch die freiwillige Absicht aufgenommen wird, und genau dadurch zu einer Art *finis operantis* wird, die in ein Entsprechungs- oder Nichtentsprechungsverhältnis zum letzten Ziel gesetzt wird.« Pinckaers verwechselt den *finis operis* mit dem rein äußeren Geschehen im voraus zu aller ethischen Beurteilung, also mit dem, was Thomas von Aquin als *species naturae* bezeichnet (vgl. unten S. 87).

99 *Summa theologica, II-II q141 a6 ad1.*

100 Mit der Möglichkeit des Ineinsfallens der beiden Ziele rechnet z. B. VERMEERSCH, *Theologiae*, 1947, 95 (n. 104): »Ziel der Handlung oder inneres, intrinsisches Ziel wird genannt, worauf ein Werk durch sich, also *durch seine Natur in der moralischen Einschätzung* hintendiert; so ist zum Beispiel das innere Ziel des Almosens, der Armut abzuhelfen. Ziel des Handelnden oder äußeres, extrinsisches Ziel wird genannt, welches *als dasselbe oder als davon verschiedenes der Handelnde sich vornimmt*, etwa wenn er das Almosen zugunsten der Seelen im Fegefeuer darbringt.«

sche Bedeutung.[101] Diese Einsicht ist fundamental für das Verständnis der Lehre von den »Quellen der Sittlichkeit«.

In fast allen scholastischen Ethiklehrbüchern wird in Verkennung dieses Sachverhalts unter »Absicht« die subjektive Einstellung verstanden, mit der man einen objektiven »Gegenstand« verwirklicht.[102] Aber der »Gegenstand« einer Handlung wird ja nur dadurch zum Handlungsgegenstand, dass auch er bereits als solcher vom Subjekt gewollt und beabsichtigt wird. Diese unmittelbare »Absicht« könnte man gar nicht vom gewollten »Gegenstand« unterscheiden; sie besteht genau darin, den »Gegenstand« zu wollen und macht diesen so erst zum »Gegenstand« der Handlung. Es gibt keinen nicht gewollten »Handlungsgegenstand«.

Es genügt deshalb auch nicht, in der Lehre von den »Quellen der Sittlichkeit« die Unterscheidung von »Gegenstand« und »Absicht« mit der von »was« und »warum« zu identifizieren.[103] Auch die Tatsache, dass man eine Handlung beabsichtigen kann, ohne sie sofort auszuführen, ändert nichts daran, dass es sich bei dieser Absicht um das beabsichtigte »Handlungsziel« selbst handelt und noch nicht um ein zusätzliches »Ziel des Handelnden«. Es geht dann eher um einen verlängerten Handlungsverlauf.

---

101 Als bezeichnendes Beispiel für eine andere Sicht vgl. HÖRMANN, Lexikon, 1976, Sp. 1345–1354: Er versteht unter dem »Ziel des Handelnden« das letzte Ziel einer konkreten Handlung und bezeichnet die Mittel als »Ziel der Handlung« oder »Gegenstand«. Für ihn wird die Handlung sittlich am stärksten erst durch das »Ziel des Handelnden« geprägt. Aber das Wollen eines Mittels nur um des Zieles willen konstituiert keine vom Erstreben des Ziels verschiedene Handlung mit eigener sittlicher Qualifikation, es sei denn, dass zwischen beiden ein fremder Wille vermitteln muss. Und wenn eine Handlung nur zusätzlich auf die Ermöglichung einer weiteren Handlung hingeordnet wird, muss diese Abzielung auf eine weitere Handlung durchaus nicht notwendig das den Gesamtablauf am stärksten Bestimmende sein.

102 Deshalb meint z. B. DEMMER, Deuten, 1985, 182: »Die primäre Moralität einer Handlung entspringt dem ›finis operantis‹, die sekundäre hingegen dem ›finis operis‹. Beide verhalten sich zueinander wie Form und Materie.« Den *»finis operis«* nennt DEMMER, ebd., auch »Werkziel« und den *»finis operantis«* »Wirkziel«. Er sieht und beachtet nicht, dass man nur dann sinnvoll von einem vom gewollten »Werkziel« unterschiedenen »Wirkziel« sprechen kann, wenn eine erste Handlung zusätzlich auf die Ermöglichung einer weiteren Handlung hingeordnet wird. Auch wird die Sittlichkeit einer Handlung zuerst von ihrem »Gegenstand«, ihrem »Werkziel« konstituiert, weshalb ein noch so gutes »Wirkziel« ein schlechtes »Werkziel« nicht rechtfertigen kann; allerdings wird ein gutes »Werkziel« durch ein schlechtes »Wirkziel« mitverdorben. Aber jedenfalls ist das »Wirkziel« durchaus nicht immer dasjenige, was eine Handlung am meisten bestimmt. Mit dem Verhältnis von Form und Materie ist eher das Verhältnis von *species moralis* und *species naturae* zu vergleichen, von dem weiter unten die Rede sein wird (S. 86ff) oder das von »formeller« und bloß »materieller« Mitwirkung (s. S. 93ff).

103 Mit Recht sagt SPAEMANN, Einzelhandlungen, 2000, 524 [58]: »Nun ist zwar auch das *obiectum* ein ›Ziel‹, nämlich eben jenes, das die Basishandlung definiert. Und umgekehrt kann man häufig das Motiv einer Handlung, also ihren *finis*, in ihre Beschreibung mit aufnehmen. Die Frage, warum jemand etwas tut, kann man tatsächlich umformen in die Frage, was er tut. Wir können sagen: ›Paul hat Peter eine bestimmte Mitteilung gemacht, um Hans zu beleidigen, und er hat Hans beleidigt, um sich für irgend etwas zu rächen‹. Wir können aber auch sagen: ›Paul hat Hans beleidigt‹ oder ›Paul hat sich gerächt.‹« Nur der dann folgende Satz ›Und es ist ja tatsächlich so, daß das Motiv einer Handlung diese Handlung selbst zusätzlich sittlich qualifiziert« ist fragwürdig. Wenn nämlich die Handlung nur aus diesem Motiv geschieht, dann bringt das Motiv keine »zusätzliche« Qualifikation, sondern macht selber die Basisqualifikation der Handlung aus. Anderenfalls hätte man es gar nicht mit einer Handlung im Sinn eines *actus humanus* zu tun. »Zusätzlich« ist die Qualifikation nur dann, wenn eine erste für sich bereits voll motivierte Handlung zusätzlich benutzt und darauf angelegt wird, eine zweite oder mehrere weitere Handlungen mit wiederum jeweils eigener Motivation zu ermöglichen.

Soweit ich sehen kann, wird in den Ethiklehrbüchern kaum jemals bedacht, dass ein vom »Ziel der Handlung« verschiedenes »Ziel des Handelnden« seinerseits *nur durch eine weitere Handlung* erreicht werden kann; in dem soeben genannten Beispiel von Thomas wäre diese zweite Handlung der Verkauf des Hauses. Auch diese auf den Verkauf des Hauses abzielende zweite »Absicht« kann nur darin bestehen, wiederum eine *Handlung* zu beabsichtigen. Mit anderen Worten: Die vom beabsichtigten »Gegenstand« einer Handlung unterschiedene »Absicht« bei dieser Handlung bezieht sich auf den »Gegenstand« einer geplanten weiteren Handlung, auf welche die erste Handlung hingeordnet wird. Nur so wird verständlich, wie man überhaupt bei einer Handlung zwischen »Gegenstand« und »Absicht« unterscheiden kann; denn schon der Gegenstand als solcher muss ja beabsichtigt sein, wenn er die Handlung sittlich bestimmen soll. Eigentlich müsste man diejenige »Absicht«, die neben dem »Gegenstand« ebenfalls zu den »Quellen der Sittlichkeit« gehören soll, um Missverständnisse zu vermeiden, als »zusätzlich beabsichtigten Gegenstand einer weiteren Handlung, auf die die erste hingeordnet ist« bezeichnen.

Wenn es in der Sicht der Scholastik nur die angegebenen drei »Quellen der Sittlichkeit *(fontes moralitatis)*« gibt und wenn »Gegenstand« und »Absicht« voneinander verschieden sein sollen, dann kommt für »Absicht« von vornherein nichts anderes mehr in Frage als die Hinordnung einer ersten Handlung auf eine zweite oder weitere Handlungen. Das hieße allerdings, dass man bei einer Handlung, die nur ihren eigenen beabsichtigten »Gegenstand« hat, ohne auf eine weitere Handlung hingeordnet zu sein, auch nicht von einer vom »Gegenstand« verschiedenen »Absicht« sprechen kann. Es gibt dann nur den »Gegenstand« dieser einen Handlung.

Damit erklärt sich auch, wie es kommt, dass man »Gegenstand« und »Absicht« als das »objektive« und das »subjektive« Moment einer Handlung zu bezeichnen pflegt.[104] Zunächst ist der »Gegenstand« einer Handlung genau das, was das handelnde Subjekt selbst will. In diesem Sinn wäre auch er subjektiv. Aber da der »Gegenstand« der Handlung das ist, was man in ihr unmittelbar zu erreichen versucht und was somit in der äußeren Wirklichkeit zu Tage tritt, entsteht der Eindruck der Objektivität. Weil aber die Hinordnung der ersten Handlung auf eine weitere zunächst noch nicht sichtbar ist, sondern sich nur im handelnden Subjekt dadurch abspielt, dass es sich die zweite Handlung vornimmt und sie so nur vorbereitet, entsteht der Eindruck, dass die sich auf den »Gegenstand« der zweiten Handlung beziehende »Absicht« etwas Subjektives sei. Der »Gegenstand« der zweiten Handlung ist noch nicht realisiert, sondern zunächst nur als gedacht und gewollt im Subjekt präsent. Somit gibt es letztlich nur unmittelbare oder mittelbare »Handlungsgegenstände«[105], und nur von ihnen hängt die qualitative moralische Bestimmung einer Handlung ab, das heißt, ob die Handlung verantwortbar ist oder nicht.

Ein bei einer ersten Handlung nur als geplant gegenwärtiger »Handlungsgegenstand« einer zweiten Handlung des gleichen Handelnden ist in dieser Terminologie im Vergleich

---

104 So zum Beispiel Katechismus, 1993, n. 1751f (vgl. oben S. 79, Fußnote 97).

105 HÖRMANN, Bedeutung, 1975, 125 meint unter Berufung auf KNAUER, Prinzip, 1967, 111, ich würde somit gegen die Unterscheidung von finis operis und finis operantis »polemisieren«.

zur ersten Handlung als »Absicht« oder »Ziel des Handelnden« zu bezeichnen. Die erste Handlung ist die unmittelbar ausgeführte Handlung, während die zweite Handlung sich noch im Status der Planung und Vorbereitung befindet. Jedenfalls besteht die zu einer Handlung hinzukommende »Absicht« genau darin, eine weitere Handlung und damit einen weiteren Handlungsgegenstand zu wollen. Der »Gegenstand« einer »Absicht« kann immer nur wiederum ein Handlungsgegenstand sein. Eine »Absicht«, die nicht darin bestünde, einen weiteren Handlungsgegenstand verwirklichen zu wollen, wäre gar keine »Absicht«, sondern allenfalls die bloße Vorstellung einer »Absicht«.

Mit der »Absicht« ist also nicht eine rein subjektive »Gesinnung« gemeint, auf die man sich dann irgendetwas zugute tun könnte.[106] Auch die zu einer ersten Handlung hinzukommende »Absicht« bezieht sich auf eine Handlung, nämlich eine weitere Handlung, zu deren Ermöglichung die erste Handlung zusätzlich zu ihrem eigenen »Handlungsziel« benutzt wird.

Sowohl der unmittelbare »Handlungsgegenstand« ist beabsichtigt wie der »Gegenstand« einer zweiten Handlung, zu deren Ermöglichung die erste Handlung zusätzlich zu ihrem eigenen »Handlungsgegenstand« benutzt wird. In beiden Fällen geht es jeweils um einen »Handlungsgegenstand«. In diesem Sinn geht es sowohl beim unmittelbaren Handlungsgegenstand wie bei dem der zusätzlich geplanten Handlung um etwas völlig Objektives, das also tatsächlich der Fall ist, unabhängig davon, ob es dem Handelnden selber passt oder nicht. Zum Beispiel ist ein Diebstahl auch dann ein Diebstahl, wenn man es selber gar nicht wahr haben möchte.

Objektiv ist also nicht nur der äußere Vorgang einer Handlung, den man auch fotografieren könnte; damit allein ist auch noch keineswegs gesagt, um welchen »Handlungsgegenstand« es im moralischen Sinn geht. Jemand überreicht einem anderen eine Geldsumme; das ist fotografierbar. Aber um was es sich dem moralischen Gegenstand nach handelt, ob es nämlich ein Geschenk oder die Zahlung einer Kaufsumme oder die Rückzahlung einer Schuld oder eine Kreditgewährung oder aber ein Bestechungsversuch ist, ist an der Fotografie nicht ablesbar. Dennoch handelt es sich jeweils um einen objektiven Sachverhalt, an dem man durch eine zusätzliche »Gesinnung« nichts ändern kann. Man kann also nicht für eine äußere Handlung rein subjektiv einen beliebigen Grund bestimmen. Wenn ich etwas kaufe, kann ich diesen Sachverhalt nicht dadurch verändern, dass ich mir intensiv einbilde, dem Verkäufer die Kaufsumme nur zu borgen.

Erst recht ist es ein völlig objektiver Sachverhalt, ob der tatsächliche Grund einer Handlung auch ein »entsprechender« ist.

Der Satz, dass der gute Zweck nicht das schlechte Mittel heilige, ist bei Anwendung der Begriffe »Gegenstand« oder »Handlungsziel« und »Absicht« oder »Ziel des Handelnden« in dem Sinn zu interpretieren, dass ein schlechter »Gegenstand« oder ein schlechtes »Handlungsziel« nicht durch eine gute »Absicht« oder ein gutes »Ziel des Handelnden« (= der »Gegenstand« oder das »Handlungsziel« einer zweiten Handlung, auf welche die erste be-

---

106 Vgl. z. B. den oben S. 29 bei Fußnote 36 zitierten Einwand von MERKEL gegen das Prinzip der Doppelwirkung.

reits hingeordnet ist) verbessert werden kann. Umgekehrt wird natürlich auch eine in sich selbst zunächst gute Handlung durch das Hinzukommen einer schlechten »Absicht« oder eines schlechten »Ziels des Handelnden« ebenfalls schlecht.

Als Drittes werden in den »Quellen der Sittlichkeit« die »Umstände *(circumstantiae)*«[107] genannt, auf die nun noch einzugehen ist. Mit Recht sagt man in der traditionellen Ethik, dass die »Umstände« nicht darüber entscheiden, ob eine Handlung gut oder schlecht ist. Sie haben vielmehr nur quantitative Bedeutung. Sie entscheiden darüber, in welchem Maß sie das eine oder das andere ist. Die »Umstände« umfassen also alles und nur alles, was über den *Grad* der Gutheit oder Schlechtigkeit einer Handlung entscheidet. Das ist ihre Definition.

Was die moralische Qualität einer Handlung anders als nur graduell beeinflusst, kann nicht sinnvoll zu denjenigen »Umständen« gerechnet werden, die eine der drei »Quellen der Sittlichkeit« ausmachen; es kann nur entweder zum »Gegenstand« oder zur »Absicht« gehören.[108]

Ein Diebstahl ist seinem »Gegenstand« nach ein Diebstahl, ganz gleich wie hoch die gestohlene Summe ist. Aber von der Höhe der gestohlenen Summe hängt die Schwere des Diebstahls ab. Ähnlich gehört zu den »Umständen« zum Beispiel der Grad der Gewissheit, mit der man weiß, dass es sich um fremdes Gut handelt. Zu den Umständen kann ferner die Wahrscheinlichkeit gehören, mit der ein Schaden als Ergebnis einer Zulassung oder Verursachung eintreten wird, also die Größe des Risikos. Zu den »Umständen«, die den Grad der moralischen Qualität einer Handlung bestimmen, gehört offenbar auch und vor allem, in welchem Grad die Handlung bewusst und gewollt ist und mit welcher Intensität die Handlung ausgeführt wird.[109] Es kann volle Vorsätzlichkeit oder umgekehrt verminderte Zurechnungsfähigkeit vorliegen. Zu den »Umständen«, die eine nur graduelle Bedeutung für die Moralität haben, gehört dagegen zum Beispiel nicht, wo oder zu welcher Uhrzeit oder mit welchen Mitteln man gehandelt hat.[110]

---

107 Über die wechselvolle geschichtliche Entwicklung des Begriffs »Umstände« informiert GRÜNDEL, Lehre, 1963.

108 Dagegen meinte HÖRMANN, Bedeutung, 1975, 126, ob man ein »Element, das unter sittlichem Gesichtspunkt zu einer wesentlichen Beschaffenheit des Objektes selbst wird, noch Umstand oder schon Objektbestandteil nennen soll, ist eine reine Namensfrage«. Die Unterscheidung zwischen dem Objekt als Hauptelement und den Umständen als Nebenelementen sei dann nicht mehr so ausgemacht und verliere an Wichtigkeit. M. E. lässt eine solche Konturenverwischung zwischen den drei »Quellen der Moralität« dieses Begriffsinstrumentar stumpf werden.

109 Vgl. THOMAS VON AQUIN, *Quaestiones disputatae de malo, q2 a2 ad 8; Summa theologica, I-II q20 a4 c.*

110 THOMAS VON AQUIN zitiert zwar für die moralisch relevanten Umstände einer Handlung den alten Merkvers aus Ciceros Rhetorik: »*Quis, quid, ubi, quibus auxiliis, cur, quomodo, quando* [Wer, was, wo, mit welchen Hilfsmitteln, warum, wie, wann]« *(Summa theologica, I-II q7 a3 c).* Aber damit hat er unterschiedliche Fragehinsichten vermischt. Wenn die »*circumstantiae*« vom »*finis operis*« und vom »*finis operantis*« unterschieden werden sollen und ihre Bedeutung nur darin besteht, das Maß der sittlichen Gutheit oder Schlechtigkeit einer Handlung zu bestimmen, dann kann es kaum um etwas anderes gehen als den Grad der Bewusstheit und den Grad der Gewolltheit einer Handlung, die Intensität ihrer Ausführung und die quantitativen Bestimmungen des Gegenstands der Handlung.

Während »Gegenstand« und »Absicht« einer verantwortbaren Handlung gut oder zumindest richtig[111] sein müssen, kann man deshalb für die »Umstände« nicht sinnvollerweise fordern, dass sie »gut« sein müssten[112]. Denn sie stellen nur einen in sich neutralen Maßstab für den jeweiligen Grad von Verantwortbarkeit oder Nichtverantwortbarkeit dar.

Als geradezu katastrophal falsch ist auch die leider immer wieder begegnende Auffassung anzusehen, dass die vorausgesehenen Folgen einer Handlung zu den »Umständen« gehören, welche die moralische Qualität der Handlung nicht ändern können, sondern nur bestimmen, in welchem Maß die Handlung gut oder schlecht ist.[113] Zutreffend ist nur, dass vorausgesehene positive Folgen eine »in sich schlechte« Handlung nicht zu einer guten Handlung machen können. Aber umgekehrt können vorausgesehene negative Folgen eine zunächst für problemlos gehaltene Handlung zu einer völlig unverantwortlichen machen. Sie bestimmen dann den »Gegenstand (obiectum)« der Handlung. Wenn dagegen für die Zulassung oder Verursachung solcher Folgen ein »entsprechender Grund« vorliegt, dann bleiben diese Folgen außerhalb der »Absicht« und machen die Handlung nicht schlecht.

Gegen die vorangehende Erläuterung der traditionellen Lehre von den »Quellen der Sittlichkeit (fontes moralitatis)« könnte man einwenden wollen, es handele sich gegenüber den herkömmlichen Ethikhandbüchern um eine völlige Uminterpretation. Es sei unredlich, die herkömmlichen Begriffe, insbesondere den der »Absicht (intentio)« oder des »Ziels des Handelnden (finis operantis)«, mit neuen Inhalten zu füllen. Der Einwand verkennt, dass es in der Lehre von den »fontes moralitatis« um eine vollständige Aufzählung der für die Bestimmung der Sittlichkeit einer Handlung zu beachtenden Gesichtspunkte gehen soll. Dieser Anspruch der Lehre von den »Quellen der Sittlichkeit« wird erst in unserer Deutung eingelöst; anderenfalls bleibt diese Lehre inkonsistent. Denn die Hinordnung einer ersten Handlung auf die Ermöglichung einer zweiten Handlung ist ein solcher Gesichtspunkt, der dafür relevant ist, ob eine Handlung gut oder schlecht ist. Es kann sich dabei nicht um einen bloßen »Umstand« handeln, der ja nach der traditionellen Lehre nichts dafür ausmacht, ob die Handlung gut oder schlecht ist, sondern nur dafür, in welchem Maß sie das eine oder das andere ist. Denn eine Handlung kann dadurch schlecht werden, dass man sie auf die Ermöglichung einer schlechten Handlung hinordnet. Entweder müsste, wer den Einwand erhebt, behaupten, dass es der traditionellen Lehre nicht gelungen ist, tatsächlich alle zu beachtenden Gesichtspunkte aufzuzählen. Oder aber dieser Gesichtspunkt ist mit dem »Ziel des Handelnden (finis operantis, intentio)« zu identifizieren.

Dann aber ist die traditionelle Erläuterung der Lehre von den »fontes moralitatis«, man könne bei jeder Handlung einen »Gegenstand (obiectum, finis operis)« und eine »Absicht (intentio, finis operantis)« unterscheiden, nicht aufrecht zu erhalten. Denn nicht jede Handlung wird ausdrücklich auf die Ermöglichung einer weiteren Handlung hingeordnet. Man hat sich in der traditionellen Erläuterung der Lehre von den »fontes moralitatis« zu wenig Ge-

---

111 Zu dem Unterschied zwischen »sittlich gut« und »sittlich nur richtig« vgl. weiter unten S. 94.
112 Diese Forderung steht in Katechismus, 1993, n. 1755 im Widerspruch zu seiner eigenen Formulierung in n. 1754, wonach die »Umstände« nur den Grad der Gutheit oder Schlechtigkeit bestimmen können.
113 Dieser Fehler begegnet ebd., n. 1754.

danken darüber gemacht, wie sich die auf den »Gegenstand« der Handlung gerichtete »Absicht« von einer zusätzlichen »Absicht« unterscheidet.

Die ethische Beurteilung einer Handlung hängt nach dem Gesagten nicht immer nur von dieser Handlung selbst ab, sondern sie kann auch davon abhängen, mit welchen anderen Handlungen eine Handlung – oft wechselseitig – »vernetzt« ist. Gerade darin besteht die Grundeinsicht der Lehre von den »Quellen der Sittlichkeit«. Selbstverständlich könnte es sich dann auch um eine ganze Kette von Vernetzungen handeln, etwa dass man ohnehin eine Geschäftsreise macht, bei der man aber zusätzlich Museumsbesuche plant, um vielleicht später auch noch einem an Kunst interessierten Freund davon berichten zu können.

Um die sittliche *Qualität* von Handlungen einschließlich ihrer Vernetzung mit anderen Handlungen zu beschreiben, genügen die beiden Begriffe
- »Ziel der Handlung *(finis operis)*« oder »Gegenstand *(obiectum)*« und
- »Ziel des Handelnden *(finis operantis)*« oder »Absicht *(intentio)*«.

Und bestimmend für das Maß oder die *Quantität* der Gutheit oder Schlechtigkeit einer Handlung sind allein
- die »Umstände *(circumstantiae)*«.

---

7) Physische und moralische Spezifizierung

Thomas von Aquin unterscheidet zwischen »physisch« oder »natürlich« und »moralisch«. Mit dem »Physischen« meint er das, was wir heute als »fotografierbar« bezeichnen könnten. Davon will er die ethische Beurteilung abheben. Er erklärt nämlich, dass Handlungen ethisch erst durch ihre Zielsetzung spezifiziert werden.[114]

Thomas erläutert, dass auf der einen Seite ein und derselbe physische Vollzug unter moralischer Hinsicht eine von zwei verschiedenen Handlungen sein kann, nämlich entweder eine gute oder eine schlechte, und dass auf der anderen Seite auch umgekehrt ein und dieselbe moralische Handlung in physischer Hinsicht auf ganz unterschiedliche Vollzüge hinauslaufen kann.[115] Es handelt sich um einen außerordentlich wichtigen Text seiner Ethik:

Ad tertium dicendum,	Zum dritten ist zu sagen:
quod idem actus numero,	Der Zahl nach dieselbe Handlung,
secundum quod semel	insofern sie einmalig
egreditur ab agente,	von einem Handelnden ausgeht,
5 *non ordinatur*	wird nur ausgerichtet
nisi ad unum finem proximum,	auf ein einziges nächstes Ziel,
a quo	von dem her
habet speciem;	sie ihre Wesensbestimmung hat;
sed potest ordinari	sie kann aber hingeordnet werden

---

114 *Summa theologica, I-II q1 a3.*
115 Ebd., *ad 3.*

10 *ad plures fines remotos,*	auf mehrere entfernte Ziele,
quorum unus	von denen das eine
est finis alterius.	das Ziel des anderen ist.
Possibile tamen est	Möglich ist jedoch:
quod unus actus	Eine einzige Handlung
15 *secundum speciem naturae*	ihrer physischen Wesensbestimmung nach
ordinetur	kann hingeordnet werden
ad diversos fines voluntatis;	auf verschiedene Ziele des Willens;
sicut hoc ipsum	etwa genau das,
quod est occidere hominem,	was Tötung eines Menschen ist,
20 *quod est idem*	was ein und dasselbe
secundum speciem naturae,	der physischen Wesensbestimmung nach ist,
potest ordinari sicut in finem	kann hingeordnet sein als auf ein Ziel
ad conservationem iustitiae	auf Bewahrung der Gerechtigkeit
et ad satisfaciendum irae;	und auf Befriedigung des Zornes;
25 *et ex hoc*	und von daher
erunt diversi actus	werden es verschiedene Handlungen sein
secundum speciem moris,	der sittlichen Wesensbestimmung nach.
quia uno modo	Denn auf die eine Weise
erit actus virtutis,	wird es eine Tugendhandlung sein
30 *alio modo*	und auf die andere
erit actus vitii.	wird es eine Lasterhandlung sein.
Non enim motus	Denn nicht empfängt eine Bewegung
recipit speciem ab eo	ihre Wesensbestimmung von dem,
quod est terminus per accidens,	was als Woraufhin akzidentell ist,
35 *sed solum ab eo*	sondern nur von dem,
quod est terminus per se.	was als Woraufhin wesentlich ist.
Fines autem morales	Die sittlichen Ziele aber
accidunt	sind akzidentell
rei naturali;	für die physische Wirklichkeit;
40 *et e converso ratio*	und umgekehrt ist der Sachverhalt
naturalis finis	des physischen Ziels
accidit morali;	für den sittlichen akzidentell.
et ideo nihil prohibet,	Und deshalb hindert nichts,
actus	dass Handlungen,
45 *qui sunt iidem*	die ein und dieselben sind
secundum speciem naturae,	nach der physischen Wesensbestimmung,
esse diversos	verschieden sind
secundum speciem moris,	nach der sittlichen Wesensbestimmung,
et e converso.	und umgekehrt.

Zunächst sagt Thomas, dass Handlungen ihre moralische Wesensbestimmung aus ihrem unmittelbaren »Handlungsziel« empfangen. Die Einheit einer Handlung wird durch ihr unmittelbares »Handlungsziel« bestimmt (dieses Ziel könnte auch im Verbund verschiedener angestrebter Werte oder mehrerer zu vermeidender Schäden bestehen). Damit ist unmittelbar (als »nächstes Ziel«, Z. 6) das gewollte »Handlungsziel«, also der »Gegenstand« der Handlung (und nicht das »Ziel des Handelnden«, das nur »entferntes Ziel« ist) gemeint; dieses »Handlungsziel« wird im folgenden Zitat auch als »Ziel des Willens« (Z. 17) bezeichnet. Sollte eine Handlung darüber hinaus weitere »entfernte« Ziele haben, dann heißt dies, dass sie nur *zusätzlich* auf die Ermöglichung weiterer Handlungen ausgerichtet ist, aber auch ohne diese Hinordnung bereits ausgeführt würde.

Thomas erklärt dann den Unterschied zwischen der physischen Wesensbestimmung *(species naturae)* und der moralischen Wesensbestimmung *(species moralis)* einer Handlung. An dem Beispiel einer Tötung erläutert er, dass es sich moralisch gesehen entweder um Mord handelt, nämlich wenn es dabei um die Befriedigung des eigenen Zorns geht, oder aber um die Bewahrung der Gerechtigkeit, je nachdem, was das gewollte »Handlungsziel« ist. Die Befriedigung des eigenen Zorns liefe auf Mord hinaus. Dagegen könnte Bewahrung der Gerechtigkeit zum Beispiel darin bestehen, dass man einen Amokläufer, wenn es nicht anders geht, dadurch an der Fortsetzung seines Tuns hindert, dass man ihn erschießt. Es würde sich dann nicht um Mord, sondern um berechtigte Notwehr, um die Verhinderung von Morden handeln.

Was Thomas hier als »nächstes Ziel des Willens« bezeichnet, ist das »Ziel der Handlung«, also der beabsichtigte »Gegenstand« der Handlung, der deren moralische Grundbestimmung ausmacht. Die »entfernten Ziele des Willens« sind dann jeweils nur »Ziel des Handelnden«.

Der »Gegenstand *(obiectum)*« einer Handlung oder das »Handlungsziel *(finis operis)*« darf also – und das ist die Grundeinsicht dieses Textes – um keinen Preis mit der bloß physischen Wesensbestimmung der Handlung, ihrer »*species naturae*«, verwechselt werden; letztere kann nur als vorethischer Sachverhalt beschrieben werden. Der Text von Thomas ist ein Beleg dafür, dass man eigentlich bei allen Handlungen zwischen der bloßen physischen Beschreibung des Sachverhalts und der moralischen Wertung unterscheiden muss. Jeder Mord ist eine Tötung, aber nicht jede Tötung ist Mord.

Es gibt keine Handlung, die bereits aufgrund ihrer »physischen Wesensbestimmung« ethisch schlecht sein kann; sie kann erst aufgrund ihrer »sittlichen Wesensbestimmung« schlecht sein. Das ist entscheidend vor allem für das genaue Verständnis von »in sich schlecht«.

Die Folgerung von Thomas am Schluss dieses Textes bedeutet: Ein und dieselbe moralische Handlung, zum Beispiel eine Lebensrettung (= Handlungsgegenstand, Ziel der Handlung), kann physisch sowohl darin bestehen, jemandem einen Fuß amputieren zu müssen, als auch in einer anderen Situation darin, nur Antibiotika zu verabreichen. Obwohl der Fotografierbarkeit nach beides völlig verschiedene Vollzüge wären, ginge es doch moralisch beide Male um ein und dasselbe, nämlich um eine Handlung, die ethisch nur als Lebensrettung qualifiziert werden kann.

Moralisch dieselbe eine Handlung:	mit entsprechendem Grund moralisch gut: *Lebensrettung*	
Physisch einer von eventuell mehreren unterschiedlichen Vollzügen:	*Wegnahme eines Körpergliedes*	*Gabe von Antibiotika*

Umgekehrt kann ein und dasselbe physische Geschehen, etwa jemandem den Fuß abzuschneiden, moralisch auf zwei völlig verschiedene Handlungen hinauslaufen: es kann sich um eine unerlaubte Verstümmelung handeln, etwa wenn Terroristen damit einer Lösegeldforderung Nachdruck verleihen wollen, oder eine gebotene Lebensrettung, wenn man anders der Gefahr einer Blutvergiftung nicht Herr wird.

Physisch derselbe eine Vollzug:	*Wegnahme eines Körpergliedes*	
Moralisch eine von eventuell mehreren unterschiedlichen Handlungen:	mit entsprechendem Grund moralisch gut: *Lebensrettung*	ohne entsprechenden Grund moralisch schlecht: *Verstümmelung*

Ähnlich kann ein und dasselbe physische Geschehen einer Geldübergabe moralisch eine Bestechung sein oder die legitime Zahlung eines Kaufpreises. Um was es sich jeweils handelt, ist keineswegs eine Frage bloß subjektiver Absicht, sondern ein durchaus objektiver Sachverhalt, der gerade als solcher gewollt ist.

8) »Direkt / indirekt« und »formell / materiell«

Nach der traditionellen Formulierung des Prinzips der Doppelwirkung darf ein Schaden nicht »direkt« zugelassen oder verursacht werden. Dies verstand man in einem physischen Sinn: Der Schaden dürfe nicht vor der Erreichung des angestrebten Wertes liegen, sondern müsse von der Ursache der beiden Wirkungen zumindest gleich weit entfernt sein.[116] Man hat dabei allerdings nicht darauf geachtet, dass die Zulassung oder Verursachung des Schadens nur dadurch »direkt« wird, dass man für sie keinen »entsprechenden Grund« hat. Beim Vorliegen eines »entsprechenden Grundes« dagegen wird sie in dem Sinn »indirekt«, dass sie nicht mehr den »Gegenstand« der Handlung, also das »Handlungsziel« bestimmt.[117]

---

116 Vgl. z. B. GENICOT / SALSMANS, *Institutiones*, 1951, 18.

117 RHONHEIMER, Natur, 1987, 351, schreibt mir in etwas verdrehender Weise die Auffassung zu: »Man darf auch direkt ein (physisches) Übel bewirken (z. B. eine Abtreibung vornehmen, eine Irreführung bezweckende Falschaussage machen, in einem Krieg nichtkämpfende Zivilbevölkerung töten), vorausgesetzt, daß entsprechend schwerwiegende Gründe vorliegen.« Weder wurde hier beachtet, welche Bedeutung die Begriffe »direkt« und »indirekt« in der Ethik haben müssen, noch dass ein »entsprechender Grund« etwas völlig anderes als ein »schwerwiegender Grund« ist. Eine Handlung kann auch nur dann etwas »bezwecken«, wenn der Handelnde selber dies bezweckt; dann kann es aber nicht durch welche Gründe auch

Bei der ethischen Rede von »direkt« und »indirekt« geht es also keineswegs um die Frage, ob etwas physisch unmittelbar oder mittelbar ist, ob es sich also um eine unmittelbare oder mittelbare Kausalität handelt.

Ähnlichkeit mit der Fragestellung des Prinzips der Doppelwirkung hat in der traditionellen Ethik die Lehre von der Mitwirkung an bösen Handlungen anderer.[118] Durch einen »entsprechenden Grund« kann eine faktisch bestehende Mitwirkung an einer bösen Handlung rein »materiell« sein und ist dann zulässig.[119] Besteht jedoch kein »entsprechender Grund«, dann wird die Mitwirkung an der fremden bösen Tat zu »formeller« Mitwirkung, mit der man Schuld auf sich lädt.

Die hier gebrauchten Begriffe »formell« und »materiell« haben offenbar dieselbe Bedeutung wie die Begriffe »direkt« und »indirekt« im Prinzip der Doppelwirkung und wären mit ihnen austauschbar.

Es ist in der katholischen Moraltheologie verschiedentlich behauptet worden, im Prinzip der Doppelwirkung gehe es allein um die Frage der Zulassung oder Verursachung vorethischer Schäden, durch die man eventuell selber schuldig wird. Es gehe nicht um die Frage der Zulassung oder Verursachung fremder Schuld; es sei grundsätzlich unerlaubt, fremde Schuld zu verursachen.[120] In Wirklichkeit bezieht sich das Prinzip der Doppelwirkung auch auf die Zulassung oder Verursachung fremder Schuld. Der Struktur nach handelt es sich auch hier um einen Anwendungsfall des Prinzips der Doppelwirkung. Wer seine Ware frei zugänglich ausstellt, riskiert, dass dies für manche zur Versuchung zum Ladendiebstahl wird. Um dieses Risiko in Kauf nehmen zu dürfen, braucht man einen »entsprechenden

---

immer »außerhalb seiner Absicht« liegen. In meinem Ansatz geht es um die Frage, unter welchen Bedingungen ein verursachter oder zugelassener Schaden »indirekt« und damit »außerhalb der Absicht« bleibt. Zuzustimmen ist der Auffassung von FINNIS / GRISEZ / BOYLE, *"Direct"*, 2001, 1, dass »direkt« mit »beabsichtigt« und »indirekt« mit »als Nebenwirkung zugelassen« zu identifizieren ist. Sie scheinen aber noch nicht zu sehen, dass ein wissentlich ohne »entsprechenden Grund« verursachter oder zugelassener Schaden *eo ipso* »direkt« verursacht oder zugelassen und damit »beabsichtigt« ist.

118 In diesem Sinn schreibt SCHOCKENHOFF, Religionen, 1998, 191: »Das *Prinzip der Doppelwirkung* stellt ein gedankliches Instrumentarium zur sittlichen Rechtfertigung der Inkaufnahme ungewollter Nebenfolgen bereit und ermöglicht heute vor allem die Unterscheidung von Sterbenlassen und Töten, indirekter und direkter Sterbehilfe oder passiver und aktiver Euthanasie am Lebensende.« Entsprechend formuliert er zur Unterscheidung zwischen formeller und materieller Mitwirkung an fremden Handlungen: »Die Rede von der nur materiellen Mitwirkung an fremden Handlungen grenzt den persönlichen Verantwortungsbereich des Einzelnen in schwer durchschaubaren Handlungszusammenhängen ein. Sie erlaubt etwa Krankenschwestern und Angehörigen des nichtärztlichen Personals die Mitwirkung an medizinischen Maßnahmen und Forschungsprojekten, die diese vor ihren eigenen sittlichen Überzeugungen nicht rechtfertigen können.«

119 In der zweiten Auflage des LThK gibt es noch einen Artikel »Mitwirkung zur Sünde« (REHRL, 1962). Dort wird allerdings die Forderung nach einem »entsprechenden Grund« mit der nach einem »ernsten Grund«, vermutlich im Sinn von »schwerwiegenden Grund«, verwechselt: »Die Gründe für eine Mw. müssen um so ernster sein, je *näher* u. je *notwendiger* diese Mw. ist, je *größer* die Schuld ist, zu der die Mw. geleistet wird, je *ernster* die eigene Pflicht ist, der Sünde des Mitmenschen entgegenzutreten. Eine rein materielle Mw. ist um so eher gestattet, ja sogar unter Umständen Pflicht, je mehr die Wahrung der eigenen Existenz od. die nötige Sorge für die unmittelbar Nächsten (Kinder, Eltern) nur auf diese Weise gelingen kann (›Güterabwägung‹) u. der Geschädigte vernünftigerweise dieses Verhalten billigen muß.« (504) In der gegenwärtigen dritten Neuauflage des LThK scheint das Thema überhaupt entfallen zu sein.

120 Vgl. oben S. 30, Fußnote 37.

Grund« im oben erklärten Sinn[121], und man muss das Risiko so gering wie möglich halten. Es gibt auch Verhaltensweisen, die man als Provokation oder sogar absichtliche Verführung zum Diebstahl bezeichnen müsste und die natürlich unerlaubt sind.

Eine Mitwirkung an fremder Verfehlung ist dann »direkte« oder »formelle« Mitwirkung, wenn das eigene Handeln beabsichtigt, die fremde Verfehlung zu ermöglichen und zu ihr beizutragen. Hat man jedoch für die Zulassung oder Verursachung der fremden Verfehlung einen »entsprechenden Grund«, dann bleibt sie außerhalb der Absicht (womit hier der beabsichtigte »Gegenstand«, das »Handlungsziel« gemeint ist). Es handelt sich dann und nur dann um eine rein »indirekte« oder »materielle« Mitwirkung, wenn sie notwendig ist, um noch mehr Schaden zu verhindern.

Die bisherigen Überlegungen zum »entsprechenden Grund«, zur Willensfreiheit, Gewissensbildung, Einheit einer Handlung, zu den »Quellen der Sittlichkeit«, zu physischer und moralischer Spezifizierung sowie zu den Begriffen »direkt« und »indirekt« bzw. »formell« und »materiell« bezogen sich immer auf die Handlungsstruktur und einen eventuellen Verbund von Handlungen.

Nicht nur einzelne Handlungen sind also ethisch qualifiziert; sondern die ethische Qualifikation einer Handlung kann auch durch ihre Verbindung mit einer anderen Handlung mitbestimmt werden. Um einen solchen Verbund von Handlungen geht es in der klassischen Unterscheidung von »Gegenstand« und »Absicht« einer Handlung oder auch in den beiden Prinzipien, dass ein gutes Mittel durch einen schlechten Zweck verdorben werden kann und dass auch umgekehrt ein guter Zweck ein bereits in sich schlechtes Mittel nicht nachträglich heiligen kann. Beide Prinzipien gelten für den Verbund von voneinander unterschiedenen Handlungen, sind jedoch nicht anwendbar auf die Verbindung unterschiedlicher Abläufe innerhalb ein und derselben Handlung. Auch der Unterschied zwischen »in sich schlecht« und »schlecht (nur durch Hinordnung auf eine andere, in sich schlechte Handlung)« lässt sich erst aus dem Verbund unterschiedlicher Handlungen desselben Subjekts verstehbar machen. Der Verbund mehrerer Handlungen darf jedoch nicht mit den »Umständen« verwechselt werden, von denen nicht abhängt, ob eine Handlung gut oder schlecht ist, sondern nur in welchem Grad sie das eine oder das andere ist.

Mehrere Handlungsabläufe desselben Subjekts stellen dann unterschiedliche Handlungen dar, wenn entweder die dabei den anderen vorangehenden Abläufe je für sich bereits in einer für ihre Setzung ausreichenden Weise motiviert oder aber die verschiedenen Abläufe nur so miteinander verbunden sind, dass ein fremder Wille zwischen ihnen intervenieren muss. Sie stellen jedoch nur eine einzige Handlung dar, wenn erst ein ihnen gemeinsamer Grund (der angestrebte Wert oder Werteverbund) zu ihrer Setzung ausreicht und auch keine Trennung der verschiedenen Handlungsabläufe dadurch besteht, dass zwischen ihnen die Intervention eines fremden Willens erfordert wird.

Diese Grundstruktur lässt sich nun zusammenfassend auch tabellarisch darstellen:

---

121 Vgl. oben S. 44ff.

Handlung 1	Die drei »Quellen der Sittlichkeit«		
	qualitativ		quantitativ
	a) zulässig	b) unzulässig	
»in sich«	1) Gegenstand = Handlungsziel = a) »entsprechender Grund« oder b) Schaden bei »nicht entsprechendem Grund«	bei »entsprechendem Grund« [Schaden nur »indirekt« (= »materiell«) verursacht oder zugelassen]	= bei »nicht entsprechendem Grund« [Schaden »direkt« (= »formell«) verursacht oder zugelassen]	3) Umstände = in welchem Maß gut oder schlecht
»durch Hinordnung« [nur wenn Handlung 1 zusätzlich eine Handlung 2 ermöglichen soll]	2) Absicht = Ziel des Handelnden = Gegenstand von Handlung 2	siehe bei Gegenstand von Handlung 2	siehe bei Gegenstand von Handlung 2	siehe bei Umständen von Handlung 2

Handlung 1 und 2 sind voneinander verschieden, aber stehen im Verbund, wenn Handlung 1 auch für sich allein durchgeführt würde, jedoch **zusätzlich** Handlung 2 ermöglichen soll bzw. wenn nach Handlung 1 zum Zustande-kommen von Handlung 2 ein fremder Wille intervenieren muss. Wenn dagegen von vornherein nur Entsprechung oder Nichtentsprechung zu einem **zusammen gewollten Werteverbund** besteht ohne zusätzliche Hinordnung, liegt nur eine einzige Handlung vor. Zu ihrem gewollten »Handlungsziel« kommt dann kein eigenes »Ziel des Handeln-den« hinzu.

Handlung 2	Die drei »Quellen der Sittlichkeit«		
	qualitativ		quantitativ
	a) zulässig	b) unzulässig	
»durch Herkunft«	= Gegenstand von Handlung 1	siehe bei Gegenstand von Handlung 1	siehe bei Gegenstand von Handlung 1	siehe bei Umständen von Handlung 1
»in sich«	1) Gegenstand = Handlungsziel = a) »entsprechender Grund« oder b) Schaden bei »nicht entsprechendem Grund«	= bei »entsprechendem Grund« [Schaden nur »indirekt« (= »materiell«) verursacht oder zugelassen]	= bei »nicht entsprechendem Grund« [Schaden »direkt« (= »formell«) verursacht oder zugelassen]	3) Umstände = in welchem Maß gut oder schlecht
»durch Hinordnung« [nur wenn zusätzlich eine Handlung 3]	2) Absicht = Ziel des Handelnden = Gegenstand von Handlung 3	siehe bei Gegenstand von Handlung 3	siehe bei Gegenstand von Handlung 3	siehe bei Umständen von Handlung 3

9) »Ethisch richtig« und »ethisch gut«

Wer in einem Selbstbedienungsladen nicht stiehlt, weil er fürchtet, erwischt zu werden, handelt in dem Sinn »ethisch richtig«, dass man ihm keine schlechte Handlung vorwerfen kann.[122] Dennoch ist seine Handlungsweise noch längst nicht »gut«. Das wäre sie erst, wenn er nicht nur faktisch, sondern prinzipiell nicht stehlen würde, auch dann nicht, wenn überhaupt keine Gefahr bestünde, ertappt zu werden.[123]

Unter einer »ethisch richtigen« und damit verantwortbaren Handlung sei im folgenden eine Handlung verstanden, die nicht die Struktur von Raubbau hat. »Ethisch unrichtig« und damit nicht verantwortbar und auf jeden Fall bereits »ethisch schlecht« ist jede Handlung, von der man erkennt, dass ein in ihr zugelassener oder verursachter Schaden nicht durch einen »entsprechenden Grund« gerechtfertigt ist. Eine wissentlich »ethisch unrichtige« oder »falsche« Handlung ist also *eo ipso* auch eine »ethisch schlechte« Handlung. Aber umgekehrt ist eine wissentlich »ethisch richtige« Handlung noch nicht ohne weiteres mit einer »ethisch guten« Handlung identisch.[124] Hier liegt eine Asymmetrie vor, die sich auch als theologisch relevant erweist. Um prinzipiell nicht zu stehlen, bedarf es einer Grundhaltung, in der man aufgehört hat, sich in seinem Handeln von der Angst um sich selber leiten zu lassen, und vielmehr aus einer letzten Geborgenheit lebt.

---

122 Hier könnte man auf den Nutzen der »moralischen Hypokrisiespirale« hinweisen, die TRAPP, Klugheitsdilemmata, 1998, 141, im Zusammenhang der Frage nach intergenerationeller Gerechtigkeit beschreibt: Die Notwendigkeit, den selbsterzeugten moralischen Schein wahren zu müssen, vermag »in ähnlicher Weise wenigstens bescheidene segensreiche Wirkungen für die noch Ungeborenen zu entfalten, wie sie dies für den Verlierer einer wohlgefüllten Geldbörse täte, wenn diese zufällig von einer Gruppe von einander beäugenden, statt von nur einem einzigen Scheinheiligen gefunden würde«.

123 SCHÜLLER unterscheidet in einem ganz anderen Sinn zwischen »sittlich gut« und »sittlich richtig«. Er bezeichnet als »sittlich richtig« das, was der objektiven Sittennorm entspricht, auch wenn der Handelnde es irrtümlich für nicht sittlich richtig hält. Als »sittlich gut« bezeichnet er nicht nur das tatsächlich wissentlich sittlich richtige Handeln, sondern auch das bloß vermeintlich sittlich richtige, tatsächlich aber sittlich falsche Handeln. Entsprechend ist in Schüllers Terminologie wissentlich oder auch nur vermeintlich sittlich falsches Handeln auch sittlich schlecht (vgl. DERS., Begründung, 1980, 133–141: Der sittlich gute Wille, die sittlich richtige Tat). Diese Begriffsbildung scheint es zu verhindern, den oben angezielten Sachverhalt (dass nicht jede wissentlich sittlich richtige Handlung auch schon sittlich gut ist) genau zu Gesicht zu bekommen. Schüller schreibt zwar: »Wer sich entschließt, ein in Aussicht genommenes Verbrechen zu unterlassen, faßt zweifellos einen sittlich richtigen Entschluß; gleichwohl ist der Entschluß sittlich schlecht, wenn er nur aus Angst vor der vom Staat angedrohten Strafe gefaßt wird.« (ebd. 140) Letzteres bedeutet jedoch noch keine sittliche Schlechtigkeit. Das zutreffende Anliegen von Schüllers Unterscheidung ist, dass man, wenn man vermeintlich Böses tut, sich objektiv schuldig macht. – Ähnlich wie bei Schüller gebraucht die Begriffe »gut« und »richtig« auch KEENAN, *Goodness*, 1992, nämlich als beziehe sich »Gutheit« auf die Person oder ihre Grundhaltung, »Richtigkeit« aber nur auf die Handlungen; auch hier kommt der oben gemeinte Sachverhalt nicht deutlich in den Blick (vgl. 149), wenngleich er Demokrit, *Fragmenta Moralia*, n. 109 zitiert: »Gut ist nicht, nicht Unrecht zu tun, sondern dies auch nicht zu wollen.« (3)

124 Die Unterscheidung könnte der KANTS zwischen Legalität und Moralität entsprechen; vgl. Kritik, 71: »Das Wesentliche alles sittlichen Werths der Handlungen kommt darauf an, d a ß d a s m o r a l i s c h e G e s e t z u n m i t t e l b a r d e n W i l l e n b e s t i m m e. Geschieht die Willensbestimmung zwar g e m ä ß dem moralischen Gesetze, aber nur vermittelst eines Gefühls, welcher Art es auch sei, das vorausgesetzt werden muß, damit jenes ein hinreichender Bestimmungsgrund des Willens werde, mithin nicht u m d e s G e s e t z e s w i l l e n : so wird die Handlung zwar L e g a l i t ä t, aber nicht M o r a l i t ä t enthalten.« Kant hat allerdings, so scheint es, nicht auf die oben erwähnte Asymmetrie reflektiert.

Diese Grundhaltung läuft letztlich auf einen Unterschied im »Gegenstand« der Handlung hinaus. Das eigentlich Gewollte ist dann die geschuldete Bezahlung der Ware; anderenfalls will man die Bezahlung der Ware möglicherweise nur, insofern sonst die Gefahr besteht, erwischt zu werden.

In der ethischen Tradition meinte man, dass es außer guten und schlechten noch indifferente Handlungen gäbe, die nämlich überhaupt keine moralische Bedeutung hätten. Aber wenn man für überhaupt jede bewusste und gewollte Handlung einen Grund hat und somit einen Wert anstrebt, besteht immer die Frage, ob man diesem Wert gerecht wird oder nicht. Die Handlung ist dann zumindest »ethisch richtig«, wenn sie den in ihr angestrebten Wert oder Werteverbund nicht auf die Dauer und im Ganzen untergräbt; sie ist sogar »ethisch gut«, wenn der Handelnde sich nicht nur faktisch, sondern prinzipiell so verhält. Die Stelle angeblich »indifferenter« Handlungen füllen in Wirklichkeit diejenigen Handlungen aus, die zwar »ethisch richtig«, aber doch noch nicht im eigentlichen Sinn »gut« sind.

10) »Natürliches Sittengesetz« und positive Gesetze

Die katholische Moraltheologie pflegt sich auf ein »natürliches Sittengesetz« zu berufen. Damit ist zum einen gemeint, dass ethische Normen *nicht Glaubensgegenstand* sind und damit auch nicht den Charakter von Glaubensgeheimnissen haben. Sie können vielmehr mit der Vernunft aus der objektiven Wirklichkeit erkannt werden. Für ethische Urteile muss man mit Vernunftgründen argumentieren. Zum anderen geht es darum, dass die Geltung solcher Normen in der Wirklichkeit selbst (φύσει) begründet ist und nicht erst durch menschliche Setzung (θέσει) zustandekommt.

Gegen die Rede von einer Begründung von ethischen Normen mit der natürlichen Vernunft ist häufig der Einwand erhoben worden, es handele sich bei der Berufung auf die »Natur« oder auf die objektive Wirklichkeit um einen »naturalistischen Fehlschluss«. Aus dem Sein lasse sich kein Sollen ableiten. Tatsächlich kann man zum Beispiel aus der Tatsache, dass bestimmte Handlungsabläufe in der Mehrzahl einem vorgegebenen Muster folgen, nicht folgern, dass dies auch ethisch gesollt sei. Daraus, dass die Menschen natürlicherweise meist vorwärts gehen, kann man nicht herleiten, dass sie nicht rückwärts gehen dürfen. Aber unter der Voraussetzung, dass man einen Wert anstrebt, läßt sich die Frage stellen, ob man diesem Wert in der Weise, wie man ihn anstrebt, tatsächlich gerecht wird.

Ein anderer Einwand gegen die Rede vom »natürlichen Sittengesetz« besteht in dem Missverständnis, es handele sich um die Berufung auf das »gesunde Volksempfinden«, wonach bestimmte Verhaltensweisen »natürlich« sind und andere nicht.

Den wirklichen Sinn der Berufung auf die objektive Wirklichkeit kann man am Prinzip der Doppelwirkung ablesen. Handlungen, welche die Struktur des Raubbaus haben, sind »in sich schlecht«, und dies gilt objektiv.

Ob eine Handlung die Struktur des Raubbaus hat oder nicht, ist ein Sachverhalt, der völlig unabhängig davon ist, ob es dem Handelnden passt oder nicht. In diesem Sinn liegt das Kriterium der Sittlichkeit einer Handlung letztlich in dem, was man objektiv tut und damit in der Natur der jeweiligen Sache.

Dieser Naturbegriff steht nicht im Gegensatz zu dem, was »künstlich« ist, sondern er ist von bloßer Setzung zu unterscheiden.

Zum Beispiel liegt es in der Natur des ganz und gar künstlichen Autoverkehrs, dass man, wenn man ihn will, etwas unternehmen muss, um Unfälle zu vermeiden. Dies ist eine Verpflichtung durch das sittliche Naturgesetz; sie gilt unabhängig vom Belieben des Handelnden. Dagegen ist es positive Setzung, ob man entweder Links- oder Rechtsverkehr anordnet. Für welche von beiden Möglichkeiten ein Gesetzgeber sich entscheidet, ist zunächst eher beliebig und könnte, solange es kaum grenzüberschreitenden Verkehr gibt, von Land zu Land verschieden sein. Je mehr der internationale Verkehr zunimmt, mag es notwendig werden, sich auf eine gemeinsame Lösung zu verständigen. Aber auch diese bleibt noch immer menschliche Setzung.

Das Beispiel zeigt auch, dass Setzungen, um tatsächlich ethisch verpflichten zu können, zumindest ein Fundament im natürlichen Sittengesetz haben müssen. Wenn es nicht darum ginge, Unfälle zu vermeiden, hätte der Staat nicht das Recht, durch positives Gesetz entweder Rechts- oder Linksverkehr vorzuschreiben. So könnte zum Beispiel eine eventuelle Vorschrift, man müsse beim Autofahren einen blauen Hut tragen, niemanden im Gewissen verpflichten, selbst wenn sie von einer noch so hohen Autorität aufgestellt würde. Einem solchen Gesetz würde das Fundament im natürlichen Sittengesetz fehlen. Das natürliche Sittengesetz besteht in der Aufforderung, jede Form von Raubbau zu vermeiden. Nur solche positiven Gesetze, die eine nähere Determinierung einer Verpflichtung durch das natürliche Sittengesetz darstellen, können ethisch verpflichten. Deshalb sollte bei Setzungen, um sie verständlich zu machen, immer ihr Fundament angegeben werden.

Ein anderes Beispiel für die Notwendigkeit positiver Gesetze: Wenn man auf der Autobahn fährt, sollte man den erforderlichen Sicherheitsabstand zu dem jeweils vorausfahrenden Auto einhalten. Wenn man dies jedoch tut, geschieht es sehr leicht, dass sich andere Autos dazwischenschieben und dadurch die Situation erst recht gefährlich machen. Man erreicht also gar nicht die angestrebte Sicherheit. Als Einzelner kann man dem nur durch einen etwas verringerten Sicherheitsabstand entgehen. Allerdings sollte man nur so wenig wie möglich vom idealen Sicherheitsabstand abgehen und nicht selber dazu beitragen, dass er noch weniger eingehalten wird. Um Abhilfe zu schaffen, bedarf es hier staatlichen Eingreifens mit ausdrücklichen Gesetzen, die allen bekannt gemacht werden, und der Kontrolle ihrer Einhaltung.

Bei positiven Gesetzen, die gegenüber dem natürlichen Sittengesetz eine nähere Determinierung darstellen, gilt: Das in ihnen Verbotene ist nicht deshalb verboten, weil es schlecht ist, sondern es ist deshalb schlecht, weil es verboten ist, nämlich links zu fahren, wenn durch positive Setzung Rechtsverkehr angeordnet ist. Aber es bleibt dabei, dass ein solches Verbot nur dann verpflichten kann, wenn es tatsächlich ein Fundament im natürlichen Sittengesetz hat. Bei der Verkehrsordnung besteht das Fundament in der Notwendigkeit, Unfälle zu vermeiden.

»Ethisch schlecht« sind also erstens diejenigen Handlungen, die, weil sie die Struktur des Raubbaus an sich tragen, sogar »in sich schlecht« sind, zweitens diejenigen Handlungen, die zwar nicht in sich selbst schlecht sind, aber durch ihre zusätzliche Hinordnung auf eine »in sich schlechte« Handlung dennoch schlecht sind; drittens können Handlungen dadurch schlecht sein, dass sie gegen ein durch menschliche Setzung bestehendes Verbot verstoßen, wenn dieses zumindest ein Fundament im natürlichen Sittengesetz hat.

Mit dem »natürlichen Sittengesetz« kann sinnvollerweise nichts anderes gemeint sein, als dass es sich um ein objektives Gesetz handelt. Es entsteht nicht er erst durch menschliche Setzung und kann mit der natürlichen Vernunft erkannt werden. Raubbau ist schlecht, unabhängig davon, ob es dem Handelnden gefällt oder nicht.

Es kommt vor, dass das »natürliche Sittengesetz« in positiven Gesetzen wiederholt wird, etwa in der Ächtung des Diebstahls. Solche Gesetze haben ihre verpflichtende Kraft nicht erst durch die menschliche Setzung, sondern weil sie bereits zum »natürlichen Sittengesetz« gehören.

Die Berufung auf ein »natürliches Sittengesetz« kann nicht bedeuten, dass man damit aller weiteren Argumentation enthoben ist. Vielmehr bedeutet sie gerade, dass man sich darum zu bemühen hat, mit Gründen zu überzeugen.[125] Man hat den ausdrücklichen Nachweis zu führen, dass eine angeblich unerlaubte Handlung tatsächlich die Struktur der Kontraproduktivität hat.

11) Gleichbleibendes und Wandel im Sittengesetz

Es könnte scheinen, dass bei einer Lehre von »in sich schlechten« Handlungen kein Wandel im Sittengesetz denkbar ist. »In sich schlechte« Handlungen sind Handlungen, welche die Struktur des Raubbaus haben.

Tatsächlich können »in sich schlechte« Handlungen niemals erlaubt werden. In dieser Formalität ist es das unwandelbare Sittengesetz, dass Handlungen, welche die Struktur des Raubbaus haben, immer und unter allen Bedingungen unerlaubt sind.

Dennoch lässt sich aus diesem Ansatz auch die Möglichkeit einer Veränderung des Sittengesetzes erklären. Angenommen, es gibt gegen Tuberkulose nur ein Medikament mit der üblen Nebenwirkung, dass es die Magenschleimhaut reizt. Solange kein anderes Medikament verfügbar ist, ist die Notwendigkeit, die Tuberkulose als die grundlegendere Krankheit zu bekämpfen, ein »entsprechender Grund«, der die Zulassung oder Verursachung der Magenschleimhautreizung außerhalb der Absicht (des beabsichtigten »Gegenstandes« oder »Handlungsziels«) sein lässt. Der Arzt darf nicht nur ein solches Medikament anwenden, sondern er ist sogar dazu verpflichtet.

Zugleich besteht aber die affirmative Forderung, nach einem Medikament zu suchen bzw. es durch Forschung neu zu entwickeln, das weniger unerwünschte Nebenwirkungen hat. Es handelt sich, wie oben[126] schon dargestellt, um eine Forderung, die *semper, sed non pro semper* gilt.

Sobald ein solches Medikament gefunden ist, muss der Arzt unter sonst gleichen Bedingungen (dass zum Beispiel kein exorbitant hoher Preis zu zahlen ist) nunmehr dieses neue

---

125 Vgl. ANTOINE, *Conscience*, 1963; es handelt sich um eine der besten Darstellungen zum Begriff des natürlichen Sittengesetzes.
126 Vgl. S. 76.

Medikament verwenden. Es wäre für ihn nicht mehr zulässig, das alte Medikament, zu dessen Anwendung er früher sogar verpflichtet war, weiter zu verschreiben. Denn die Verpflichtung lautet, dass der zugelassene oder verursachte Schaden so gering zu halten ist, wie es möglich ist, um trotzdem den angestrebten Wert zu erreichen.

Allgemein bedeutet dies die Aufforderung, sich um »technischen« oder »verfahrensmäßigen« Fortschritt zu bemühen. Es ist eine ethische Forderung, nach solchen Verfahren zu suchen, die den in unseren Handlungen jeweils zugelassenen oder verursachten Schaden minimieren. Man soll die besseren Lösungen auch möglichst bald zu erreichen suchen und damit den Zeitraum verkürzen, in dem eine bisherige Problemlösung mit den in ihr zugelassenen oder verursachten Schäden noch erlaubt ist.

Ein Beispiel dafür bietet die Situation des Wettrüstens in den vergangenen Jahrzehnten. Das Wettrüsten war eine äußerst riskante Weise, einen Weltkrieg zu verhindern zu suchen; es brachte selber zusätzliche Gefahr mit sich. Wenn andere wirksame Weisen, Meinungsverschiedenheiten beizulegen, gefunden werden, darf man die bisherige gefahrvolle Weise, sich zu sichern, nicht beibehalten.[127] Es besteht die Pflicht, nach solchen anderen Lösungen zu suchen und damit die *Frist zu verkürzen*, innerhalb derer die bisherige Vorgehensweise noch zulässig bleibt. Dies ist eine wichtige ethische Einsicht, auf die das II. Vatikanum in seiner Pastoralkonstitution »Die Kirche in der Welt von heute« aufmerksam gemacht hat.[128] Es handelt sich dabei um die bisher ungewohnte, aber wohl einsichtige Denkfigur einer »möglichst bald zu beendenden Erlaubtheit«.

Noch unter einem anderen Aspekt gibt es einen Wandel im Sittengesetz oder zumindest in seiner Erkenntnis. Er ist darin begründet, dass wir die Auswirkungen unseres Handelns gewöhnlich nicht von vornherein und vielleicht sogar nie in ihrer Gänze überschauen können, selbst wenn wir uns auf die eigentlichen systematischen Zusammenhänge beschränken, ohne ins Detail zu gehen.

Zum Beispiel bestand in früheren Zeiten kaum ein Bewusstsein von der Gefahr der Verschmutzung oder gar der Zerstörung der Umwelt. Es schien, dass der Rauch von Fabrikschornsteinen sich in nichts auflöste, wenn man nur die Schornsteine hoch genug baute.[129]

Beim Bau der ersten Autobahnen ging man davon aus, dass die kürzeste Verbindung zwischen zwei Orten eine Gerade sei, und baute entsprechend. Die Erfahrung lehrte jedoch, dass man auf solchen geraden Autobahnen leichter am Steuer einschläft, als wenn man immer wieder in sanften Kurven fahren muss. Will man Sicherheit im Verkehr, muss man auf das Ideal der Geraden als kürzester Strecke verzichten. Aber solche Einsichten gewinnt man gewöhnlich erst durch die praktische Erfahrung. Was man ursprünglich für verantwortbar und angemessen angesehen hatte, hat sich erst durch die Erfahrung als kontraproduktiv erwiesen.

Das Insektenvertilgungsmittel DDT schien ein ideales Mittel zur Vernichtung der Malariamücken zu sein. Erst viele Jahre später erkannte man, dass DDT in der Natur kaum abge-

---

127 Vgl. HOPPE, Notwendigkeit, 1994.
128 Vgl. *Gaudium et Spes*, n. 81–82. Vgl. dazu auch HOPPE, Friedenspolitik, 1995.
129 Vgl. SUHR, Immissionsschäden, 1986.

baut wird und so schließlich sogar in den Nahrungskreislauf des Menschen geraten kann und auch für ihn selber schädlich wird. Seit man dies weiß, erkennt man auch die Verpflichtung, solche Schäden zu vermeiden. Man kann DDT nicht mehr wahllos gebrauchen.

In den sechziger Jahren wurde das Schlafmittel Contergan mit dem Wirkstoff Thalidomid entwickelt, das keinerlei erkennbare Nebenwirkungen zu haben schien. Erst nach längerer Zeit kamen die ersten Vermutungen auf, dass Missbildungen Neugeborener etwas mit diesem Medikament zu tun haben könnten. Es besteht die ethische Verpflichtung, solche Rückmeldungen aus der Wirklichkeit nicht zu verdrängen, sondern sofort auf sie einzugehen. Das Beispiel zeigt, wie sehr es bei unseren Handlungen ständiger auch nachträglicher Kontrolle und Vergewisserung bedarf.

Ein Feuerwehrmann sagte mir: Gewöhnlich empfahl man früher, bei Bränden die Fenster geschlossen zu halten. Erst durch die Erfahrung, dass bei mangelndem Sauerstoff Schwelbrände entstehen, die beim plötzlichen Öffnen einer Tür zu sehr gefährlichen Explosionen führen können, sei man zu der Einsicht gekommen, dass die Empfehlung nicht immer das Richtige trifft.

Aus diesen Erfahrungen lässt sich die Einsicht gewinnen, dass wir niemals definitiv gewiss sein können, dass unser Handeln objektiv *richtig* ist. In diesem Sinn ist die hier vertretene Ethik alles andere als »optimistisch«. Es kann immer sein, dass sich eine Handlungsweise in einem umfassenderen Zusammenhang doch als kontraproduktiv herausstellt. Deshalb ist es so notwendig, stets auf Rückmeldungen aus der Wirklichkeit zu achten.

Nur umgekehrt können wir häufig wenigstens nach einiger Zeit die definitive Gewissheit von der *Unrichtigkeit* eines Handelns erlangen. Der Charakter der Kontraproduktivität kann sich zuweilen bereits aus dem engeren Zusammenhang eines Handelns ergeben, oft erweist er sich aber erst, wenn man es in einem viel weiteren Zusammenhang betrachtet. Wir können unsere ethischen Urteile immer nur aus dem jeweils überschaubaren Zusammenhang gewinnen, wobei aber die Verpflichtung besteht, die Überschaubarkeit so weit wie möglich auszudehnen.

Man kann sich dies wie eine Anzahl von konzentrischen Kreisen vorstellen. Manchmal erkennt man die Kontraproduktivität des Handelns nicht schon im engsten Umkreis, sondern erst in einem weiter vom Mittelpunkt entfernten Kreis. Insofern hat die Erkenntnis von Kontraproduktivität oft eine Art »Inkubationszeit«. Die kontraproduktiven Ergebnisse einer Handlung werden häufig erst mit großer Verzögerung erkannt und wenn es schon fast zu spät ist. Oft wird nicht einmal erkannt, dass es sich um die Auswirkungen lange vorangehender Fehlentscheidungen handelt.

Diese auch hier bestehende Asymmetrie – die Unrichtigkeit eines Handelns lässt sich oft von einem bestimmten Zeitpunkt an definitiv erkennen, die Richtigkeit dagegen letztlich nur hypothetisch und nicht mit definitiver Gewissheit – möchte zunächst ärgerlich erscheinen. Sie hat aber die positive Bedeutung einer heilsamen Beunruhigung. Man ist bleibend zu einer kritischen Haltung gegenüber sich selbst aufgefordert. Auch die bestgemeinten Maßnahmen können sich in der Wirklichkeit noch immer als kontraproduktiv erweisen. Sobald man solche Kontraproduktivität erkennt, hat man sein Handeln zu korrigieren.

Darüber hinaus ergibt sich aus dieser Asymmetrie, dass man sein Handeln soweit möglich so einrichten sollte, dass man in der Lage bleibt, gegenzusteuern, falls sich doch unerwartete und unerwünschte Handlungsergebnisse herausstellen[130]. Wer zum Beispiel unbedingt den Frieden wünscht, sollte sich trotzdem bemühen, auch für den Fall, dass es nicht gelingt, den Frieden zu erhalten, noch handlungsfähig und fähig zur Schadensbegrenzung zu bleiben.

Insgesamt wird man immer damit rechnen müssen, dass man die realen Auswirkungen des eigenen Handelns nicht voll übersieht. Daraus folgt jedoch nicht, dass man sich um schwer überschaubare Auswirkungen von vornherein nicht zu kümmern brauche. Es gibt im Übrigen eine ausgedehnte Grauzone, in der man nur mit großer Vorsicht vorangehen sollte.

12) Probabilismus und Zeitdruck

In der ethischen Tradition ist umstritten, wie man sich zu verhalten hat, wenn man nicht genau weiß, ob ein bestimmtes Verhalten zulässig ist oder nicht. Darf man eine Handlung nur durchführen, wenn man von ihrer Richtigkeit überzeugt ist?[131] Oder reicht es aus, wenn man wahrscheinliche Gründe für ihre Richtigkeit hat (»Probabilismus«)? Oder muss man von verschiedenen möglichen Handlungen diejenige wählen, welche die wahrscheinlicheren Gründe für sich hat (»Probabiliorismus«).[132]

Es wurde bereits gezeigt, dass man grundsätzlich nie definitiv wissen kann, dass eine Handlung nicht kontraproduktiv ist. Deshalb kann diese Gewissheit für das Handeln nicht gefordert werden. Diese Forderung wäre selbst kontraproduktiv. Sie würde, anstatt Handeln zu ermöglichen, es für immer hinausschieben bzw. ein unverantwortliches Unterlassen und damit auch ein nicht durch einen »entsprechenden Grund« gerechtfertigtes Zulassen von Schaden bewirken.

Man darf handeln, wenn keine wahrscheinlichen Gründe für Kontraproduktivität der Handlung zu erkennen sind. Weil unsere Handlungen gewöhnlich unter Zeitdruck stehen, wäre es kontraproduktiv, so viel Zeit für die Suche nach der bestmöglichen Lösung aufzuwenden, dass das »Ziel der Handlung« nicht mehr erreicht werden kann. Gerade Krisenmanagement in Politik und Wirtschaft steht unter solchem Zeitdruck.

Wenn jemand nach einem schweren Unfall zum Arzt gebracht wird, kann sich dieser nicht für einige Stunden zurückziehen, um die bestmögliche Vorgehensweise herauszufinden; denn in der Zwischenzeit könnte der Patient bereits sterben. Eine solche Verhaltensweise des Arztes wäre im Sinn des Prinzips der Doppelwirkung kontraproduktiv. Er kann nur das tun, was er innerhalb der zur Verfügung stehenden Zeit als relativ am ehesten ge-

---

130 Vgl. die Warnung vor »Alternativ-Radikalismus« von ALBERT, Traktat, 1969, 176ff.

131 Vgl. JOHANNES PAUL II., Enzyklika »*Veritatis Splendor*«, n. 60: Wenn jemand »bei fehlender Sicherheit über die Richtigkeit und Güte eines bestimmten Aktes diesen dennoch ausführt, wird er vom eigenen Gewissen, das *die letzte maßgebliche Norm der persönlichen Sittlichkeit* ist, verurteilt«. Gewiss darf man sich über die begründete Gefahr falschen Handelns nicht hinwegsetzen. Aber volle Gewissheit über eine tatsächliche letztendliche Nicht-Kontraproduktivität des eigenen Handelns wird man im voraus so gut wie nie besitzen können.

132 Vgl. zu diesen sogenannten Moralsystemen DEMMER, Methodenlehre, 1989, 136–141.

eignet erkennen kann. Er muss es dabei sogar in Kauf nehmen, dass er sich irrt und dem Patienten Schäden zufügt, die vermeidbar gewesen wären, hätte mehr Zeit zur Suche nach der besten Therapie zur Verfügung gestanden. Er ist objektiv verpflichtet, solche Mängel in Kauf zu nehmen. Der »entsprechende Grund« dafür ist, dass er das Leben des Patienten erhalten muss und es anderenfalls aufs Spiel setzt. Den Arztberuf auszuüben impliziert das letztlich unvermeidliche Risiko, ungewollt Fehler zu machen.

Die Ethik selbst mag Zeit haben; aber für die Entscheidung zu einzelnen Handlungen steht gewöhnlich nicht sehr viel Zeit zur Verfügung. Es ist damit zu rechnen, dass häufig die Zeit fehlt, um zu einer abstrakt gesehen idealen Entscheidung zu gelangen. Ebenfalls ist damit zu rechnen, dass Überlegungen, die für die einen überzeugend sind, deshalb durchaus noch nicht für alle überzeugend sein müssen. Man wird deshalb auch mit faktisch kaum lösbaren ethischen Problemen rechnen müssen. Es gibt einen großen Bereich ethischer Grauzonen. Und man wird sich in der Ethik davor hüten müssen, andere bevormunden zu wollen. Das je eigene Gewissen, das darum bemüht ist, der objektiven Wirklichkeit zu entsprechen, ist gerade darin letzte Instanz.

13) Das irrige Gewissen

Man darf das Gewissen nicht mit einer Art Tabu-Gefühl verwechseln, bei dessen Ausbleiben man problemlos handeln kann. Der bereits erwähnte Abwurf der ersten Atombombe im Jahr 1945 auf Hiroshima führte zum Tod von etwa 200.000 Zivilisten. Der Befehl dazu wurde vermutlich durch eine Unterschrift am Schreibtisch von einem Menschen gegeben, der nie in der Lage gewesen wäre, einen anderen mit der Axt umzubringen. Aber diese instinktive Hemmung, die im letzteren Fall gegeben ist und im zuerst genannten Fall nicht, ist nicht dasselbe wie das Gewissen.

Das Gewissen ist mit der Vernunft identisch, mit der wir in der Lage sind zu beurteilen, ob eine Handlung verantwortbar ist oder nicht. Die Vernunft besteht nicht nur darin, logisch denken zu können, sondern impliziert insbesondere unsere Fähigkeit, andere Menschen in uns zu repräsentieren und uns in ihre Situation hineinzuversetzen.

Sich auf sein Gewissen berufen kann also nicht bedeuten, die eigene Beurteilung einer Handlung der öffentlichen Nachprüfbarkeit zu entziehen. Gewissensentscheidungen sind vielmehr erst solche Entscheidungen, die man vor jedermann inhaltlich rechtfertigen kann.

Moralische Schuld kann nach dem oben Gesagten nur entstehen, indem man wissentlich oder zumindest vermeintlich einen Schaden zulässt oder verursacht, ohne dafür einen »entsprechenden Grund« zu haben.

Haftpflichtig kann man jedoch auch ohne moralische Schuld werden. Wer heute ein Auto fährt, muss statistisch mit der Möglichkeit rechnen, durch so genanntes menschliches Versagen auch ohne jede Absicht einen Unfall mit sehr großen Schäden herbeizuführen. Wer ohne Absicht einen Unfall verursacht, lädt keine moralische Schuld auf sich. Gleichwohl wird man sich mit Recht zur Wiedergutmachung der Schäden an deren Verursacher halten. Die Schäden können aber so groß sein, dass der Verursacher nicht einmal selbst in der Lage ist, sie wiedergutzumachen. Diese Tatsache hat den Staat genötigt, eine Versicherungspflicht einzuführen, so dass dann der Schaden so weit möglich wenigstens von der Versicherung ausgeglichen werden kann. Und man ist ethisch verpflichtet, sich entsprechend zu versichern.[133]

Wer nur vermeintlich keinen Schaden zulässt oder verursacht oder fälschlich meint, für den von ihm zugelassenen oder verursachten Schaden einen »entsprechenden Grund« zu haben, lädt nur dann keine Schuld auf sich, wenn sein Irrtum unverschuldet ist, das heißt nicht auf mangelnde Sorgfalt zurückgeht. »Fahrlässige«, »grob fahrlässige« oder gar »absichtliche« Unkenntnis von zu beachtenden Sachverhalten ist kein Entschuldigungsgrund. Man ist grundsätzlich verpflichtet, sich in seinem Gewissen an der Wirklichkeit zu orientieren und auch unerwartete und vielleicht sehr unwillkommene Rückmeldungen aus der Wirklichkeit zur Kenntnis zu nehmen.

Die Urteile eines schuldlos irrenden Gewissens binden den Handelnden jedoch nicht nur vermeintlich, sondern objektiv. Der Irrtum kann sich dabei auf den zugelassenen oder verursachten Schaden beziehen oder auf das Fehlen eines »entsprechenden Grundes«. Wer irrtümlich meint, einen Schaden zuzulassen oder zu verursachen, und dafür keinen »entsprechenden Grund« hat oder auch nur irrtümlich meint, keinen »entsprechenden Grund« zu haben, wird in seinem eigenen Gewissen objektiv schuldig. Umgekehrt entgeht jeder Schuld, wer zumindest vermeintlich keinen Schaden zulässt oder verursacht oder für eine Verursachung oder Zulassung von Schaden wenigstens vermeintlich einen »entsprechenden Grund« hat. Bedingung ist aber, dass es sich um schuldlosen Irrtum handelt.

14) Moral und Recht

Das positive Recht ist eine von der Gesellschaft aufgestellte und notfalls mit Gewalt durchzusetzende Ordnung, um zu verhindern, dass Menschen gegeneinander Gewalt gebrauchen. Es ist eine Forderung des Sittengesetzes, für eine solche Rechtsordnung Sorge zu tragen. Die Rechtsordnung selbst darf nicht im Widerspruch zum Sittengesetz stehen; es gelingt gleichwohl nicht immer, dies zu verhindern. Aus dem Sittengesetz selber ergeben sich Normen zum Umgang mit der Gewalt.

Gewalt bringt immer für den, der unter ihr leidet, einen Schaden mit sich. Deshalb ist zu fürchten, dass der Gewaltgebrauch unerlaubt sein könnte. Gleichwohl ist nicht jede Anwendung von Gewalt tatsächlich unerlaubt. Solche Gewalt, die erforderlich und geeignet ist, um noch größere und sicher unerlaubte Gewalt zu verhindern, ist legitim.

Es war sittlich zulässig und gefordert, dass Russland sich gegen den Überfall durch das nationalsozialistische Deutschland gewehrt hat.

Von einem »gerechten Krieg« kann man dann sprechen, wenn er die einzige Weise ist, noch mehr Gewalt zu verhindern. Natürlich ist hier die Frage, ob denn der voraufgehende Zustand ein »gerechter Friede«[134] war und ob man nicht die zu bekämpfende Gewalt zum Beispiel durch Waffenverkäufe selber begünstigt hat.

Es ist auch sittlich zulässig und gefordert, dass Polizisten gegen Räuber und Mörder Gewalt anwenden.

---

133 Vgl. PFAHL, Haftung, 1974.
134 Vgl. Die deutschen Bischöfe, Friede, 2000.

Allerdings kommt Gewalt nur als letzter Ausweg in Frage. Deshalb besitzt der Staat als letzte Instanz das Gewaltmonopol und ist geradezu dadurch zu definieren. Aber auch der Staat darf nicht *mehr* Gewalt gebrauchen, als unbedingt notwendig ist, um noch mehr Gewalt zu verhindern. Immer ist die Verhältnismäßigkeit der Mittel zu wahren. Man darf nicht, wie Martin Luther einmal formuliert, »einen Löffel aufheben und zertreten eine Schüssel«[135].

Entsprechend darf man auch Völkermord dann durch Gewalt verhindern, wenn alle anderen Mittel ausgeschöpft sind. Es ist jedoch kein legitimer Weg, die Zivilbevölkerung zu terrorisieren oder ein Land an anderen Stellen zu schädigen, damit die betreffende Regierung klein beigebe. Zwischen der Bombardierung und der Erreichung des Friedens müsste dann ein fremder Wille aktiv werden. Bombardierung und Erreichung des Friedens sind dadurch zwei verschiedene Handlungen. Auf sie ist das Prinzip anzuwenden, dass der gute Zweck nicht das schlechte Mittel heiligt. Das Vorangehen der NATO im Kosovo-Konflikt bleibt deshalb fragwürdig. Die völlige Zerstörung einer Großstadt wie Grosny durch Russland, um Rebellen das Handwerk zu legen, ist ein anderes schlimmes Beispiel aus unserer Zeit.

Auch die Bestrafung von Delikten kann nur damit gerechtfertigt werden, dass sie zur Verhinderung weiterer Delikte notwendig ist. Es scheint bereits problematisch, einem Täter Schaden zuzufügen, um andere von einer ähnlichen Tat abzuhalten (die sogenannte »Allgemein-« oder »Generalprävention«). Denn es würde sich wiederum um zwei verschiedene Handlungen handeln, die durch die Notwendigkeit der Intervention eines fremden Willens voneinander geschieden sind. Dann gilt ebenfalls, dass der gute Zweck nicht das schlechte Mittel heiligt.

Die Begründung einer Bestrafung mit dem Gedanken der Vergeltung liefe hingegen darauf hinaus, Gewalt rechtfertigen zu wollen, obwohl sie nicht der Verhinderung noch größerer Gewalt dient. Dies wäre Gewaltgebrauch ohne »entsprechenden Grund«, der im Licht unseres Moralprinzips als unsittlich erkannt werden kann.[136]

Ein Hauptbeispiel für solches Unrecht ist die als Vergeltung verstandene Todesstrafe, wie sie heute noch in den USA verhängt wird. Sittlich vertretbar ist die Todesstrafe allenfalls – und auch nur zur Verhinderung weiterer Verbrechen – in einer chaotischen und anarchischen Situation, in der ein Staat nicht in der Lage ist, Verbrecher in Gewahrsam zu halten.[137] Auch sogenannte »Vergeltungsschläge« wie etwa für den Terrorismusanschlag gegen die Türme des World Trade Center in Manhattan und das Pentagon am 11. September 2001 wären auf keine Weise zu rechtfertigen. Man darf sich verteidigen und wehren; aber das ist etwas anderes als Vergeltung zu üben. Rechtfertigen lässt sich nur, die Schuldigen an einer Wiederholung zu hindern und sie vor Gericht zu bringen. Wenn es nur darum geht, sollte man auch auf die Rede von »Vergeltungsschlägen« besser verzichten. Keine Ausübung von

---

135 Von weltlicher Oberkeit, wie weit man ihr Gehorsam schuldig sei (1523): WA 11; 276,14.

136 Vgl. GAREIS / WIESNET, Strafe, 1974.

137 In Katechismus, 1993, n. 2066, stand, dass nach überlieferter Lehre die öffentliche gesetzmäßige Gewalt das Recht und die Pflicht habe, der Schwere des Verbrechens angemessene Strafen zu verhängen, »ohne in schwerwiegendsten Fällen die Todesstrafe auszuschließen«. Dieser Nebensatz ist in der endgültigen lateinischen Ausgabe von 1997 mit Recht gestrichen worden.

»Rache« kann ethisch zulässig sein. Denn es wird damit ein Schaden bewirkt, der nicht zur Verhinderung von noch mehr Schaden notwendig ist; vielmehr erreicht man nur eine Eskalation von Hass und Gewalt. Es ist im Übrigen zu bedenken, dass terroristische Akte gewöhnlich eine lange Vorgeschichte haben. Sie werden oft von ihren Urhebern selber bereits als Vergeltung und Rache verstanden für das Erleiden von Unrecht, gegen das man sich nicht wehren konnte.

Völlig voneinander verschieden wären die beiden folgenden Situationen: Angenommen man erführe rechtzeitig, dass ein Verkehrsflugzeug gekapert worden ist und als Waffe gegen ein Ziel wie das World Trade Center gebraucht werden soll; man müsste ein solches Flugzeug trotz der damit verbundenen Verluste an Menschenleben bei Besatzung und Passagieren abschießen, wenn dies der einzige Weg wäre, um weit höhere Verluste an Menschenleben zu verhindern. Dagegen dürfen keine Verluste an anderen Menschenleben in Kauf genommen werden, um den Urheber des Verbrechens bestrafen zu können.

Für den Fall, dass bleibend umstritten ist, ob eine Handlung strafwürdig ist oder nicht, hat der Verfassungsjurist Dieter Suhr († 1990) vorgeschlagen, auch eine Strafbarkeit folgender Art ins Auge zu fassen: »Strafbar ist nur, wer diese Delikte selbst begeht, obwohl er andere ihretwegen getadelt hat, oder wer andere wegen solcher Taten tadelt, die er selbst bereits begangen hat.«[138]

Auch wenn ein Staat in manchen Fällen auf Bestrafung einer von ihm als für die Gesellschaft schädlich angesehenen Handlung verzichtet, ist dies nicht dasselbe wie eine positive Erlaubnis und bedeutet schon gar nicht eine Berechtigung zu dieser Handlung. Zum Beispiel verzichtet der Staat bei unter vierzehnjährigen Delinquenten auf Bestrafung, was nicht heißt, dass sie deshalb zu Delikten berechtigt wären.

In den jüngst vergangenen Jahren war das staatliche Gesetz umstritten, wonach der Staat bei erfolgter und bescheinigter Schwangerschaftskonfliktberatung darauf verzichtet, eine Abtreibung zu bestrafen. Die Bescheinigung ist notwendig, um zu verhindern, dass jemand nur vorgibt, sich beraten lassen zu haben. Der Grund für dieses Gesetz war die Hoffnung, durch Beratung und Angebote von Hilfen für die Zeit nach der Geburt mehr Abtreibungen verhindern zu können als durch Strafandrohung. Wer sich mit dem Gedanken trägt, einen Schwangerschaftsabbruch vornehmen zu lassen, wird aber eine Beratung nur dann in Anspruch nehmen, wenn der Staat für eine dennoch erfolgende Abtreibung von vornherein auf Strafe verzichtet. Ohne diesen Strafverzicht werden Frauen es vorziehen, in der Heimlichkeit zu verbleiben und Kurpfuscher aufzusuchen, mit allen zusätzlichen Gefahren für das Leben auch der Schwangeren selbst.[139] Wer wirklich und nicht nur vermeintlich das Leben schüt-

---

138 SUHR, Ansätze, 1967, 213.
139 Ingeborg Retzlaff, die damalige Vizepräsidentin der Bundesärztekammer, beschrieb 1991 in einem Vortrag die einstige Situation: »Und ich als Ärztin habe eines im Sinn: alles zu verhindern, was auch nur eine einzige Frau in diese Situation bringt, eine illegale Abtreibung unter den Bedingungen zu erstreben, die ich früher oft erlebt habe, mit diesen verheerenden Folgen. Sie müssen sich mal überlegen, daß wir früher in allen größeren Krankenhäusern ganze Abteilungen hatten, die nur septische Aborte und deren Nachwehen und deren Erkrankungen danach behandelt haben. Abteilungen von 20 bis 39 Betten im Verhältnis zu einer gynäkologischen oder geburtshilflichen Abteilung von vielleicht 50 Betten. Und daß dies ein Ende hat, verdanken wir mit Sicherheit der Legalisierung des Schwangerschaftsabbruchs unter bestimmten Bedingun-

zen will, wird sich für den Weg entscheiden, bei dem faktisch mehr Abtreibungen verhindert werden. Allerdings ist dies eine Frage, für deren Beantwortung man sich an objektive Fakten zu halten hat. Es bedarf der statistischen Nachprüfung, ob man so tatsächlich mehr Abtreibungen verhindern kann.

Auch hier geht es im Grunde darum, dass das reale Ergebnis einer Handlung oft nicht von einem Handelnden allein abhängig ist. Dies kann bedeuten, dass man real etwas anderes will als das, was man gerne wollen möchte. Man möchte Abtreibungen durch Strafandrohung verhindern und erreicht in Wirklichkeit nur, dass sie dann von vornherein heimlich vorgenommen werden. Man verhindert in Wirklichkeit, dass eine Beratung in Anspruch genommen wird, die doch oft Möglichkeiten und Hilfen aufweisen kann, die Probleme anders als durch Abtreibung zu lösen. Der Verzicht auf Strafe ist alles andere als Mitwirkung an der Abtreibung und bedeutet auch nicht, dass Frauen nun zur Abtreibung berechtigt wären. Abtreibung bleibt im Sinn des Gesetzes »rechtswidrig«, selbst wenn sie nicht bestraft wird. Dies muss allerdings immer wieder betont und erläutert werden, damit diese Einsicht nicht im öffentlichen Bewusstsein schwindet.[140] Die Beratung muss zwar in dem Sinn »ergebnisoffen« bleiben, dass sie niemandem die eigene Entscheidung abnehmen kann. Aber sie soll nicht »zieloffen« sein, sondern tatsächlich dem Schutz des Lebens der ungeborenen Kinder dienen wollen.

Es wäre unzutreffend, Rechtsnormen direkt mit einem Teil der Moral, nämlich denjenigen moralischen Normen zu identifizieren, die den Menschen in Bezug auf seine Mitmenschen betreffen. Selbst wenn positive Rechtsnormen den gleichen Inhalt hätten wie diese moralischen Normen, bezögen sie doch ihre rechtliche Gültigkeit nicht aus der Gewissenseinsicht der von ihnen Betroffenen, sondern aus ihrer gesellschaftlichen Notwendigkeit.[141] Auch können Rechtsnormen ihre eigene Richtigkeit nicht definitiv garantieren. Während moralische Normen auch gelten, wenn sie nicht befolgt werden, sind Rechtsnormen für ihre

---

gen.« (RETZLAFF, Grundgedanken, 1992, 11). Mit »Legalisierung« ist hier keine positive Erlaubnis, sondern lediglich der Strafverzicht gemeint.

140 Vgl. dazu KNAUER, Schwangerschaftskonfliktberatung, 1998. Dass die römische Entscheidung vom 11. Januar 1998 (AAS 90 [1998] 601–607) gegen die Bescheinigung bei der Schwangerschaftskonfliktberatung eine eher nur intuitive Entscheidung noch ohne die erforderliche rationale Absicherung war, scheint sich aus dem offiziösen Kommentar des *Osservatore Romano* (deutsche Wochenausgabe) 28 (1998) n. 5, 30. Januar, S. 12 zu ergeben: »Der Papst geht nicht näher auf die moraltheologische Frage ein, welche Art der Mitwirkung an der Abtreibung hier genau vorliegt. Es scheint auch nicht leicht, die entsprechenden traditionellen Kriterien unverändert auf die Problematik des Beratungsscheins anzuwenden, zumal die Sachlage überaus komplex ist und es um eine institutionelle Mitwirkung der Kirche geht, in deren Auftrag die Beraterinnen in vielen Fällen handeln.« Es liegt in Wirklichkeit nur eine Mitwirkung am staatlichen Verzicht auf Strafe vor und nicht an der Abtreibung selbst, die ja auch heimlich geschehen könnte. Nach dem Kommentar besteht jedoch der eigentliche Grund für die päpstliche Entscheidung nicht in moraltheologischen Erwägungen, sondern in der Befürchtung, dass sonst das Zeugnis der Kirche verdunkelt werde.

141 TRAPP, Klugheitsdilemmata, 1998, 96f, beschreibt als Grundeinsicht jeder rationalen Politik: «In einer Welt von Akteuren, die neben ökologischen zumeist weit stärkere andere Partikularinteressen haben, werden jene – teilweise äußerst hehren – Ziele aber nur erreichbar, wenn aus individueller Gesamtinteressensicht Anreize zu ihrer Verfolgung bestehen. Bei eben dieser Grundeinsicht jeder Realpolitik setzt Umwelt*ökonomie* an. [...] Derjenige, der ernsthaft darauf vertraut, seine Zeitgenossen gäben den Interessen jedes zukünftig lebenden Unbekannten aus autonomer Selbsteinschränkung heraus den gleichen Raum wie ihren eigenen, nur weil er ihnen gute *ethische* Gründe hierfür geliefert hat, lebt nicht wirklich in dieser Welt.«

rechtliche Gültigkeit auf eine wenigstens prinzipielle Anerkennung in der Sozialgemeinschaft und auf Durchsetzbarkeit angewiesen.[142]

Auch ein von Richtern nach bestem Wissen und Gewissen gefälltes Urteil kann trotzdem falsch sein.

Ebenso kann ein staatliches Gesetz faktisch und vielleicht sogar gewollt auf Unrecht hinauslaufen[143], wie dies zum Beispiel bei der Rassengesetzgebung der Nationalsozialisten der Fall war. Wo sich dies beweisen lässt, verlieren solche Normen ihre verpflichtende Kraft. Darauf bezieht sich die altgriechische Tragödie »Antigone« von Sophokles (495–405 v. Chr.): Gegen den Befehl des Königs Kreon, den Leichnam des Polyneikes unbeerdigt zu lassen, beruft sich die Schwester des Erschlagenen auf das natürliche Recht: »Nicht mitzuhassen, sondern mitzulieben bin ich geboren.«[144]

Unter diesem »natürlichen Recht« wäre im Unterschied zu von der Gesellschaft aufgestellten Normen das »natürliche Sittengesetz« zu verstehen, das im voraus zu aller menschlichen Setzung gilt. Die Gerechtigkeit von positiven Normen ist deshalb danach zu beurteilen, ob sie mit dem »natürlichen Sittengesetz« vereinbar sind. Das »natürliche Recht« hat vor allen positiven Normen den Vorrang. Das »natürliche Sittengesetz« besteht darin, dass man ohne »entsprechenden Grund« keinen Schaden zulassen oder verursachen darf.

15) Säkulare Ethik

Jede Verursachung oder Zulassung eines Schadens ohne »entsprechenden Grund« ist »in sich schlecht«. Diese Einsicht setzt keine religiösen Erkenntnisse voraus.

Nicht einmal die Rede von der »Heiligkeit des menschlichen Lebens« oder der »unantastbaren Personwürde« ist als Prämisse für diese Einsicht erfordert. Jedermann kann erkennen, dass eine Handlung, die universal gesehen gerade den Wert oder Werteverbund untergräbt, den sie in partikulärer Hinsicht verwirklichen will, in ihrer Gesamtbilanz auf eine Wertminderung und damit insgesamt auf Schaden hinausläuft. Es kann keine andere stichhaltige Begründung für die Schlechtigkeit einer Handlung geben, als dass Schaden ohne »entsprechenden Grund« zugelassen oder verursacht wird. Das Gesamtergebnis lässt sich durch keine noch umfassendere Überlegung relativieren. Wenn ein Egoist erklärt, dass ihn angesichts seines eigenen Vorteils das sonstige Gesamtergebnis nicht kümmere, ist ihm genau dies vorzuwerfen. Unethisches Verhalten besteht gerade darin, auf die Gesamtperspektive nicht eingehen zu wollen.

Vielleicht sind viele von einer solchen säkularen Ethik enttäuscht. Es ist angenehmer und vielleicht einfacher, sich auf vorgegebene und feststehende Weisungen berufen zu können,

---

142 Mit HENKE, Recht, 1989, 536, könnte man sagen, daß sich Recht und Gerechtigkeit so zueinander verhalten, »daß das Recht – Gesetz, Urteil, Bescheid – um des Friedens willen an die Stelle der bloßen Gerechtigkeit tritt«. Sie sind ein notwendiger Ersatz für nicht sicher zu erreichende Gerechtigkeit.

143 Vgl. die so genannte »Radbruch'sche Formel«: »Der Konflikt zwischen der Gerechtigkeit und der Rechtssicherheit dürfte dahin zu lösen sein, daß das positive, durch Satzung und Macht gesicherte Recht auch dann den Vorrang hat, wenn es inhaltlich ungerecht und unzweckmäßig ist, es sei denn, daß der Widerspruch des positiven Gesetzes zur Gerechtigkeit ein so unerträgliches Maß erreicht, daß das Gesetz als ›unrichtiges Recht‹ der Gerechtigkeit zu weichen hat.« RADBRUCH, Unrecht, 1946.

144 SOPHOKLES, Antigone, v. 523.

nach deren Begründung man selber nicht mehr zu fragen braucht. Aber eine Ethik zum Beispiel mit dem Gehorsam gegenüber Gott begründen zu wollen, etwa weil man sonst Strafe zu befürchten hätte oder weil man sich umgekehrt eine Belohnung erwartet, liefe auf eine zutiefst unethische Relativierung der Ethik hinaus. Ethik wäre dann nur eine sublime Form von Egoismus.[145]

Man könnte einwenden, dass sich eine ethische Verpflichtung bis zur Hingabe des eigenen Lebens nicht innerweltlich begründen lasse. Deshalb müsse man wenigstens hier auf Religion zurückgreifen. Richtig an diesem Einwand ist, dass nicht nur die ethische Verpflichtung, sondern überhaupt alle Wirklichkeit unserer Erfahrung als geschaffene mit Gott zu tun hat, selbst wenn man sich darüber keinerlei ausdrückliche Rechenschaft gibt. Aber dies bedeutet nicht, dass man irgendetwas von Gott *herleiten* könnte. Die Welt wird nicht durch Gott erklärt, sondern durch ihre Geschöpflichkeit. Geschöpflichkeit besteht darin, dass die Welt in allem, worin sie sich vom Nichts unterscheidet, also in ihrer ganzen Eigenwirklichkeit, in einem »restlosen Bezogensein auf ... / in restloser Verschiedenheit von ...« aufgeht. Das Woraufhin dieses völlig einseitigen Bezogenseins wird »Gott« genannt. Es gibt keine reale Beziehung Gottes auf die Welt, für welche die Welt der sie konstituierende Terminus sein könnte. Deshalb würde dem Versuch einer Herleitung ethischer Normen von Gott jede ontologische Grundlage fehlen.[146] Man kann also ethische Normen nur mit der Vernunft und aus der Welt selbst erkennen. Dies gilt selbst dann, wenn solche Normen in der Bibel stehen. Auch in ihr gibt es Aussagen, die mit Vernunft begründet werden.

Allerdings impliziert die bloße Erkenntnis einer Verpflichtung nicht ohne weiteres, dass man ihr problemlos auch Folge zu leisten vermag. Weil sich der Mensch als verwundbar und vergänglich erfährt, lebt er von sich aus so, dass er sich von der Angst um sich leiten lässt. Wahre Selbstlosigkeit ist erst dem möglich, der sich von vornherein im Leben und im Sterben so geborgen weiß, dass er nicht mehr aus der Angst um sich leben muss. Der Glaube ist nicht die Kraft für ethische Überzeugungen, sondern er befreit Menschen aus der Macht der Angst um sich, die sonst immer wieder daran hindert, diesen Überzeugungen auch tatsächlich zu entsprechen.

Gewiss besteht die Menschenwürde darin, dass der Mensch mögliches Subjekt von ethischen und damit von verantwortlichen Entscheidungen ist. Sie ist in dem Sinn ein Aspekt unseres Ethikprinzips, dass alle Handlungen unverantwortlich sind, die ohne »entsprechen-

---

145 Vgl. die scharfe Kritik von HERRMANN, Religion, 1966, 265: »Die Sittlichkeit ist in ihrer Wurzel vergiftet, sobald ein Gedanke, der allerdings jedem frommen Menschen heilig ist, zum Grund der sittlichen Überzeugung gemacht wird, nämlich der Gedanke, daß das sittliche Gebot das Gebot Gottes ist. Ohne diesen Gedanken wollen wir Christen freilich nicht leben. Sehen wir aber wirklich in ihm den Grund unserer sittlichen Überzeugung, so haben wir überhaupt keine sittliche Überzeugung. Unsere Überzeugung hat dann vielmehr einen doppelten Inhalt, der mit Sittlichkeit gar nichts zu schaffen hat, sondern ein Ausdruck tiefer Unsittlichkeit sein kann. Wir sind dann erstens erfüllt von dem Gedanken, daß wir uns vor einem allmächtigen Willen beugen müssen, und haben zweitens die Vorstellung, daß uns gesagt werde, was dieser Wille uns gebiete. Das erstere kann ein Gedanke der Feigheit sein, das zweite ein Gedanke des Selbstbetrugs. So haben sich aber Millionen von Menschen, die wahrhaft sittlich und fromm zu sein meinen, innerlich eingerichtet.«

146 Vgl. KNAUER, Glaube, 1991, 26–83.

den Grund« auf die Aufhebung der Möglichkeit zu verantworteten Entscheidungen hinauslaufen.

Eine Ethik, die mit der prinzipiellen »Heiligkeit des menschlichen Lebens« und der »Unantastbarkeit der Menschenwürde« argumentieren will, wird jedoch ständig zu Hilfshypothesen greifen müssen. Sie erklärt zum Beispiel, dass man nur einen »ungerechten« Angreifer töten dürfe; aber was wäre dann im Fall eines geisteskranken Amokläufers, bei dem von einer moralischen Schuld gar nicht die Rede sein kann?

Auch radikale Pazifisten berufen sich oft auf solche »religiösen« Prinzipien und meinen, man dürfe niemanden notfalls auch mit Gewalt daran hindern, anderen Unrecht zu tun. Dies würde zum Beispiel bedeuten, dass sich kein Land gegen den Überfall durch Nazideutschland hätte verteidigen dürfen. Aber man stelle sich vor, der barmherzige Samariter des Lukasevangeliums (vgl. Lk 10,25–37) wäre, vielleicht in Begleitung, schon früher an den Ort gekommen, an dem Straßenräuber einen Wanderer überfielen. Würde er dann abgewartet haben, bis die Räuber mit ihrem Überfall fertig gewesen wären? Richtig am radikalen Pazifismus ist nur, dass man keinen anderen Schaden zufügen darf als den, der unmittelbar an der Begehung von Verbrechen hindert.

Der Eindruck der schlechthinnigen Besonderheit des menschlichen Lebens entsteht nur dadurch, dass in der Tat alle anderen Werte, die man im Leben anstreben kann, das Leben selbst zur Voraussetzung haben. Es muss sich dabei nicht um das eigene Leben handeln. Jemand kann sein eigenes Leben für das Leben anderer einsetzen. Aber man kann nicht sinnvoll andere Werte dem Leben überhaupt vorziehen. Ein Verlust an Leben darf nur in Kauf genommen werden, wenn es nötig ist, einen noch größeren Verlust an Leben zu verhindern.

V. Vergleich mit anderen Auffassungen

1) Deontologische oder teleologische Normenbegründung?

Gewöhnlich bezeichnet man als »deontologisch« eine Normenbegründung, die davon ausgeht, dass es im Voraus zur Frage nach einem »entsprechenden Grund« zumindest auch solche Handlungen gibt, die von vornherein »in sich schlecht« sind und durch überhaupt keinen Grund gerechtfertigt werden können. Der erste Bestandteil der Bezeichnung »deontologisch« ist das griechische Wort δέον = das Verpflichtende, Geschuldete.

In der üblichen »deontologischen« Normenbegründung übersieht man, dass eine Handlung erst dadurch im moralischen Sinn »in sich schlecht« sein kann, dass der in ihr zugelassene oder verursachte Schaden tatsächlich vom Handelnden »direkt« gewollt ist, anstatt durch das Dazwischentreten eines »entsprechenden Grundes« außerhalb der Absicht zu sein. Man meint, der physische Vollzug als solcher sei bereits im moralischen Sinn »in sich schlecht«; bereits deshalb sei auch ein auf diesen physischen Vollzug gerichteter Wille »in sich schlecht«. Dies würde bedeuten, dass es Handlungen gibt, bei denen man zwischen physischer Beschreibung und moralischer Bewertung nicht zu unterscheiden braucht und dies vielleicht auch nicht kann; zum Beispiel wäre es nicht sinnvoll, zwischen bewußter

Falschrede und Lüge zu unterscheiden, vielmehr wären beide Begriffe als gleichbedeutend anzusehen.

Man verwechselt also in der »deontologischen« Normenbegründung, was Thomas von Aquin als die »physische Wesensbestimmung *(species naturae)*« einer Handlung und als ihre »moralische Wesensbestimmung *(species moralis)*« zu unterscheiden gelehrt hat.[147]

»Teleologisch« dagegen wird eine Normenbegründung genannt, nach der die moralische Bewertung letztlich von der Zielgemäßheit der Handlung abhängig ist. Das Wort kommt vom griechischen τέλος = Ziel. Nach unserer obigen Erläuterung des Prinzips der Doppelwirkung und der Lehre von den »Quellen der Sittlichkeit *(fontes moralitatis)*« geht es hier jedoch recht verstanden nicht um das »Ziel des Handelnden«, sondern um das »Handlungsziel« selbst. Entspricht die Handlung dem Wert oder Werteverbund, der in ihr angestrebt wird, auch auf die Dauer und im Ganzen?

Keine Zulassung oder Verursachung welchen Schadens auch immer kann bereits unabhängig von der Weise, wie sie gewollt ist, »in sich schlecht« sein. Denn ethische Schlechtigkeit kann nur dadurch zustande kommen, dass die Zulassung oder Verursachung des betreffenden Schadens zum »*finis operis*« wird, also der eigentlich gewollte »Gegenstand« ist. Was jedoch durch einen »entsprechenden Grund« außerhalb des »Handlungsziels« bleibt, kann die Handlung nicht zu einer »in sich schlechten« machen.

Die bereits im Ansatz falsche »deontologische« Normenbegründung hat gleichwohl ein zutreffendes Anliegen, nämlich dass es »in sich schlechte« Handlungen gibt, die immer und in jedem Fall unzulässig sind. Aber dieses Anliegen lässt sich nur in der »teleologischen« Normenbegründung wirklich wahren.[148] »In sich schlecht« sind alle Handlungen, die gegenüber dem in ihnen angestrebten universal zu formulierenden Wert kontraproduktiv und damit zerstörerisch sind, bzw. die einen zu vermeidenden Schaden oder Verbund von Schäden letztlich nur vergrößern.

Es könnte sogar sein, dass auch alle »deontologischen« Normen ursprünglich »teleologisch« zustandegekommen sind. Nur weiß man später nicht mehr davon und verwendet sie deshalb gegen ihren ursprünglichen Sinn. Es würde sich dann nur um »persuasive Definitionen«[149] handeln, mit denen man auf fraglos übernommenen Normen aufbaut.

Die Vertreter der »deontologischen« Normenbegründung fürchten jedoch, dass bei einer ausschließlich »teleologischen« Normenbegründung alle ethischen Normen relativiert würden. Insbesondere würde der Satz, dass der gute Zweck das schlechte Mittel nicht heiligen kann, seine Geltung verlieren. In einigen verbreiteten Missverständnissen des teleologischen Ansatzes ist dies tatsächlich der Fall, nämlich immer da, wo man ihn mit einem bloßen

---

147 Siehe oben S. 86ff.

148 Dies war der Sinn der Überschrift meines früheren Artikels »Fundamentalethik: Teleologische als deontologische Normenbegründung«, 1980. Vgl. auch KÄUFLEIN, Begründung, 1995; in diesem Werk werden die wesentlichen Einwände gegen teleologische Normenbegründung gut dargestellt und beantwortet, auch die von JOHANNES PAUL II., Enzyklika »*Veritatis Splendor*«, 1993, nn. 71–83 erhobenen.

149 Vgl. HILGENDORF, Moralphilosophie, 1996, 402–405.

Gütervergleich und damit mit dem Utilitarismus verwechselt[150]. Allerdings verstehen auch die Deontologen den Satz gewöhnlich nicht in seinem wirklichen Sinn. Sie beachten nicht, dass es in dem Satz »der gute Zweck heiligt nicht das schlechte Mittel« um zwei verschiedene Handlungen geht. Wenn von einer Handlung bereits feststeht, dass sie »kontraproduktiv« und damit »in sich schlecht« ist, dann bleibt es bei ihrer Unerlaubtheit, auch wenn man diese Handlung zusätzlich als Mittel für eine zweite gute Handlung benutzen will. Nur wenn es in Wirklichkeit gar nicht um zwei verschiedene Handlungen geht, sondern innerhalb ein und derselben Handlung ein Schaden zugelassen oder verursacht wird, dann stellt sich die Frage, ob durch einen »entsprechenden Grund« bewirkt wird, dass die Zulassung oder Verursachung des Schadens außerhalb der Absicht (= außerhalb des »Handlungsziels«!) bleibt.

Dieter Suhr hat mir einmal zur Frage der »deontologischen« oder »teleologischen« Normenbegründung geschrieben[151]:

»Der Schein ethischer Strenge verdeckt nicht nur einen Mangel an Argumenten, sondern er immunisiert zugleich gegenüber Sachargumenten und verkleidet Erscheinungsweisen von Macht und Autorität durch ethische Aufmachung. Die von Ihnen kritisierte ›deontologische‹ Ethik muß zudem fürchten, daß sich am Ende der Verdacht gegen sie richtet, daß sie ›in sich selbst schlecht‹ sei: Wenn man nämlich über Gut und Böse letztgültige Entscheidungen trifft, ohne das Examen der Kontraproduktivität durchzuführen, läuft man Gefahr, in mehr oder minder großem Stil kontraproduktiv zu wirken. Dies um so mehr, als wir ›unter der Bedingung von Ungewißheit‹ leben und entscheiden, also die gesamte ethische Grundlagendiskussion nicht nur führen müssen hinsichtlich dessen, was voraussehbar ist, sondern auch hinsichtlich der Wahrscheinlichkeiten, soweit sie überhaupt abschätzbar sind. In einem solchen Kontext birgt eine streng deontologische Ethik die handfeste Gefahr nachhaltig kontraproduktiver Effekte; sie ist also ›in sich schlecht‹ und also unter allen Umständen zu vermeiden.«

Tatsächlich könnte »deontologische« Normenbegründung deshalb selber als »in sich schlecht« erscheinen, weil sie bereits aufgrund der bloßen Zulassung oder Verursachung eines bestimmten Schadens jede derartige Handlung für schlecht erklärt. Sie qualifiziert zum Beispiel einen Schwangerschaftsabbruch, der das Leben der Mutter retten soll, als »direkte Tötung«, also als Mord.[152] Diese Form der Normenbegründung läuft faktisch auf die »in sich schlechte« Verhinderung von Lebensrettung hinaus. Die so genannte »deontologische« Normenbegründung lässt sich von schädlichen Auswirkungen der von ihr geforderten Handlungen kaum beeindrucken (die klassische Interpretation des Prinzips der Doppelwirkung könnte allerdings als ein Versuch angesehen werden, allzu rigoristische Folgerungen aus

---

150 Nur zu solchen Missverständnissen von Teleologie passt der Aufsatz von SPAEMANN, Unmöglichkeit, 1981 [193–212]. Auch nur auf sie treffen die Ausführungen von JOHANNES PAUL II., Enzyklika »*Veritatis Splendor*«, nn. 71–75, zu. Der dortige Einwand gegen Teleologie lautet, dass es dann keine »in sich schlechten« Handlungen und keine absoluten Verbotsnormen geben könne. In Wirklichkeit ist ja gerade in teleologischer Sicht die Verursachung oder Zulassung eines Schadens ohne »entsprechenden Grund« immer »in sich schlecht«.

151 Brief vom 15. 12. 1988.

152 So wurde von PIUS XI. in der Enzyklika »*Casti connubii*« auch ein lebensrettender Schwangerschaftsabbruch zu Unrecht als »direkte Tötung« bezeichnet (DH 3720).

deontologischer Normenbegründung abzuwenden). Die deontologische Normenbegründung erweist sich in ihrer vermeintlichen Moralstrenge als lebensfeindlich, und dies gerade unter dem Schein des Guten.

Auch die Meinung, dass eine Handlung »in sich schlecht« sein kann im Voraus zu jedem Bezug auf einen Schaden, auf die Zerstörung vorethischer Werte, könnte nur auf eine Pervertierung aller Ethik hinauslaufen. Sie liefe darauf hinaus, ohne stichhaltige Begründung und damit willkürlich zu deklarieren, dass bestimmte Handlungen »in sich schlecht« seien. Der durch eine solche Lehre angerichtete Schaden kann durch keine gute Absicht gerechtfertigt werden.

In der deontologischen Normenbegründung sieht man die Zulassung oder Verursachung eines bestimmten Schadens für schlecht an, unabhängig von der Frage, ob sie vielleicht durch einen »entsprechenden Grund« gerechtfertigt ist; und umgekehrt kümmert man sich daraufhin um keine schädlichen Gesamtergebnisse der Handlung mehr, obwohl der Grund für ihre Zulassung oder Verursachung durchaus kein »entsprechender« ist.

Die deontologische Normenbegründung hat die Struktur einer Immunisierungsstrategie. Eine Immunisierungsstrategie liegt immer dann (und nur dann) vor, wenn nicht angebbar ist, durch welche Gründe man, wenn sie vorlägen, von der Falschheit einer Auffassung überzeugt werden könnte. Es ist keine Immunisierungsstrategie, wenn solche Gründe angebbar sind, aber faktisch nicht vorliegen.

2) Kants kategorischer Imperativ

Kants kategorischer Imperativ »Handle so, daß die Maxime deines Willens jederzeit als Princip einer allgemeinen Gesetzgebung dienen könne«[153] lässt noch offen, woran man erkennt, dass eine Maxime geeignet ist, Allgemeingeltung zu beanspruchen.

Das Kriterium liegt nach unserer Auffassung in der Frage, ob man dem angestrebten und für die Analyse universal zu formulierenden Wert oder Werteverbund auf die Dauer und im Ganzen gerecht wird oder nicht, bzw. ob man bei dem Versuch, einen Schaden zu vermeiden, nicht auf die Dauer und im Ganzen noch einen größeren Schaden derselben Art verursacht. Damit ist auch hier die Fragestellung des Prinzips der Doppelwirkung das letzte Kriterium. Nur von einer kontraproduktiven Handlung kann man einsehen, dass sie nicht zur Maxime einer allgemeinen Gesetzgebung werden kann, weil der angestrebte Wert unter universaler Betrachtung nicht gefördert, sondern gemindert wird.

Für diese Deutung spricht, dass Kant an anderer Stelle »als Probirstein einer Tugendpflicht, ob sie es sei oder nicht,« die Frage benennt: »wie, wenn nun ein jeder in jedem Fall deine Maxime zum allgemeinen Gesetz machte, würde eine solche wohl mit sich zusammenstimmen können?«[154] Auch für ihn ist das letzte, wenn auch noch nicht ausdrücklich ent-

---

153 KANT, Kritik, 1913, 30.
154 KANT, Metaphysik, 1914, 376. SCHWEMMER, Philosophie, 1980, 166, hält diese Formulierung nur für eine »Nebenformel« des kategorischen Imperativs, von der jedoch nicht zu sehen sei, »wie sie für die weitere Klärung und Verdeutlichung des von Kant aufgestellten Moralprinzips hilfreich sein« solle.

faltete Kriterium, dass sich bei Anwendung des Universalisierungs-Tests nicht die der Kontraproduktivität eigentümliche »Unstimmigkeit« ergeben darf.

Kants Hinweis auf eine »allgemeine Gesetzgebung« greift das Anliegen auf, dass der angestrebte Wert für die ethische Analyse universal zu formulieren ist.

Ähnliches gilt von der anderen Formulierung des kategorischen Imperativs: »Handle so, daß du die Menschheit, sowohl in deiner Person als in der Person eines jeden andern, jederzeit zugleich als Zweck, niemals bloß als Mittel brauchst.«[155] Ein Zweck wird um seiner selbst willen gewollt, während ein bloßes Mittel nur um des davon verschiedenen Zwecks willen gewollt wird.

Es könnte übrigens sein, dass es sich bei dieser Formulierung Kants der Sache nach um das Prinzip handelt, dass der gute Zweck das schlechte Mittel nicht heiligen kann. Es wurde bereits dieses Beispiel erwähnt[156]: Wenn man durch Folter eines gefangenen Mitglieds einer Terrorgruppe herausbekommen will, wo sie Bomben versteckt hat, kann man diesen Zweck nur erreichen, indem ein fremder Wille, nämlich der des Gefolterten, klein beigibt. Es geht dann jedoch von vornherein um zwei Handlungen, zum einen Foltern und zum anderen die Verstecke der Bomben Herausbekommen. Die beiden Handlungen sind durch die Notwendigkeit der Intervention eines zu beeinflussenden fremden Willens voneinander getrennt. Das »Handlungsziel« der zweiten Handlung kann das »Handlungsziel« der ersten Handlung nicht rechtfertigen. Denn dann würde man den Gefolterten in einem physischen Sinn »bloß als Mittel« gebrauchen. Man würde bestreiten, dass Folterung und Herausbekommen, wo die Bomben versteckt sind, zwei verschiedene Handlungen sind. Man würde also behaupten, dass das Prinzip, dass der gute Zweck nicht das schlechte Mittel heiligt, auf diesen Fall nicht anwendbar ist.

Zu beachten ist, dass Kant keineswegs verbietet, andere Menschen zur Erreichung der eigenen Zwecke auch als Mittel zu gebrauchen; er verbietet lediglich, sie *nur* als Mittel zu gebrauchen. Bereits bei jeder Bahnfahrt instrumentalisieren wir andere Menschen. Sie dienen uns durch ihre Arbeit dazu, dass wir zum Beispiel schnell von Frankfurt nach München gelangen. Nur darf man sie nicht »bloß« als Mittel gebrauchen und mit ihnen umspringen, als wären sie lediglich Spielfiguren im eigenen Kopf.

Kant geht es letztlich darum, dass der Mensch um seiner selbst willen anzuerkennen ist. Dies ist auch mit der Rede von der »Personwürde« gemeint. Paradox zu dieser Rede von der »Würde der Person« verhält sich erstaunlicherweise gerade die biblische Formulierung, dass ethische Normen »ohne Ansehen der Person« (vgl. z. B. Jak 2,1) gelten. Gemeint ist, dass alle vor dem ethischen Gesetz gleich sind, dass also Unterschiede der Personen wie Reichtum, Begabung, Gesundheit, Alter, Rasse keinen Unterschied in der »Würde der Person« ausmachen können; diese lässt auch keine unterschiedlichen Grade zu. Ein Verhalten, das auf Raubbau hinausläuft, ist unabhängig davon unerlaubt, wer der jeweils Handelnde ist. Wir sind zum Beispiel verpflichtet, unseren Nachkommen eine Welt zu hinterlassen, in der man noch leben kann. Würden wir für die gesamte heute lebende Menschheit beste Lebens-

---

155 KANT, Grundlegung, 1911, 429.
156 S. oben S. 65.

bedingungen schaffen können um den Preis, durch unseren heutigen Ressourcenverbrauch einer künftigen Menschheit das Leben unmöglich zu machen, so wäre dies unverantwortlich. Die Rede von der »Würde der Person« bezieht sich nicht nur auf real existierende Menschen, sondern impliziert auch die Forderung, die prinzipielle Möglichkeit menschlichen Lebens zu schützen.

So ergibt sich: Mit dem Begriff der »Personwürde« wird in der Ethik letztlich nur dies ausgedrückt, dass »verantwortliches« Handeln Gründe hat, die *gegenüber jedermann* vertretbar sind, in die also jedermann aufgrund seiner Vernunft einstimmen könnte.[157] Mit »jedermann« sind nicht nur gegenwärtig lebende Menschen gemeint, sondern es sind auch die noch gar nicht existierenden und deshalb zahlenmäßig noch gar nicht bestimmbaren Menschen einer künftigen Menschheit mitgemeint. Es geht in der Universalisierung immer um den Menschen als solchen in seinem Verhältnis zu den Werten als solchen.

3) Gesinnungs- oder Verantwortungsethik?

Max Weber hatte zwischen »Gesinnungsethik« einerseits und »Verantwortungs-« bzw. »Erfolgsethik« andererseits unterschieden.[158] Mit der ersteren ist bei ihm die soeben beschriebene deontologisch begründete Ethik gemeint, die im Voraus zu jeder Prüfung auf Kontraproduktivität bestimmte Vorgänge als von vornherein »in sich schlecht« deklariert und sich um keine weiteren Folgen kümmert. Bei der letzteren geht es darum, dass eine Handlungsweise durch ihren Erfolg gerechtfertigt werde. Allerdings hat Max Weber dabei kaum die Frage nach dem, was »auf die Dauer und im Ganzen« der Fall ist, im Auge gehabt. Er war der Meinung, dass die Wissenschaft nur »wenn-dann«-Beziehungen zwischen Maßnahmen und ihrem Ergebnis feststellen könne. Welche Ergebnisse wünschenswert sind, dies zu sagen, sei nicht die Aufgabe der Wissenschaft.

Welche Werte wir wählen, ist in der Tat nur durch die Entscheidung selbst zu bestimmen. Aber wissenschaftlich kann man fragen, was dann »auf die Dauer und im Ganzen« der Fall ist. Die Feststellung, dass eine Handlungsweise wegen nachweisbarer Kontraproduktivität unverantwortlich ist, kann auch wissenschaftlich getroffen werden.

Gesinnungsethik entspricht der »deontologischen« Normenbegründung. Sie ist wie diese deshalb letztlich »in sich schlecht«, weil sie sich um die realen Ergebnisse des Handelns nicht kümmern zu müssen meint. Sie geht nach dem Motto »nach uns die Sintflut« vor. Unbekümmert um den im Ergebnis angerichteten Schaden genügt ihr die subjektive Meinung, normgetreu gehandelt zu haben. Solche Folgenblindheit ist schuldhaft.

4) Utilitarismus, Proportionalismus, Konsequentialismus

Unter »Utilitarismus« versteht man eine Ethik, die alle Handlungen danach bewertet, ob sie – mit anderen Handlungsalternativen verglichen – universal betrachtet am meisten Nutzen bringen. Diese Nutzwerte wie Glück, Gesundheit, Reichtum, Wissen usw. sind vorethische

---

157 Vgl. ERNST, Personwürde, 2000.
158 Vgl. WEBER, Sinn, 1951, 491 und 500f.

Werte. Bei einem ethischen Utilitarismus geht es nicht nur um den Nutzen des Handelnden, sondern um den in der Wirklichkeit insgesamt zu fördernden größtmöglichen Nutzen.

Unter »Handlungsutilitarismus« versteht man, dass eine Handlung nur unmittelbar nach ihren eigenen Ergebnissen zu beurteilen sei. Von »Regelutilitarismus« spricht man, wenn diejenigen Handlungen gewählt werden sollen, die »in der Regel« zu den besten Ergebnissen führen. Demnach wäre eine Handlung dann richtig, wenn sie derjenigen Regel folgt, der zu folgen im Vergleich zu anderen Handlungsregeln am nützlichsten ist. Man spricht von »Präferenz-Utilitarismus«, wenn der Handlungsverlauf gewählt werden soll, der insgesamt den faktischen Präferenzen oder Interessen aller Betroffenen am meisten entspricht.

Mit dem Utilitarismus hat unser Ansatz gemeinsam, dass ethisches Handeln eine bestimmte Weise ist, mit *vorethischen Werten* umzugehen. Ethisches Verhalten lässt sich nicht unabhängig von vorethischen Werten definieren. Selbst angenommen, eine Handlung besteht in der Zulassung oder Verursachung fremder moralischer Schuld; und diese fremde moralische Schuld besteht vielleicht wiederum in der Zulassung oder Verursachung weiterer fremder moralischer Schuld: Jedenfalls wird am Ende der Kette die Zulassung oder Verursachung von »physischem« oder »ontischem«, also als solchem vorethischem Schaden stehen. Letztlich kann eine Handlung nur dadurch ethisch schlecht sein, dass in ihr ein Schaden, also ein Verlust an einem vorethischen Wert zugelassen oder verursacht wird, der nicht durch einen »entsprechenden Grund« gerechtfertigt ist.

In etwa gemeinsam mit dem Utilitarismus ist auch der Gedanke einer Universalisierung. Es geht im Utilitarismus um diejenigen Handlungen, die *im Kontext der Gesamtwirklichkeit* den größtmöglichen Nutzen erbringen. Allerdings scheint sich der Utilitarismus in seiner Analyse nur auf die jeweils faktische Gesamtwirklichkeit zu beziehen, zum Beispiel die heute lebende Menschheit.[159] Man darf aber selbst den größtmöglichen Nutzen der gegenwärtigen Menschheit nicht um den Preis anstreben, einer künftigen Menschheit das Leben unmöglich zu machen. Teleologische Ethik unterscheidet sich vom Utilitarismus durch die Weite des Horizontes.

Vom Utilitarismus unterscheidet sich unser Ansatz vor allem auch darin, dass es in ihm nicht um die Frage geht, welche von verschiedenen Handlungsmöglichkeiten die jeweils insgesamt nützlichste oder bestmögliche ist.[160] Die Meinung, nur eine solche Handlung könne richtig sein, die ein Maximum an Nutzen verwirklicht, übersieht einen elementaren Sachverhalt: Auch eine gegenüber der bestmöglichen weniger gute Handlung könnte immer

---

159 Mit Recht wendet deshalb RAWLS, *Theory*, 1999, 22, gegen den Utilitarismus ein, dass in ihm nur nach der Maximierung eines Gutes, aber nicht nach dessen Verteilungsgerechtigkeit gefragt wird. Unseres Erachtens handelt es sich dann noch immer um eine nur partikuläre und nicht wirklich universale Bestimmung des angestrebten Gutes.

160 Zum Beispiel formuliert MOORE, Grundprobleme, 1975, 31 als Grundprinzip eines Utilitarismus mit universalem Geltungsanspruch: »Eine freiwillige Handlung ist dann und nur dann richtig, wenn keine andere, dem Handelnden unter den jeweiligen Umständen mögliche Handlung mehr Lust bewirkt haben würde; in allen anderen Fällen ist sie falsch.« RAWLS, *Theory*, 20, zitiert allerdings als einen der frühesten Vertreter des Utilitarismus HUTCHESON, *Inquiry*, 1725, sec. 111, § 8, nach welchem »diejenige Handlung die beste sei, die das größte Glück für die größtmögliche Zahl, und diejenige Handlung die schlechteste sei, die entsprechend Elend verursacht«. Hier hätte es also unterschiedliche Grade an Gutheit und Schlechtigkeit gegeben.

noch gut sein. Gegenüber dem qualitativen Unterschied zwischen Gut und Schlecht gibt es auch den quantitativen zwischen Gut und Besser bzw. zwischen Schlecht und Schlechter. Wo der Utilitarismus diesen Unterschied übersieht, erweist er sich als rigoristisch.

Im Prinzip der Doppelwirkung soll dagegen die Grenze zwischen denjenigen Handlungen angegeben werden, die mehr oder minder verantwortbar sind, und den überhaupt nicht zu verantwortenden Handlungen, die dann mehr oder minder schlecht sind. Aber das weniger Gute oder Nützliche ist nicht deshalb bereits das Schlechte.

Das Kriterium für Nichtverantwortbarkeit und damit Schlechtigkeit ist in unserem Ansatz die *Kontraproduktivität* einer Handlung.[161] Es geht grundlegend nicht um die Frage, ob *ein* Wert einem *anderen* vorgezogen wird oder nicht, sondern ob man genau dem Wert oder Verbund von Werten, den man tatsächlich anstrebt, auch universal gesehen gerecht wird. Dieses Kriterium begegnet im Utilitarismus nicht in deutlicher Fassung. Anstatt um die jeweils bestmögliche Handlung geht es in unserem Ansatz zunächst verpflichtend nur darum, jeden Schaden zu vermeiden, der nicht durch einen »entsprechenden Grund« außerhalb der Absicht bleibt. Statt um den größtmöglichen Nutzen geht es in den unbedingt *(semper et pro semper)* geltenden Verboten um den geringstmöglichen Schaden bei Überwiegen des dem Schaden entgegengesetzten Gewinns. Anstatt um Nutzenmaximierung geht es in der Ethik in erster Linie um Schadensvermeidung oder zumindest Schadensbegrenzung. Eine Handlung wird in Bezug auf den angestrebten Wert bestmöglich, wenn die Differenz zwischen Verlust und dem entgegengesetzten Gewinn auf die Dauer und im Ganzen maximiert wird. Aber dies zu erreichen ist keine Pflicht, sondern wird nur freundlich empfohlen. Wer einer solchen Empfehlung nicht folgt, sondern sich mit einer weniger guten Handlung begnügt, hat deshalb noch nicht schlecht gehandelt, sondern nur weniger gut. Es könnte im Übrigen andere Handlungen geben, in denen ein anderer Wert angestrebt wird und bei denen sich insgesamt eine noch größere Gewinnspanne erreichen läßt. Dies macht Handlungen, die weniger Gewinn erreichen, nicht unerlaubt, solange nur jeder Schaden vermieden wird, der nicht durch einen »entsprechenden Grund« gerechtfertigt ist.

Vom Utilitarismus unterscheidet sich unser Ansatz auch darin, dass der Satz »der gute Zweck heiligt nicht das schlechte Mittel« bestehen bleibt. Im Utilitarismus wird nicht erkannt, dass sich dieses Prinzip auf den Verbund zweier verschiedener Handlungen bezieht. Dieser Fall wird im Utilitarismus überhaupt nicht bedacht, geschweige denn von dem Fall unterschieden, dass der in einer einzigen Handlung verursachte oder zugelassene Schaden durch einen »entsprechenden Grund« außerhalb der Absicht (des beabsichtigten Handlungsgegenstandes) bleibt. Auf den letzteren Fall lässt sich das Prinzip, dass der gute Zweck nicht das schlechte Mittel heiligt, überhaupt nicht anwenden. So bestreitet der Utilitarismus dieses Prinzip auch nur in einem Sinn, den es von vornherein gar nicht hat, und er bekommt dessen wirklichen Sinn nicht einmal in den Blick. Der wirkliche Sinn des Prinzips ist, dass eine durch das Fehlen eines »entsprechenden Grundes« »in sich schlechte« Handlung nicht nach-

---

161 Selbst SPAEMANN, Unmöglichkeit, 1981, 74 [197], argumentiert gegen den Utilitarismus mit einem im recht verstandenen Sinn universalteleologischen Argument und scheint sich so selber zu widersprechen: »In bestimmten Situationen erweist sich eine utilitaristische Einstellung als kontraproduktiv, d. h. sie fördert das Gegenteil dessen, was sie intendiert.«

träglich dadurch saniert werden kann, dass man sie zusätzlich zur Ermöglichung einer zweiten, diesmal guten Handlung benutzt.

Unter »Proportionalismus« wird in der Literatur eine Auffassung verstanden, wonach das Urteil über die Gutheit oder Schlechtigkeit einer Handlung davon abhängig ist, ob der Nutzen gegenüber dem Schaden überwiegt. Dies erkennt man durch eine Art Gütervergleich: Der Schaden in Bezug auf die einen Werte werde durch einen höheren Gewinn an anderen Werten kompensiert. Meine Auffassung wird häufig in diesem Sinn als Proportionalismus bezeichnet[162]; dies ist jedoch vollkommen unzutreffend. Im Prinzip der Doppelwirkung geht es nicht um den Vergleich *verschiedener* Werte miteinander, sondern um die Frage, ob nicht gerade der angestrebte Wert oder Werteverbund selbst untergraben wird bzw. ob ein Schaden nicht letztlich nur vergrößert wird. Es geht also um den Vergleich zweier Weisen, *ein und denselben* Wert oder Werteverbund zu verwirklichen bzw. einen Schaden zu vermeiden, nämlich einer nachhaltigen und einer kontraproduktiven Weise.

Gegen den Versuch, ethische Normen durch Gütervergleich zu gewinnen, ist einzuwenden, dass es für die ganz unterschiedlichen Werte, die man anstreben kann, häufig gar keinen gemeinsamen Maßstab gibt. Sie sind oft untereinander inkommensurabel. Wie will man beurteilen, ob z. B. Wissenserwerb oder praktische Geschicklichkeit der höhere Wert ist? Der Gütervergleich kann allenfalls dazu dienen, jeweils zwischen mehr oder minder guten bzw. mehr oder minder schlechten Handlungen zu unterscheiden.

Das Prinzip der Doppelwirkung fragt nach dem tatsächlichen Ergebnis unserer Handlungen, nämlich ob sie dem angestrebten Wert nicht nur auf kurze Sicht oder in partikulärer Hinsicht, sondern auf die Dauer und im Ganzen gerecht werden oder nicht. Deontologisch argumentierende Gegner haben dafür die Bezeichnung »Konsequentialismus« geprägt, die allerdings den Sachverhalt ebenfalls nicht trifft. Sie meinen damit, dass hier die moralische Qualität einer Handlung nur nach ihren Folgen beurteilt werden solle, während eine Handlung doch längst im Voraus zu ihren Folgen »in sich schlecht« sein könne.[163] Für diese deontologisch argumentierenden Gegner gehören die Folgen einer Handlung nicht zu ihrem »Gegenstand«, sondern bleiben bloße Umstände, welche nicht die moralische Qualität der Handlung, sondern nur den Grad, also die Quantität, der jeweiligen Qualität bestimmen können.[164]

Mit der Bezeichnung »Konsequentialismus« wird verkannt, dass es im Prinzip der Doppelwirkung um verursachte oder zugelassene Schäden geht, die, wenn sie nicht durch einen

162 Vgl. z. B. PINCKAERS, *Question*, 1986, 77 und öfter; vgl. meine Rezension in ThPh 63 (1988) 149f; HOOSE, *Proportionalism*, 1987, 63.81.92.105 und öfter; vgl. meine Rezension in: ThPh 65 (2000) 473–475.

163 SPAEMANN, Lehre, 1999, Nr. 247, I, versteht unter »konsequentialistischer« Ethik: »Die neue Ethik nennt eine Handlung dann gut, wenn die Gesamtheit ihrer Folgen wünschenswerter ist als die Gesamtheit der Folgen jeder zur Verfügung stehenden alternativen Handlung.« [395] Er schreibt dann weiter: »Ein Konsequentialist muss immer bereit sein, einen Mord zu begehen, wenn man ihm droht, ansonsten zehn Menschen umzubringen.« [398] Diesen Vorwurf kann man gegen unseren Ansatz nicht erheben (vgl. oben S. 57). Spaemann behauptet auch zu Unrecht, es sei eine Mitwirkung an der Abtreibung, wenn die erfolgte Schwangerschaftskonfliktberatung durch einen Schein bestätigt wird, aufgrund dessen der Staat auf Bestrafung verzichtet [397]. Es handelt sich aber nur um eine Mitwirkung am Strafverzicht des Staates und nicht an der Abtreibung. Und ein Strafverzicht ist noch lange keine Erlaubnis.

164 Vgl. oben S. 85, Fußnoten 112 und 113.

»entsprechenden Grund« entschuldigt werden, den »Gegenstand« der Handlung und damit das »Handlungsziel« selbst ausmachen. Sie sind dann nicht nur rein faktische »Folgen« der Handlung, sondern das gewollte »Ergebnis« der Handlung selbst, das deren Wesen bestimmt.

Nicht vorausgesehene Folgen einer Handlung sind natürlich auch nicht gewollt und können deshalb erst recht nicht die Sittlichkeit der Handlung bestimmen.[165] Allerdings wird man sich das nächste Mal nicht mehr damit entschuldigen können, dass man diese Folgen nicht habe voraussehen können; sie sind dann vielmehr zum »Gegenstand« der Handlung geworden. Nur der unüberwindliche Irrtum entschuldigt, also derjenige Irrtum, dem man auch bei bestem Willen nicht entgehen konnte.

Vorausgesehene schädliche Ergebnisse dagegen können nur verantwortet werden, wenn man für ihre Inkaufnahme einen »entsprechenden Grund« hat. Man ist verpflichtet, die voraussehbaren Ergebnisse der eigenen Handlungen in Betracht zu ziehen. Erst dann kann man über die geplanten Handlungen urteilen.

Ein Beispiel dafür sind Wahlen. In Mexiko herrschte bis zum Jahr 2000 über 71 Jahre der *Partido Revolucionario Institucional (PRI)*. Ihm wurde ein hohes Maß an Korruption nachgesagt. Vor den Wahlen am 2. Juli 2000 gab es zwei hauptsächliche alternative Oppositionskandidaten für die Präsidentschaft des Landes. Der eine der beiden, Vicente Fox (*Partido Acción Nacional, PAN*), lag nach den Umfragen mit dem Kandidaten des *PRI*, Francisco Labastida, in seinen Chancen ungefähr gleich bei etwa 34%. Dem anderen hauptsächlichen Kandidaten, Cuauhtémoc Cárdenas vom *Partido Revolucionario Democrático (PRD)*, wurden ca. 17% zugeschrieben. Nach dem Wahlgesetz sollte derjenige das Amt des Präsidenten erhalten, der die meisten Stimmen auf sich vereinigte. Es war zwar vorauszusehen, dass die Anhänger beider Oppositionskandidaten zusammen eine erhebliche Mehrheit ausmachen würden; die weit überwiegende Mehrheit des Volkes wünschte einen Regierungswechsel. Aber zugleich blieb zu befürchten, dass gegenüber jedem einzelnen Oppositionskandidaten der *PRI* noch immer seine Mehrheit behielte. Wer aus vermeintlichen »Gewissensgründen« nicht bereit war, dann demjenigen Oppositionskandidaten die Stimme zu geben, der mit größerer Wahrscheinlichkeit eine Mehrheit gewinnen würde, riskierte, in Wirklichkeit nur zur Verlängerung der Macht des *PRI* beizutragen und damit die schlimmere Alternative zu fördern. In einer Verlautbarung der mexikanischen Bischöfe hieß es, jeder solle demjenigen Kandidaten die Stimme geben, den er selber für den am meisten geeigneten halte. Man kann fragen, ob der Rat in dieser Form angesichts der tatsächlichen Verhältnisse der sachgemäßeste war. Gemeint war vielleicht nur, dass man sich nicht durch Drohungen oder Wahlgeschenke beeinflussen lassen solle.

Die Handlungsanalyse ergibt hier, dass in demokratischen Wahlen eine sehr komplexe Verflechtung vieler Handlungen vorliegt. Das unmittelbare »Handlungsziel« eines einzelnen

---

165 SPAEMANN, Lehre, 1999, 247, I [397], erhebt den Einwand: »Eine weitere Schwäche dieser strategischen Ethik liegt darin, dass wir nicht über genügend Wissen verfügen, um langfristige Optimierung beurteilen zu können. [...] Der Konsequentialismus ist eine moralische Entmündigung der gewöhnlichen Menschen.« Für unseren Ansatz trifft nur zu, dass man nie definitiv gewiss sein kann, richtig zu handeln; allein die Falschheit eines Handelns kann definitiv gewiss werden (vgl. oben S. 98).

Wählers bestünde nur darin, für den gewählten Kandidaten einen Beitrag zu einer eventuellen Erringung einer Mehrheit zu leisten. Wenn der betreffende Wähler voraussehen kann, dass diese Mehrheit nicht erreicht werden wird, wäre sein wirkliches »Handlungsziel« vielleicht nur noch, trotzdem der eigenen Präferenz Ausdruck zu geben oder eine allzu große Mehrheit eines anderen Kandidaten zu verhindern. Ein und derselbe äußere Vollzug liefe in den beiden Fällen in ethischer Sicht auf verschiedene Handlungen hinaus.[166] Weil die tatsächliche Erreichung einer Mehrheit für den Kandidaten durch fremde Willen mitvermittelt ist, ist sie jedenfalls bei der Stimmabgabe selbst nicht »Handlungsziel«, sondern nur »Ziel des Handelnden«. Sie ist das »Handlungsziel« einer weiteren Handlung, die darin besteht, die tatsächliche Mehrheit für ihn zu erreichen. Diese zweite Handlung besteht übrigens nicht mehr in einer Verursachung, sondern in einem gewollten Geschehenlassen.

5) Diskursethik

Jürgen Habermas formuliert das Grundprinzip der von ihm[167] und Karl-Otto Apel[168] geforderten Diskursethik in der folgenden Weise:

>»Wenn Sinnverstehen nicht [...] gegenüber der Wahrheit indifferent bleiben soll, müssen wir mit dem Begriff einer Wahrheit, die sich an der idealisierten, in unbegrenzter und herrschaftsfreier Kommunikation erzielten Übereinstimmung bemißt, zugleich die Struktur eines Zusammenlebens in zwangloser Kommunikation vorwegnehmen. Wahrheit ist der eigentümliche Zwang zu zwangloser universaler Anerkennung; diese aber ist gebunden an eine ideale Sprechsituation, und das heißt Lebensform, in der zwanglose universale Verständigung möglich ist. Insofern muß sich kritisches Sinnverstehen die formale Antizipation richtigen Lebens zumuten. [...] Die Idee der Wahrheit, die sich am wahren Konsensus bemißt, impliziert die des wahren Lebens. Wir können auch sagen: sie schließt die Idee der Mündigkeit ein. Erst die formale Vorwegnahme des idealisierten Gesprächs als einer in Zukunft zu realisierenden Lebensform garantiert das letzte kontrafaktische Einverständnis, das uns vorgängig verbindet und an dem jedes faktische Einverständnis, wenn es ein falsches ist, als falsches Bewußtsein kritisiert werden kann.«[169]

Der Sache nach geht es in dieser formalen Vorwegnahme des rechten Lebens um die Fähigkeit zur Universalisierung, also um das »Absehen von der Person«, nämlich von partikularen Interessen. »Ein Gesetz ist im moralischen Sinn gültig, wenn es aus der Perspektive eines

---

166 Vgl. die Ausführungen zu THOMAS VON AQUIN, *Summa theologica, I-II q1 a3*, siehe oben S. 86ff.
167 Vgl. insbesondere HABERMAS, Moralbewußtsein, 1999.
168 Vgl. APEL, Diskurs, 1990; DERS., Transformation, 1999.
169 HABERMAS, Universalitätsanspruch, 1970, 99f. – Eine erstaunliche formale Ähnlichkeit findet sich im sogenannten *Praesupponendum* der Geistlichen Übungen von IGNATIUS VON LOYOLA, wo es heißt (n. 22): »Damit sowohl der, der die geistlichen Übungen gibt, wie der, der sie empfängt, mehr Nutzen und Gewinn haben, ist vorauszusetzen, dass jeder gute Christ bereitwilliger sein muss, die Aussagen des Nächsten zu retten, als sie zu verurteilen; und wenn er sie nicht retten kann, erkundige er sich, wie jener sie versteht, und versteht jener sie schlecht, verbessere er ihn mit Liebe; und wenn das nicht genügt, suche er alle angebrachten Mittel, damit jener, indem er sie gut versteht, gerettet werde.«

jeden von allen akzeptiert werden könnte.«[170] Allerdings wird in der Diskursethik wohl zu wenig darauf reflektiert, dass das »rechte Leben« etwas damit zu tun hat, Werte in einer Weise anzustreben bzw. Schäden in einer Weise zu vermeiden, die nicht kontraproduktiv ist. Vielleicht bedeutet die Forderung der Universalisierung einen insgesamt einfacheren Zugang zu dem Gemeinten.

Ein Unterschied zu unserer Sicht besteht darin, dass die Ethik in der Diskursethik auf das interpersonale Verhalten eingeschränkt zu werden scheint. In unserer Sicht ist es denkbar, dass man auch bloß sich selbst gegenüber bereits verantwortungslos handelt, wenn man die eigenen Lebensgrundlagen untergräbt.

VI. Beispiele für Normengewinnung in Einzelbereichen

Im vorliegenden Buch geht es vor allem um das Grundprinzip der Ethik. Es soll aber wenigstens an einigen Beispielen gezeigt werden, wie es auf einzelne Bereiche des Lebens angewandt werden kann.

1) Kooperation

Für gemeinsames menschliches Verhalten wurden in den letzten Jahren verschiedene faszinierende Theorien vorgelegt, die miteinander zu vergleichen lohnend ist.

a) Der französische Literaturwissenschaftler und Kulturanthropologe René Girard[171] geht davon aus, dass der Mensch in seinem Streben außer in seinen Grundbedürfnissen nicht durch vorgegebene Instinkte festgelegt ist. Vielmehr zeichnet er sich durch seine Fähigkeit zur Nachahmung aus. In seiner Suche nach Lebenssteigerung neigt er dazu, andere Menschen in ihrer Suche nachzuahmen und das gleiche anzustreben wie sie. Dadurch werden die anderen Menschen zugleich zu Vorbildern und, im Fall der Aneignungsmimesis, zu Rivalen, gegen die man sich nur mit Gewalt durchsetzen kann. So kann es zum Kampf aller gegen alle kommen, der als schreckliches, alle Unterschiede aufhebendes Chaos erfahren wird. Aber auch in der Gewaltanwendung ahmen Menschen einander nach. Wer sich gegen einen anderen durchsetzt, wird gerade darin nachgeahmt. Durch eine »List der Mimesis« schlägt so der Kampf aller gegen alle um in den Kampf aller gegen einen. Dies bedeutet aber, dass die vielen dadurch untereinander Frieden gewinnen, dass sie sich in deshalb vermeintlich legitimer Gewalt gegen einen gemeinsamen Gegner richten. Es handelt sich bei dem gemeinsamen Gegner gewöhnlich um ein zufälliges Opfer, das durch irgendeine Eigenschaft aufgefallen ist. Der gemeinsame Gegner wird zum einen als der zu verabscheuende Böse gesehen, welcher der Grund aller Gewalt ist; zum anderen wird er gerade durch seine Ver-

---

170 HABERMAS, Einbeziehung, 1996, 46. Es handelt sich allerdings um eine Fehlinterpretation der Goldenen Regel, wenn er meint, demgegenüber genüge »jene monologisch vorgenommene egozentrische Handhabung des Verallgemeinerungstests, die der Goldenen Regel entspricht, nicht« (ebd., 47). Denn in der Goldenen Regel geht es gerade darum, sich in die Situation des Anderen als Anderen hineinzuversetzen. Es geht keineswegs darum, den anderen nach meinen eigenen Vorlieben zu beurteilen.
171 GIRARD, Heilige, 1987.

nichtung als Friedensbringer erfahren. Er ist der versöhnende Sündenbock. Auch religiöse Opferkulte sind nach Girard die Nachahmung dieses Sachverhalts: Gewalt gegen einen, um Frieden für alle zu bewirken. Weithin sind unsere Gesellschaftsordnungen aus dem gleichen Mechanismus entstanden und leben davon, einmütig Feinde auszugrenzen und sich an ihnen zu rächen. Dies ist eine Form von Kooperation, die man nur als trügerisch bezeichnen kann. Es handelt sich um durch Lüge verschleierte Gewalt.

Girards Analyse halte ich für weithin zutreffend. Einzuwenden ist jedoch zum einen, dass es wohl auch eine tatsächlich legitime Gewaltanwendung gibt, die darin besteht, andere vor Gewalt zu schützen. Gewaltanwendung fügt Schaden zu. Dies kann nur mit einem »entsprechenden Grund« zulässig sein. Ein solcher »entsprechender Grund« ist dann gegeben, wenn man auf keine andere Weise noch mehr Gewalt verhindern kann. Wenn Räuber und Mörder mit Gewalt abgewehrt werden, handelt es sich also nicht notwendig um mimetische Gewalt.

Zum anderen geht Girard von einer Voraussetzung aus, die man in christlicher Terminologie als »erbsündlich« bezeichnen müsste: Er beschreibt den Menschen, der nicht aus einem Grundvertrauen lebt, sondern letztlich aus der mit seiner angeborenen Vergänglichkeit mitgegebenen Angst um sich selbst. Jeder ist sich selbst der Nächste und strebt nur nach seiner eigenen Entfaltung. Dieses Selbstverständnis abstrahiert jedoch davon, dass jeder Mensch seine grundlegende Entfaltung bereits der liebevollen Zuwendung anderer Menschen verdankt: statt Selbstentfaltung gegenseitige »Entfaltung der Menschen durch die Menschen«[172].

b) Unter der gleichen problematischen Voraussetzung, dass jeder aus Egoismus handelt, steht eine Theorie, die ursprünglich im Jahr 1950 an der Stanford University von Merrill Flood und Melvin Dresher vorgelegt, dann von Albert William Tucker unter dem Namen "*prisoner's dilemma*" in einem Vortrag vor Psychologen weiterverarbeitet und verbreitet wurde. Das »Gefangenendilemma« besteht darin: Zwei Untersuchungsgefangenen wird ein Einbruch unterstellt, der jedoch schwer zu beweisen ist. Die beiden Gefangenen sind voneinander isoliert und können sich nicht absprechen. Man kann sie wegen unbefugten Waffentragens zu einem Jahr Gefängnis verurteilen. Der Staatsanwalt verspricht sowohl dem einen wie dem anderen, dass derjenige, der den anderen belastet, wenn er nicht selber auch von diesem belastet wird, freikommen werde. Der andere werde dann zu einer Strafe von zwanzig Jahren Gefängnis verurteilt. Wenn sie sich jedoch gegenseitig belasten, hätten sie beide mit einer Strafe von zehn Jahren zu rechnen. Wenn sie beide daraufhin durch Belastung des anderen freikommen wollen, werden sie beide statt mit einem Jahr mit zehn Jahren Gefängnis bestraft.

Verallgemeinert geht es in solchen so genannten »Klugheitsdilemmata«[173] darum, dass Menschen in der Suche nach ihrem individuellen Vorteil auf Kosten anderer letztlich auch sich selber schaden. Wenn jeder nur den eigenen Vorteil im Auge hat, mag dies in wenigen Einzelfällen kurzfristig gelingen, aber das Gesamtergebnis wird nicht nur für die Gruppe, sondern letztlich auch für jeden einzelnen schlechter sein. Es bedarf allerdings externer

---

172 S<small>UHR</small>, Entfaltung, 1976.
173 Vgl. T<small>RAPP</small>, Klugheitsdilemmata, 1998.

Anreize durch eine externe Instanz wie den Staat, um Menschen davor zu bewahren, in solche vorprogrammierten Fallen zu laufen.

c) Der Politikwissenschaftler Robert Axelrod[174] geht in seiner »*Tit for Tat*« genannten Theorie davon aus, dass die Situation des Gefangenendilemmas nicht nur einmal besteht, sondern sich in verschiedenen Formen wiederholt und dass man in solchen Wiederholungen frühere Partner wiedererkennt. Axelrod fragt nach Regeln, wie sich auch ohne eine externe Instanz kooperierendes Verhalten entwickeln könnte. Am günstigsten schneidet ab, wer sich zunächst wohlwollend verhält und mit anderen solange kooperiert, als sie nicht auf seine Kooperation durch ausnutzende Nichtkooperation antworten. Auf solche Nichtkooperation würde er seinerseits durch Nichtkooperation antworten, bis der andere wieder zur Kooperation bereit ist. Die Regel lautet also: Kooperiere im ersten Zug, und tue dann jeweils das, was der andere im Zug zuvor getan hat. Es handelt sich um ein Verhalten, das durch Freundlichkeit, Provozierbarkeit, Nachsicht und Verständlichkeit gekennzeichnet ist. Die Freundlichkeit besteht darin, dass man nicht als erster von kooperativem Verhalten abweicht. Provozierbarkeit bedeutet, dass man auf ein defektives Verhalten des anderen in einer ebenfalls Kooperation verweigernden Weise antwortet. Nachsicht hilft zur Wiederherstellung gegenseitiger Kooperation. Mit Verständlichkeit ist gemeint, dass der andere erkennen kann, nach welcher Regel man vorangeht.

Gemeinsam ist allen drei Ansätzen (Girard, Tucker, Axelrod), dass in ihnen das Handeln von der Suche nach dem eigenen Vorteil dominiert wird. Man sieht im Grunde von der ethischen Frage, die nach der Gesamtwirklichkeit fragt, ab. Es handelt sich um das insgesamt wohl eher ideologische Menschenbild des »*homo oeconomicus*«, der nur den unmittelbaren eigenen Vorteil kennt und nicht sieht, dass man auch den Vorteil eines anderen zugleich als eigenen Vorteil erfahren kann. Ihm geht die Erfahrung ab, die in dem Sprichwort zum Ausdruck kommt: »Geteilte Freude – doppelte Freude; geteiltes Leid – halbes Leid«. Es gibt eine Weise der wechselseitigen Entfaltung, die nicht auf Rivalität beruht. Der Verfassungsrechtler Dieter Suhr hat dies so erläutert:

»Von ihrem ersten Atemzug an sind die Menschen auf andere angewiesen und von ihnen abhängig: von Vater und Mutter, ohne die es sie nicht gäbe; von Pflege und Zuwendung, ohne die sie verhungerten und verdursteten, ohne die sie seelisch und geistig verkrüppelten; von Freunden, die sie anerkennen und spüren lassen, daß sie ihnen etwas wert sind, sowie von Gegnern, die ihnen Widerstand leisten und Gelegenheit geben, ihre Kräfte zu entwickeln; von Lehrern, Vorbildern und Partnern jeglicher Art. Keine Braut ohne Bräutigam, kein Käufer ohne Verkäufer, keine Gesellschaft ohne Gesellschafter, kein Redner ohne Zuhörer. Die Menschen sind abhängig von anderen Menschen, die für sie tun, wozu sie selbst nicht willens, nicht fähig oder nicht berufen sind: abhängig von denen, die die Felder bestellen, das Brot backen, Häuser bauen, Strom und Wasser liefern, den Müll wegschaffen, Krankheiten heilen usw. [...] Die Menschen sind abhängig von Diensten, die sie einander erbringen.«[175]

---

174 AXELROD, Evolution, 1987.
175 SUHR, Menschen, 1983, 4.

Zunächst mag unsere Abhängigkeit voneinander als ein bedrohlicher Sachverhalt erscheinen: »Jede Abhängigkeit eines Menschen von einem anderen ist eine Art Strick, an dem der andere den einen hängen und zappeln lassen kann. Unser deutsches Wort ›Abhängigkeit‹ drückt das vorbildlich aus. Kann ich jemanden aber an Fäden, die ich bediene, hängen und zappeln lassen, dann habe ich Macht und Herrschaft über ihn.«[176]
Man darf sich die Tatsache dieser Abhängigkeiten und die mit ihnen verbundene Gefahr ihrer Verwandlung in Macht und Unterdrückung nicht verschleiern. Nur wenn man sie wirklich anerkennt, wird es möglich sein, gerade aus der Abhängigkeit Selbständigkeit zu erzeugen. Wie werden aus den Stricken der Abhängigkeit Tragseile der Selbständigkeit?

»Hat der eine nur Brot, der andere nur Wasser, und geben sie einander nichts ab, weil sie auf ihrer abstrakten Selbständigkeit und Selbstgenügsamkeit beharren, dann verdurstet der eine und der andere verhungert. [...] Wollen sie überleben, müssen sie ihre wechselseitige Abhängigkeit und Hilfsbedürftigkeit einsehen, also die Illusion ihrer Selbständigkeit aufgeben. Dann gibt der eine dem anderen von seinem Brot und der andere dem einen von seinem Wasser. So befreien sie sich wechselseitig von ihrem Durst und ihrem Hunger, von ihrer Not und von ihrer Einsamkeit.

Kann der eine kein Feld bestellen, keinen Brunnen in die Erde treiben oder keine Fahrzeuge bauen, keine Fäden spinnen oder keine Kleider schneidern, keine Gedichte verfassen oder keine Madonna schnitzen usw., so ist er abhängig von denen, die das können. Wird er, weil eine entsprechende Ordnung besteht, von den anderen mit alledem versorgt, was er selbst nicht erzeugen oder zustande bringen kann, dann erhält er zugleich viel mehr, als er sich je als Einzelgänger hätte verschaffen können. So ist er zwar abhängig von den anderen, so wie die anderen abhängig sind von dem, was er in das Geschäft mit einbringt. Solange aber der Austausch funktioniert, sorgt die gleiche Gemeinschaft, die seine sozialanthropologische Abhängigkeit bedingt, auch dafür, daß insgesamt mehr erreicht wird, als Einzelne erreichen könnten, und daß deshalb jeder besser fahren kann als er fahren würde, wäre er allein oder isolierte er sich.

Jeder kann in seine eigenen Wünsche, Erwartungen und Pläne nicht nur das einbauen, was er selbst leisten kann, sondern auch das, was andere zu seinem Werk beitragen können. Jeder kann sich dann fremder Köpfe, fremder Arme und fremder Beine bedienen, so wie sich auch die anderen hinsichtlich bestimmter Aufgaben seines Kopfes, seiner Beine oder seiner Arme bedienen können. So verwandeln sich die Stricke, an denen die abhängigen Menschen aneinander hängen, in die Tragseile ungeahnter Möglichkeiten. So werden die Stricke der Abhängigkeit zu Tragseilen einer neuen Freiheit und Selbständigkeit.«[177]
Allerdings gibt es zwei grundlegende Bedingungen dafür, dass aus der Abhängigkeit eine neue Freiheit wird. Die erste ist diese:

»Die Stricke der Abhängigkeit werden [...] nur dann zuverlässige Tragseile einer neuen Selbständigkeit, wenn sich die Beteiligten aufeinander verlassen können. [...] Und nur

---

176 Ebd., 7f.
177 Ebd., 9f.

wenn diese Bedingung erfüllt ist, können sie ihre Befindlichkeit, die in Wahrheit eine Abhängigkeit ist, als Selbständigkeit im sozialen Verbund mit anderen erleben, auskosten und genießen. Die Menschen können niemals selbständiger sein als ihre Nächsten verläßlich sind.

Die Abhängigkeit läßt sich also nur dann in Selbständigkeit transformieren, wenn die einen das jeweilige Verhalten des anderen, das sie in ihre Pläne miteinbeziehen, zuverlässig (oder, wie die Soziologen sagen: enttäuschungsfest) erwarten dürfen: ›Erwartenssicherheit‹. Solche Erwartenssicherheit kann durch Gewohnheit erzeugt werden, durch Moral und Sitte und vor allem durch das Recht und durch die Verfassung: rechtlich verfaßte Formen zur Erzeugung und Durchsetzung möglichst enttäuschungsfester Erwartungen.

Solange und soweit die Menschen von der Natur abhängig sind, sind sie den Launen des Wetters und der Elemente ausgeliefert. In dem Maße, wie die Menschen sich die Natur durch gemeinsame Anstrengung unterwerfen und gefügig machen, werden sie um so abhängiger voneinander: davon nämlich, daß jeder in der gemeinsamen Anstrengung seinen Beitrag auch einbringt. Diese Abhängigkeit wird zur Freiheit, wenn und soweit sich die Beteiligten aufeinander verlassen können.«[178]

Aber es genügt durchaus nicht, dass die Menschen wechselseitig ihr Verhalten enttäuschungsfest erwarten können, um daraus Selbständigkeit und Freiheit zu gewinnen. Dafür ist das Negativ-Beispiel die Sklaverei:

»Der Herr kann zuverlässig erwarten, daß die Sklaven ihm gehorchen, – und zwar immer; die Sklaven können ebenso zuverlässig erwarten, daß der Herr ihnen nie zu Willen sein muß.«[179]

Hier ist die ursprünglich wechselseitige Abhängigkeit der Menschen voneinander mit Hilfe von faktischer Macht und ihrer Unterstützung durch verbindliches Recht in eine sehr einseitige Über- und Unterordnung ausgeformt und verfestigt worden. Entscheidend für die Gewinnung von Freiheit und Selbständigkeit ist deshalb als zweite Bedingung, dass der Beitrag der Menschen zur Entfaltung des je anderen *wechselseitig* wird. Dieter Suhr spricht hier geradezu von einer wechselseitigen Instrumentalisierung der Menschen.

»Auf dem Weg aus der wechselseitigen Abhängigkeit in die Freiheit und Selbständigkeit machen wir uns wechselseitig zu Instrumenten unserer Freiheit und Selbständigkeit. Wir instrumentieren einander zu Zwecken unserer freien und selbständigen Entfaltung.

Menschen als Instrumente anderer Menschen? – und das noch zu Zwecken menschlicher Freiheit und Selbständigkeit? Das läuft unseren Empfindungen zuwider. Wir wehren uns zutiefst dagegen, daß andere uns zu Instrumenten ihrer Freiheit erniedrigen. Fassen wir gar die Ordnung ins Auge, die als Verfassung unser Zusammenleben konstituieren soll, erscheint es erst recht als Frevel an der Menschenwürde, die Freiheit als eine Instrumentalisierung von Menschen durch Menschen zu begreifen und einzurichten. Und doch: Genau diese harte und unerbittliche Erkenntnis müssen wir uns zu eigen machen,

---

178 Ebd., 10.
179 Ebd., 11.

wenn wir die Probleme der Freiheit als einer – wechselseitigen! – Instrumentalisierung nicht etwa verklemmt und ängstlich verschweigen und verdrängen, sondern wahrnehmen und lösen wollen.«[180]

Nach Dieter Suhr bedeutet die Arbeit an einem solchen Vorverständnis des Menschseins die Eröffnung der Möglichkeit, sich von einem bloßen Rivalitätsdenken zu lösen und anders als kontraproduktiv aufeinander einzuwirken. Man darf durchaus den eigenen Vorteil suchen; nur sind alle Analysen falsch, die behaupten, das wäre auf die Dauer und im Ganzen möglich im Alleingang bzw. auf Kosten – und nicht unter Beteiligung – der anderen.

2) Demokratie

Die Fähigkeit des Menschen, andere in seinem eigenen Inneren zu repräsentieren, ist die Grundlage für das Funktionieren von Demokratie.[181]

»Aufrecht« sind andere in unserem Inneren repräsentiert, wenn wir ihre Gefühle in ähnlicher Weise mitempfinden. »Verkehrt« dagegen wäre die Repräsentation, wenn man innerlich bei fremdem Glück Ärger und Neid verspürt und umgekehrt bei fremdem Leid triumphiert.

Wenn andere Menschen überhaupt nicht in unserem Inneren repräsentiert sind und so im Grunde wie nichtexistent behandelt werden, braucht man sich nicht zu wundern, wenn sie sich in der Realität dadurch bemerkbar machen, dass sie mit Steinen werfen. Will man solchen gewalttätigen Entwicklungen vorbeugen, muss man »von vornherein Mechanismen in den sozialen Prozess einbauen, die Repräsentanz der Menschen in den Menschen provozieren, abfragen und kontrollieren«[182].

Äußere Demokratie bestünde darin, dass die Einzelnen in einer Gruppe über gemeinsame Belange erst dann entscheiden, wenn sie die Interessen aller von den Entscheidungsergebnissen Betroffenen erfahren haben. Dies setzt voraus, dass die Einzelnen in ihrem eigenen Inneren bereits parlamentarisch konstituiert sind. In ihrem eigenen Inneren haben sie gleichsam nur zusammen mit allen anderen Sitz und Stimme, anstatt dort wie auf weiter Flur mit sich selbst allein zu sein. Durch Letzteres würde die äußere Demokratie völlig untergraben.

Wo Gruppen zu groß werden, gibt es die Lösung der repräsentativen Demokratie. Man wählt die Mitglieder von Entscheidungsgremien. Für das Verhältnis von Regierenden und Regierten sind immer wiederkehrende Wahlen ein Weg, mangelnde Repräsentanz zu korrigieren.

Dieses Verständnis von Demokratie im Bewusstsein der Einzelnen würde sie auch in der äußeren Realität gut funktionieren lassen. Wenn man dagegen unter Demokratie versteht, dass die Mehrheit ihre Interessen durchsetzen könne und sich um die Interessen von Minderheiten gar nicht zu kümmern brauche, dann wird eine solche Demokratie auch in der Realität gegenüber den Minderheiten unterdrückerisch sein.

---

180 Ebd., 12f.
181 Die folgenden Hinweise orientieren sich ebenfalls an SUHR, und zwar an Prolegomena, 1989. Vgl. DERS., Bewußtseinsverfassung, 1975; DERS. unter Mitarbeit von TRAUTMANN, Freiheit, 1988.
182 SUHR, Prolegomena, 1989, 363.

Gelungene Demokratie ermöglicht Verantwortung der Einzelnen in einer Art rekursiver Selbstbegegnung, »zum einen draußen, wo die Handlungsfolgen in die übrige Welt eindringen, zum anderen im Inneren, wohinein die zurückgespiegelten Folgen re-internalisiert werden und dem Selbst zu erfahren geben, was es nicht nur seiner Einbildung nach, sondern seiner wirklichen Erscheinung in den Taten und Tatfolgen nach ist«[183].

Wo solche Selbstbegegnung nicht mehr möglich ist, sollten »die technischen Effektivitäten zurückgenommen werden bis zu dem Punkt, wo die Folgen überschaubar bleiben und Verantwortung noch eingeholt werden kann«[184].

Dieter Suhr macht im Übrigen zu Recht auf einen schwerwiegenden Mangel unserer heutigen demokratischen Ordnung aufmerksam:

»Unsere Demokratie beruht auf der Fiktion, daß das Volk nur aus Erwachsenen besteht. Familien und Eltern tragen zwar mehr Lasten und Verantwortung. Im Parlament aber haben sie angesichts der wachsenden Zahl von Alten und Kinderlosen immer weniger zu sagen. Ob dieses Wahlsystem mit Art 6 GG vereinbart ist, stehe dahin. Jedenfalls werden dabei die Kinder wahltechnisch hinwegfingiert, und mit ihnen ein Teil der Zukunft des Volkes. Ein wenig besser stünden die Chancen der Kinder und Familien und wohl auch der ökologischen Zukunft, wäre nicht das Gestern und Heute im Parlament überrepräsentiert. Soll das *ganze* Volk seinen Willen in Wahlen und Abstimmungen äußern und das ganze Volk durch die Staatsorgane handeln, soll mithin die *Allgemeinheit und Gleichheit der Wahl* verwirklicht werden, dann genügt kein Zweigenerationen-Wahlsystem, dann brauchen wir das volle Dreigenerationen-Wahlsystem: Eltern bekommen Stimmen für ihre Kinder, damit sie ihrer Pflicht, dem Kindeswohl zu dienen, auch mit ihrem Beitrag zur demokratischen Willensbildung nachkommen können.«[185]

3) Subsidiarität

Auch das so genannte »Subsidiaritätsprinzip« stellt einen Anwendungsfall des »Prinzips der Doppelwirkung« dar. Es fordert auf der einen Seite die Hilfe (*subsidium*) der Gemeinschaft für ihre Mitglieder, warnt jedoch auf der anderen Seite davor, diese Hilfe in einer kontraproduktiven Weise zu leisten. Hilfe soll soweit möglich nur Hilfe zur Selbsthilfe sein. Deshalb stellt das Subsidiaritätsprinzip eine »Zuständigkeitsregel« auf: Die jeweils höhere oder umfassendere oder mächtigere Instanz soll immer nur dann tätig werden, wenn eine niedere oder problemnähere Instanz eine Aufgabe nicht mehr bewältigen kann. »Was der engere und daher nähere Lebenskreis seinen Gliedern leisten kann, soll der weitere und höhere Lebenskreis (die ›höhere Instanz‹) ihm nicht entziehen, sondern ihm überlassen und ihm dabei behilflich sein, weil auf diesem Weg dem hilfsbedürftigen Glied mehr Selbstbeteiligung ermöglicht, nicht so viel Fremdhilfe als das Höchstmaß an Hilfe zur Selbsthilfe gewährt wird.«[186] Die gesellschaftliche Organisation geht von der Familie über Nachbarschaft zur

---

183 Ebd., 364.
184 Ebd., 366.
185 SUHR, Ausbeutung, 1990, 86.
186 V. NELL-BREUNING, Subsidiarität, 1986, 147.

Ortsgemeinschaft, Stadt, Provinz, Land bis zum Staat und zur Staatengemeinschaft; dies schließt nicht aus, dass es für unterschiedliche Lebensbereiche auch parallele Strukturen gibt, die einander weder unter- noch übergeordnet sind. Das Subsidiaritätsprinzip gilt in bezug auf einzelne Menschen aber auch in bezug auf die jeweils nächst höheren Zusammenschlüsse. Jemandem Aufgaben abzunehmen, die er selbst lösen kann, bedeutet, ihn unmündig zu machen. Entscheidungen sollen dort gefällt werden, wo die Probleme auftreten und die unmittelbare Sachkenntnis zu ihrer Lösung besteht. Die jeweils umfassenderen Zusammenschlüsse sollen nicht letztlich auf Kosten ihrer Glieder oder Gliedgemeinschaften gehen, sondern gerade umgekehrt diese fördern. Gegen das Subsidiaritätsprinzip verstößt jeder Zentralismus.

Es widerspricht dem nicht, sondern entspricht ihm, wenn in unseren Gesellschaften das Gewaltmonopol nur der jeweils letzten und höchsten Instanz zukommt, die zur Verminderung von Gewalt nur als letztes Mittel selber zur Gewalt greifen darf. Der Staat ist geradezu als diejenige Instanz zu definieren, der das Gewaltmonopol deshalb zukommt, weil es keine noch höhere Instanz gibt; deshalb kommt herkömmlich zum Beispiel einem Kapitän auf hoher See so etwas wie staatliche Autorität zu, weil er zu dieser Zeit die höchste anrufbare Autorität darstellt. Wo Staaten einen Staatenbund bilden, sollte erst diesem das Gewaltmonopol zukommen. Das Gewaltmonopol stellt für die untergeordneten Lebenskreise eine Hilfe dazu dar, ohne Gewalt auszukommen.

Das Subsidiaritätsprinzip gilt auch unabhängig davon, wie man in einer Gesellschaft konkret zu Entscheidungen kommt. Für Entscheidungen, die unter Zeitdruck stehen, etwa in der Wirtschaft oder beim Militär oder bei der Feuerwehr, ist das Verfahren gewöhnlich hierarchisch. Selbst bei Vorgaben der höchsten Instanz entscheidet der vor Ort Beauftragte, aber höhere Instanzen ermöglichen wiederum die Korrektur problematischer Entscheidungen vor Ort. Für Entscheidungen, bei denen genügend Zeit für ausführliche Beratungen zur Verfügung steht, ist das sachgemäßeste Verfahren gewöhnlich das synodale, das heißt, dass die Entscheidung von einem Gremium getroffen wird.[187]

Dass das Subsidiaritätsprinzip auf langer Erfahrung beruht, zeigt das folgende Zitat aus einem Brief von Ignatius von Loyola (1491–1556), dem Gründer des Jesuitenordens. Er schreibt 1552 an den neuernannten Oberen der portugiesischen Ordensprovinz[188]:

»Auch ist es nicht Aufgabe des Provinzials noch des Generals, sich so im einzelnen um die Angelegenheiten zu kümmern. Vielmehr ist es, selbst wenn er dazu alle nur mögliche Geschicklichkeit besäße, doch besser, andere sich mit ihnen befassen zu lassen, die danach dem Provinzial berichten können, was sie getan haben; und er wird sich, indem er ihre Auffassungen hört, in dem entscheiden, worin sich zu entscheiden ihn angeht. Und wenn es eine Sache ist, die anderen überlassen werden kann, sowohl sie zu behandeln als auch zu entscheiden, wird es viel besser sein, sich ihnen anheimzustellen, vor allem in zeitlichen Angelegenheiten und sogar in vielen geistlichen. Und ich habe meinerseits

187 Vgl. DOMBOIS, Hierarchie, 1971.
188 An Diego Mirón. Rom, 17. Dezember 1552 (MI Epp. IV, n. 3104, 558–559), in: IGNATIUS VON LOYOLA, Briefe, Würzburg 1993.

diese Weise für mich, und ich erfahre darin nicht nur Hilfe und Erleichterung, sondern auch mehr Ruhe und Sicherheit in meiner Seele.

So habt also, wie Euer Amt es erfordert, Liebe und befaßt Euer Nachdenken mit dem allgemeinen Wohl Eurer Provinz. Und für die Ordnung, die in den einen und den anderen Dingen zu geben ist, hört diejenigen, die nach Eurer Auffassung das beste Gespür dafür haben.«

Es kann kein Zweifel bestehen, dass dieses Prinzip auch innerhalb der Kirche beachtet werden muss[189]; seine Missachtung läuft auf die Selbstuntergrabung der Autorität hinaus. Zum Beispiel liefe jede Entscheidung der höheren Autorität, die sich gegenüber untergeordneten Autoritäten über deren Gründe hinwegsetzt, anstatt auf sie einzugehen, auf Missbrauch hinaus.

4) Religionsfreiheit

Das Prinzip der Religionsfreiheit besagt, dass »alle Menschen frei sein müssen von jedem Zwang sowohl von seiten Einzelner wie gesellschaftlicher Gruppen, wie jeglicher menschlicher Gewalt, so dass in religiösen Dingen niemand gezwungen wird, gegen sein Gewissen zu handeln, noch daran gehindert wird, privat und öffentlich, als einzelner oder in Verbindung mit anderen – innerhalb der gebührenden Grenzen – nach seinem Gewissen zu handeln«[190]. Dieses Prinzip wurde in der katholischen Kirche lange mit Misstrauen betrachtet, weil es vielen wie eine Relativierung der Wahrheit erschien[191]. Dennoch hat es bereits eine lange Geschichte.[192] In der Konzilsdeklaration des II. Vatikanums »*Dignitatis humanae*« über die Religionsfreiheit hat es sich schließlich auch in der katholischen Kirche durchgesetzt. Es wird dargelegt, dass der Mensch verpflichtet sei, nach der Wahrheit zu suchen. Um dieser Pflicht nachkommen zu können, müsse man psychologische Freiheit

---

189 Vgl. QUINN, Reform.

190 II. Vatikanum, Erklärung über die Religionsfreiheit *Dignitatis humanae*, n. 2,1.

191 So hatte Papst GREGOR XVI. in der Enzyklika »*Mirari vos arbitramur*« vom 15. August 1832 die Gewissensfreiheit als »Wahnsinn [*deliramentum*]« bezeichnet (DH 2730). Ähnlich lehnte auch PIUS IX. in der Enzyklika »*Quanta cura*« vom 8. Dezember 1864 (Pii IX Pontificis Maximi Acta I/3, 690) und im dazugehörigen »*Syllabus*« die Religionsfreiheit ab (n. 77f, DH 2977f). Noch PIUS XII., *Allocutiones*, 1953, 799, formulierte die beiden folgenden Prinzipien: »Erstens: Was nicht der Wahrheit und der sittlichen Norm entspricht, hat objektiv weder ein Recht auf Existenz noch auf Propaganda oder Tätigkeit. Zweitens: Es nicht mittels staatlicher Gesetze oder Zwangsmaßnahmen zu verhindern, kann gleichwohl im Interesse eines höheren und umfassenderen Gutes gerechtfertigt sein.«

192 Vom polnischen König Stefan Bathory (1576–1586) wird der Ausspruch überliefert: »Ich bin der König der Völker und nicht der Gewissen. [...] Gott hat sich drei Dinge vorbehalten: etwas aus dem Nichts zu schaffen, die Zukunft zu kennen und Herr über die Gewissen zu sein.« In der gleichen Sicht sagte sein Kanzler Jan Zamoyski zu den Protestanten in Polen: »Ich würde die Hälfte meines Lebens für eure Rückkehr zur katholischen Kirche geben und die andere Hälfte behalten, um mich über eure Bekehrung zu freuen. Aber falls jemand euch zwingen wollte, würde ich zu eurer Unterstützung lieber mein ganzes Leben geben, als Zeuge einer solchen Knechtschaft in einem freien Staate sein.« Vgl. ANDREAS WEGIERSKI, *Slavonia reformata*, Amsterdam 1679, 215 und 135, zitiert nach JOSEPH LECLER, *Histoire de la Tolérance au siècle de la Réforme*, I, Paris 1955, 380. – Vgl. jetzt auch: BASILE (RÉMI) VALUET, *La liberté religieuse et la tradition catholique – Un cas de développement doctrinal homogène dans le magistère authentique*, Le Barroux, ²1998, drei Doppelbände.

besitzen und dürfe auch keinem äußeren Zwang unterliegen. Niemand könne zur Annahme von Wahrheit gezwungen werden.[193]

Das Konzil anerkennt Religionsfreiheit »innerhalb der gebührenden Grenzen«; als solche Grenze wird nur »die gerechte öffentliche Ordnung«[194] konkret benannt. Diese wird im Konzilstext leider noch nicht näher bestimmt. Im Sinn der obigen Erläuterung des Begriffs eines »entsprechenden Grundes« kann die Grenze der Religionsfreiheit nur darin bestehen, dass niemandem eine Religionsfreiheit zuerkannt werden kann, mit deren Ausübung er die anderer zu unterdrücken versuchen oder sonstige Rechte anderer verletzen würde.

Wirkliche Religion besteht immer in der Verehrung einer unüberbietbaren Wirklichkeit[195]; Pseudoreligion läuft auf Weltvergötterung hinaus. Aber es steht dem Staat nicht einmal zu, diese Unterscheidung zugrunde zu legen, sondern nur, sicherzustellen, dass die Freiheit anderer nicht verletzt wird.

Angenommen, die Anhänger einer Religion wären in einem Staat in der Mehrheit. Wenn sie daraufhin meinten, andere Religionen an deren freier Entfaltung behindern zu dürfen, wären staatliche Behörden dazu berechtigt und verpflichtet, die Durchsetzung solcher Ansprüche notfalls auch durch Zwangsmaßnahmen zu verhindern.

Wenn Religionsfreiheit anerkannt wird, heißt dies, dass die staatliche Ordnung nicht von einer Religion abhängig gemacht werden darf. »Eine politische Ordnung, die Religionsfreiheit als eigenes Verfassungsprinzip anerkennt, verhält sich zur Religion nicht mehr als zu ihrem notwendigen Fundament und sucht die eigene Legitimation nicht mehr in der Religion.«[196] Anderseits kann man sagen, dass der Staat ein Interesse daran hat, dass Religionsunterricht in den Schulen angeboten wird.[197] Er ist insbesondere daran interessiert, dass solcher Unterricht von Lehrern gegeben wird, die in ihrer Ausbildung dem Standard entsprechen.

In theologischer Sicht kann das Verhältnis von Staat und Kirche nur das einer »unterscheidenden Inbeziehungsetzung« sein im Gegensatz zu jeder Form von »Vermischung« oder »Trennung«.[198] Man darf »Unterscheiden« und »Trennen« nicht miteinander verwechseln. So wäre auch das sachgemäße Verhältnis von Kirche und Staat weder mit dem Ausdruck »hinkende Trennung«[199] noch mit dem Ausdruck »balancierte Trennung«[200] zutreffend bestimmt.

---

193 POPPER, Vermutungen, 2000, 516, bestimmt einen vernünftigen Menschen als jemanden, »der bei seinem Versuch, einen anderen durch Argumente zu überzeugen, lieber erfolglos bleibt, als ihn durch Gewalt, durch Einschüchterung, durch Drohung oder auch durch propagandistische Überredungskünste erfolgreich zu überwältigen.«

194 *Dignitatis humanae*, n. 3,4.

195 EBELING, Dogmatik I, 1979, 117, bietet eine umfassende Definition von Religion: »die geschichtlich geformte vielgestaltige Verehrung einer Manifestation des Geheimnisses der Wirklichkeit«.

196 BÖCKENFÖRDE, Notwendigkeit, 2000; vgl. auch DERS., Theologie, 1999.

197 Vgl. HECKEL, Religionsunterricht, 1999.

198 Vgl. KNAUER, Christologie, 1985.

199 MÖRSDORF, Lehrbuch, 1964, 50f unter Berufung auf Stutz. Vgl. STUTZ, Studium, 1924, 12.

200 Vgl. z. B. BÖCKENFÖRDE, Notwendigkeit, 2000, 179.

5) Monetäres System

> *Sie sägten die Äste ab, auf denen sie saßen*
> *Und schrieen sich zu ihre Erfahrungen*
> *Wie man schneller sägen konnte, und fuhren*
> *Mit Krachen in die Tiefe, und die ihnen zusahen*
> *Schüttelten die Köpfe beim Sägen und*
> *Sägten weiter.*[201]

Es gibt Systemfehler, denen man nicht durch Appelle an die individuelle Moral der System-benutzer beikommt. Die moralische Aufgabe ist dann, zunächst ein Bewusstsein vom Sy-stemfehler zu schaffen; denn ohne richtige Diagnose keine richtige Therapie. An einem solchen zumindest partiellen Grundlagenfehler mit ungeheuren negativen Auswirkungen krankt unser Geldsystem. Es handelt sich um einen Systemfehler, der auf Kontraproduktivi-tät hinausläuft. Damit soll niemandem eine moralische Schuld an der Entstehung eines sol-chen Systemfehlers angelastet werden; Schuld könnte aber entstehen, wenn man gegen einen einmal erkannten Systemfehler nichts unternimmt, obwohl man an den dafür relevanten Schaltstellen sitzt. Der Sache nach kann ein Systemfehler auf lebensfeindliche »strukturelle Gewalt«[202] hinauslaufen, die systematisch den Vorteil der einen auf dem Nachteil für die anderen aufbaut.

Um den Grundlagenfehler unseres Geldsystems zu erläutern, sei im folgenden zunächst die Entstehung unseres Geldsystems auf elementare Weise rekonstruiert.

Robinson musste seine Kartoffeln selber anbauen und ein Schaf halten, um Wolle für seine Kleidung zu gewinnen. Sein Wohlstand war gering. Als Freitag dazukam, konnten die beiden mit Arbeitsteilung beginnen. Der eine bebaute den Acker und der andere ging auf Jagd. Jeder produzierte von einem bestimmten Gut in kurzer Zeit mehr, als er selber brauch-te; dafür fehlte ihm das, was der andere ebenfalls rasch herstellen konnte. Wenn beide am Schluss tauschten, war ihr Wohlstand viel größer als ohne Arbeitsteilung.

Aber dem Nutzen direkten Naturalientauschs sind Grenzen gesetzt. Es ist oft schwer, einen unmittelbaren Tauschpartner zu finden (»hungriger Schneider sucht frierenden Bäk-ker«). Bei mehrfachem Zwischentausch geht es einem wie Hans im Glück. Für einen Gold-klumpen bekommt er über Pferd, Kuh, Schwein und Gans schließlich nur noch einen Schleifstein. Auch wenn die Tauschpartner zu weit auseinander wohnen, machen die Trans-portkosten allen Vorteil zunichte.

Hier hilft die Erfindung des Geldes weiter. Geld ist eine »standardisierte Zwischen-tauschware«, die als Wertmaßstab, Tauschmittel und Wertspeicher dienen kann. Sie lässt sich – im Unterschied zum Beispiel zu einem Edelstein – beliebig stückeln und wieder zusammensetzen. Auch ohne mühsame Absprachen vermittelt Geld den Austausch nicht nur über räumliche, sondern auch über zeitliche Abstände hinweg. In sich selber muss es über-haupt keinen eigenen Wert haben und bedarf streng genommen auch keiner Deckung; es genügt ein fälschungssicheres Stück Papier, das als gesetzliches Zahlungsmittel anerkannt wird.

---

201 BRECHT, Gedichte, 1981, 556.
202 Vgl. GALTUNG, Gewalt, 1975.

Die Notenbank bringt dieses Geld nach seiner Herstellung kreditweise in Verkehr. Bereits dafür werden Zinsen gezahlt, obwohl am Anfang noch niemand »gespart« hat. Darin liegt ein erhebliches Problem. Um nämlich nur kreditweise in Verkehr gebrachtes Geld mitsamt seinen Zinsen zurückzahlen zu können, müsste man bereits zur Zahlung dieser Zinsen einen zusätzlichen Kredit aufnehmen. Es ist, wie wenn man bei einem Fahrradverleih mehr Fahrräder zurückgeben soll, als ursprünglich ausgeliehen wurden, sie aber nirgendwoandersher haben kann als eben vom Fahrradverleih. Die Gesamtwirtschaft gerät so automatisch in eine finanzielle Schuldenfalle. Sie besteht darin, dass sich bisherige Schulden nur zurückzahlen lassen, indem man sich erneut verschuldet.

Ein weiteres Problem liegt darin, dass die Geschäftsbanken durch bloße Buchungsvorgänge ein gegenüber den Einlagen Vielfaches an Krediten »aus dünner Luft«[203] ausgeben können.

Die umlaufende Geldmenge muss kontrolliert bleiben. Denn das Neue beim Geld ist, dass es nach der Vermittlung eines Austauschs wie davon unberührt noch immer da ist. Beim Naturalientausch gibt jemand Kartoffeln her und erhält Kleidung, und damit ist der ganze Vorgang beendet. Mit Geld dagegen sollte eigentlich jeweils im Zweitakt eine ganze Kette von Austauschvorgängen zustandekommen. Jemand hat Schuhe hergestellt und verkauft sie für hundert Euro. Dafür kann er sich Lebensmittel für eine ganze Woche leisten. Oder er wartet, bis er zweihundert Euro zusammen hat, um eine Jacke zu kaufen. Der Verkäufer der Jacke kann nun seinerseits auf dem Markt andere Dinge einkaufen usw. Das System setzt voraus, dass immer neue Waren und Dienstleistungen auf den Markt kommen, die der umlaufenden Geldmenge entsprechen. Sonst müsste der Letzte in den leeren Topf schauen.

Wird die umlaufende Geldmenge gegenüber dem Angebot von Waren und Leistungen zu groß, dann steigen die Preise. Den gleichen Effekt wie eine Erhöhung der Geldmenge hätte auch eine Vergrößerung seiner Umlaufgeschwindigkeit. Bei solcher Inflation gibt man sein Geld rasch weiter, was die Inflation nur noch steigert. Eine Deflation entsteht, wenn die umlaufende Geldmenge zu gering ist oder der Umlauf sich verlangsamt und die Preise deshalb fallen. Dann halten die Leute ihr Geld erst recht zurück; sie hoffen, später mehr dafür zu bekommen. Sowohl Inflation wie Deflation schaukeln sich selber auf und sind schwer zu bändigen.

Auf dem Markt ist der Geldbesitzer König. Er weiß, dass jeder Geld annimmt. Wer dagegen mit Waren auf den Markt kommt, hat Reklame-, Transport- und Frischhaltekosten und steht außerdem gewöhnlich unter Zeitdruck. Gegenüber den Anbietern von Waren und Leistungen ist also der Besitzer liquiden Geldes privilegiert. Man könnte dies den »Jokervorteil« des Geldes nennen.[204] Es ist angenehm, über eine volle Kasse zu verfügen. Man kann zu dem Zeitpunkt, den man selber wählt, beliebige Waren und Leistungen abrufen. Man ist also jederzeit kaufbereit (= Transaktionskasse). Man hat ein Sicherheitspolster für unvorhergesehene Notfälle (= Sicherheitskasse). Man kann abwarten, bis die Anbieter ihre Waren

203 FISHER, *Money*, 1936, 145. Vgl. auch GOCHT, Betrachtungen, 1975.
204 Vgl. SUHR, Geld, 1983, 59. Vgl. ferner allgemein DERS. und GODSCHALK, Liquidität, 1986; DERS. unter Mitarbeit von TRAUTMANN, Freiheit, 1988; DERS., *Cost-Benefit*, 1989; DERS., Netzwerk, 1994.

zum billigsten Preis abgeben, und überhaupt besonders günstige Gelegenheiten wahrnehmen (= Spekulationskasse). Auch von in der Kasse ruhendem Geld geht somit ein ständiger Nutzenstrom aus.

Geld kann jedoch die beiden Funktionen, Tauschmittel und Wertspeicher zu sein, nicht ohne weiteres gleichzeitig ausüben. Wer für irgendeine Ware oder Dienstleistung Geld bekommen hat und es nicht gleich wieder ausgibt, sondern in seiner Kasse behält (= Geld als Wertspeicher), lässt einen anderen, der Waren oder Dienstleistungen anbietet, warten; nicht nur dies, sondern er unterbricht damit möglicherweise eine ganze Kette von Austauschvorgängen. Die Freiheit des einen, sein Geld dann auszugeben, wann es ihm passt, bedeutet die Ungewissheit eines anderen, und – wegen der Kettenreaktion – zugleich vieler anderer, ob und wann ihr Angebot von Waren oder Dienstleistungen seinen Käufer findet. Kassehalten untergräbt die Funktion des Geldes als Tauschmittel.

Auf die Vorteile, die mit dem Kassehalten verbunden sind, wird man jedoch nicht leicht kostenlos verzichten. Aber anstatt das Geld in der eigenen Tasche zu horten, kann man es gegen einen Mietpreis verleihen und bringt es damit wieder in Verkehr, so dass es inzwischen wieder anderen als Tauschmittel dient. Man verzichtet in dieser Zeit selber auf die Liquidität des Geldes, den Jokervorteil. Natürlich lässt man sich diesen Verzicht mit den Zinsen bezahlen.

Faktisch sind die Zinsen eine Art Prämie dafür, dass man mit dem Spielverderb aufhört, durch das eigene Kassehalten die Tauschmittelfunktion des Geldes für andere zu blockieren. Zinsen dienen der Umlaufsicherung des Geldes.

Damit sind jedoch die Zinsen, die ein Geldverleiher einnimmt, faktisch eine Art privater Benutzungssteuer für ein von der Öffentlichkeit betriebenes Verkehrsmittel. Es ist ungefähr so, wie wenn Waggons der Bahn von den Kunden auf ihren Werksgeländen festgehalten würden, bis andere ein Lösegeld zahlen, um sie wieder in Verkehr zu bringen.

Und diese Zinsen haben es in sich, und zwar vor allem deshalb, weil es nicht nur Zinsen, sondern Zinseszinsen gibt. Sie führen zu einem exponentiellen Wachstum des eingesetzten Vermögens. Eine Summe einer Währungseinheit von 10.000 würde bei 3%iger Verzinsung in 50 Jahren auf 43.839 auflaufen; bei 4%iger Verzinsung schon auf 71.066. Der Zuwachs um 1% macht hier einen Unterschied von 27.227 aus. Aber wie sieht das Bild bei 11%iger bzw. 12%iger Verzinsung aus? Bei Zinsen von 11% werden aus dem Anfangskapital von 10.000 in 50 Jahren 1.845.646. Steigert man hier die Verzinsung nur um ein einziges weiteres Prozent, dann entstehen 2.890.019, ein Unterschied von über einer Million. Der Unterschied zwischen Zinsen von 3% und 4% ist ein völlig anderer als der zwischen Zinsen von 11% und 12%, obwohl es sich beide Male um denselben Unterschied von nur 1% zu handeln scheint. Zwar wird kein kleiner Sparer solche Zinsen zu sehen bekommen, aber es gibt Kredite, für die man solche Zinsen zahlen muss; und diese Zinsen werden von anderen als den kleinen Sparern eingenommen.

Es ist für viele Menschen – nach meiner Erfahrung oft auch für Banker und Wirtschaftswissenschaftler – schwer, die entsprechenden Zahlen richtig zu schätzen. Der Verdopplungszeitraum des eingesetzten Kapitals bei verschiedenen Zinssätzen lässt sich aber auch ohne Taschenrechner auf einfache Weise ermitteln: Man teilt die Zahl 72 durch den Zinssatz.

Zum Beispiel verdoppelt sich bei 6 % Zinsen das eingesetzte Kapital alle 12 Jahre. Bei 10% sind es nur noch 7,2 Jahre. Innerhalb des jeweils doppelten Zeitraums hat sich das Anfangsvermögen bereits vervierfacht.

Der Unterschied einfacher Zinsen von den beschriebenen Zinseszinsen ist groß: Eine Summe einer Währungseinheit von 10.000 zu zwölf Prozent jährlich für 50 Jahre nur einfach verzinst ergäbe am Schluss nur 70.000.

Im Bürgerlichen Gesetzbuch § 248 wird die Vereinbarung von Zinseszinsen für normale Leihvorgänge mit gutem Grund für ungültig erklärt. Nur für Bankgeschäfte wird eine Ausnahme gemacht. Denn wie will man auch verhindern, dass jemand seine Zinsen gleich wieder zum Kapital schlägt?

Wie wirkt sich dieses Zinssystem konkret aus? Teilen wir in der Bundesrepublik Deutschland alle Haushalte in zehn gleich große Gruppen mit steigendem Einkommen auf und untersuchen wir die Zinssalden. Die acht unteren Gruppen zahlen an die oberste und reichste Gruppe täglich Zinsen in der Größenordnung von dreihundert bis vierhundert Millionen DM.[205] Auch wer in den acht unteren Gruppen sein kleines Bankkonto hat und sich über seine Zinseinnahmen freut, zahlt selber in den Preisen versteckt ungleich mehr an Zinsen für fremde Schulden. Nur die neunte Gruppe hat einen ungefähr ausgeglichenen Zinssaldo; ihre Zinseinnahmen entsprechen ihren Zinsausgaben. Der Durchschnittsanteil von Zinsen in unseren Preisen dürfte mehr als 25% ausmachen.

Wenn jemand kreditweise Geld erwirbt und dafür etwas kauft, kann der Verkäufer noch während der Laufzeit des ursprünglichen Kredits das so von ihm erworbene Geld von neuem gegen Zinsen verleihen. So wird ein und dieselbe Bargeldmenge gleichzeitig mehrfach mit Zinsen behangen. Dazu kommt, wie schon erwähnt, dass Banken einen Teil der Bargeldmenge, die auf Girokonten eingezahlt wird, wiederum verleihen können und damit gleichzeitig mehrfach nutzen.

Die bundesrepublikanischen Privatvermögen hatten bereits 1997 die Rekordmarke von 5 Billionen DM erreicht, von denen 4,4 Billionen ertragbringend angelegt waren und im vorausgehenden Jahr 190 Milliarden DM Zinsen und Dividenden »abgeworfen« hatten, die aber in Wirklichkeit von anderen Menschen erarbeitet werden mussten. Im Vergleich dazu hatten die damals in den Medien so beklagten Schäden durch die Oderüberschwemmung im August 1997 nur etwa eine halbe bis dreiviertel Milliarde DM betragen. Man kann damit auch die so schwer aufzubringenden zehn Milliarden DM vergleichen, die zur Entschädigung für die einstigen Zwangsarbeiter gezahlt werden sollen; dabei braucht die deutsche Industrie effektiv nur ein Viertel dieser Summe aufzubringen; die Hälfte übernimmt der Staat direkt und ein weiteres Viertel mittelbar über den Weg steuerlicher Absetzbarkeit.

Beliebt ist die Formulierung, dass man sein Geld »arbeiten lasse«. Richtig daran ist, dass das Geld seine Funktion als Tauschmittel erfüllen soll. Aber nicht das Geld »arbeitet«, son-

---

205 Die durchschnittlichen Zinsbelastungen in allen Preisen lassen sich aus der Relation des gesamten Kapitaleinsatzes (Gesamtverschuldung und schuldenfreies Eigenkapital) zum Bruttosozialprodukt berechnen. In der Bundesrepublik kam im Jahr 1990 auf ein zinsbringendes Gesamtkapital von ca. 8.800 Mrd. DM eine Zinslast von ca. 620 Mrd. DM, d. h. von 26% des Bruttosozialprodukts, das ca. 2.426 Mrd. DM betrug. Vgl. CREUTZ, Geldsyndrom, 1993, 283.

dern die Menschen mit Hilfe ihrer realen Produktionsmittel, die sie sich gewöhnlich nur mit Hilfe von geliehenem Geld verschaffen können. Die Zinsen für geliehenes Geld werden nicht vom Geld, sondern von den Menschen erarbeitet. Ihr Angewiesensein auf das Tauschmittel Geld lässt sich solange ausbeuten, als man den Jokervorteil des Geldes privatisieren kann. Er beruht jedoch auf der öffentlichen Leistung aller derer, die Geld annehmen und weitergeben, anstatt es durch Kassehalten seiner Funktion als Tauschmittel zu entziehen.

Jedenfalls bewirkt unser gegenwärtiges monetäres System eine ständige Umverteilung des Geldes zugunsten der Eigentümer großer Geldvermögen. Schieres Geldeigentum wird weit höher belohnt als jede produktive Leistung. Darin erweist sich die gegenwärtige Form von Kapitalismus als höchst problematisch. Er ist nicht etwa mit der Marktwirtschaft identisch, sondern verfälscht sie, indem er durch die Privilegierung des Geldes den gerechten Austausch von Waren und Leistungen behindert.[206]

Die enorme Umverteilung des Geldes durch die Wirkung der Zinseszinsen, die in seinem Jokervorteil begründet ist, kann die Wirtschaft nur bei exponentiellem Wachstum überhaupt verkraften. Sie ist wie ein Flugzeugmotor, der zu stottern anfängt, wenn man nicht ständig mehr Gas gibt. Ein Flugzeugmotor bricht dann irgendwann auseinander. Entsprechendes geschieht in der Wirtschaft in immer wiederkehrenden Börseneinbrüchen. Exponentielles Wachstum ist auf die Dauer nicht möglich; es würde wie ein Krebsgeschwür seinen Träger über kurz oder lang zerstören. So trägt das gegenwärtige monetäre System den Keim der Selbstzerstörung in sich.

In diesen Eigenschaften unseres Geldsystems dürfte auch ein Hauptgrund der heutigen Arbeitslosigkeit liegen.[207] Alle Unternehmen unterbleiben, die nicht mindestens die Rentabilität des Geldes erreichen. Wenn jemand bei der Bank, ohne den Finger zu krümmen, acht Prozent für sein Geld bekommt, wird er sich doch nicht anstrengen und auf die Dauer ein Unternehmen weiterführen, das nur sieben Prozent Gewinn erwirtschaftet. So wird die freiwillige Arbeitslosigkeit der Besitzer von großen Vermögen, die mit Zinseszinsen bedient werden müssen, durch die unfreiwillige Arbeitslosigkeit der vielen erkauft.

Sollte man also die Zinsen einfach verbieten? Aber dann hätte niemand mehr Anlass, sein Geld zu verleihen; er würde natürlich lieber den Liquiditätsnutzen des Geldes selber genießen. Es bliebe in vollen Kassen und würde erst recht seiner Funktion als Tauschmittel entzogen. Die wirtschaftlichen Folgen wären katastrophal.

Ein Gegenmittel wäre jedoch die Einführung einer »Bereitstellungsgebühr« für liquides Geld. Der Jokervorteil des Geldes, der in seinem Liquiditätsnutzen besteht, kommt ja durch eine öffentliche Leistung zustande, nämlich durch diejenigen, die Geld annehmen und weitergeben. Diesem Sachverhalt wird der Ausdruck »Bereitstellungsgebühr« besser gerecht als etwa die Bezeichnung als »Umlaufsicherungsgebühr«, obwohl natürlich die Umlaufsicherung die erwünschte Auswirkung der Bereitstellungsgebühr ist. Zunächst wird der Liquiditätsnutzen zur Verfügung gestellt, und dafür wird in der Bereitstellungsgebühr eine Gegenlei-

---

206 Vgl. auch SENF, Nebel, 1996.
207 Vgl. KNAUER, Arbeitslosigkeit, 1997. Vgl. auch SUHR, Arbeitslosigkeit, 1983; DERS., Befreiung, 1986.

stung gefordert. Unzutreffend wäre die Behauptung, es handele sich um eine »Pönalisierung« von Kassehalten. Vielmehr: Wer den Jokervorteil des Geldes genießt, sollte dafür auch selbst die Kosten tragen.

Geld in der eigenen Kasse zurückzuhalten, würde also mit einer Gebühr (= negativen Zinsen) belastet. Von dieser Gebühr könnte man sich nur dadurch befreien, dass man das Geld entweder in einem Kauf weitergibt oder wenigstens durch Verleihen wieder in Verkehr bringt. Aber der Bestand auf dem Sparkonto würde so nicht mehr von allein wachsen. Reale Vorräte wachsen ja auch nicht von allein, sondern sind mit Kosten verbunden. Eine solche Bereitstellungsgebühr für liquides Geld hätte weder die negativen Auswirkungen einer Abwertung der gesamten Währung noch die einer nachträglichen Zinsabschlagssteuer. Bei letzterer bliebe es noch immer dabei, dass mittellose Jungunternehmer für die Aufnahme eines Kredits mit hohen Zinsen bestraft würden; oder die Kapitaleigner würden bei einem nach Steuern zu geringen Zinsertrag ihr Geld lieber von vornherein in ihrer Kasse behalten.

Auch ohne zusätzliche Zinsen beim Verleihen von Geld hätte man dennoch zum Sparen in der Form des Geldverleihs einfach deshalb Anlass, weil man mit der Notwendigkeit künftiger Ausgaben rechnen muss. Würde man zu diesem Zweck das Geld nur im Sparstrumpf zurückhalten, anstatt es zu verleihen, würde es durch die Bereitstellungsgebühr belastet und mit der Zeit weniger werden. Dem kann man durch das Verleihen des Geldes entgehen. Der eigene Anspruch bliebe dann in seinem vollen Wert erhalten, es würde jedoch nicht mehr ohne die eigene Arbeit wachsen.

Von der Notenbank ließen sich die Geldmenge und die Umlaufgeschwindigkeit bei einer solchen Bereitstellungsgebühr dann nicht wie bisher nur wie an der langen Leine, sondern wie durch ein »archimedisches Drehknöpfchen« feinregulieren.

Technisch ist diese Bereitstellungsgebühr möglich. Von Girokonten könnte sie als Gebühr durch einen Abbuchungsvorgang erhoben werden; für Banknoten könnte von Zeit zu Zeit ein Umtausch gegen eine Gebühr vorgesehen werden und Kleingeld wäre durch Neuprägungen gegen Gebühr zu ersetzen.

Die durch die Bereitstellungsgebühr für liquides Geld gewonnenen Mittel könnten für gesellschaftlich notwendige Aufgaben zur Verfügung stehen, insbesondere zum Beispiel als Erziehungsgeld und als Investition in die Bildung. Vielleicht gilt ähnliches überhaupt vom rechten Umgang mit Reichtum.[208]

Die Einführung einer Bereitstellungsgebühr würde aus dem Geld ein neutrales Tauschmedium machen. Es wäre den Waren und Dienstleistungen gleichgestellt, anstatt ihnen gegenüber privilegiert zu sein. Dies liefe auf eine gewaltlose Befreiung der Marktwirtschaft vom Kapitalismus hinaus. Den Reichen würde nicht ihr Reichtum genommen, wohl aber die

---

208 Bei einer wirtschaftsethischen Tagung 1991 im Konstanzer Konzilsgebäude erhielt ich in einer Podiumsdiskussion einen schriftlichen Gesprächsbeitrag aus dem Auditorium: »Als bewußter Christ verstehe ich die biblische Mahnung: ›Habt Ihr Nahrg., Kleidung, Wohnung‹, ›so lasset Euch genügen‹ [vgl. 1 Tim 6,8], alles darüber hinaus da einzusetzen, wo es nötig u. dienlich ist. Das macht das wahre Glück us. Lebens aus! Selbständige u. Industrielle benötigen allerdings einen entsprechend breiteren Spielraum! Daraus erwächst erfahrenerweise die Antwort auf die Frage Jesu: ›Habt Ihr je Mangel gehabt?‹: ›Herr, nie!, keinen!‹ [vgl. Lk 22,35]«

doppelte Privilegierung eines Reichtums, der im Geldeigentum bestünde. Auch im Interesse der Reichen ist dies sowohl der Gefahr sozialer Unruhen wie dem Zusammenbruch des Gesamtsystems vorzuziehen, der bei einem ständigen Wachstum der zinsbringenden Geldvermögen unvermeidlich ist.

Aber entfallen dann nicht auch für die weniger Vermögenden die so ersehnten Zinseinnahmen? Es würden für sie im Gegenzug auch die weit größeren Ausgaben entfallen, mit denen sie sonst in den Preisen die Zinsen für die fremde Schulden mitbezahlen müssen.

Auch abgesehen von dem Vorschlag, der das Übel an der Wurzel anginge: Lebt nicht derjenige Staat über seine Verhältnisse, der hohe Einkommen bereits im voraus zu allen Investitionen entlastet, aber die Arbeitskraft so vieler Menschen, um Geld zu sparen, brachliegen lässt?

Die Einführung einer Bereitstellungsgebühr für liquides Geld würde eine Reihe der oben geschilderten selbstzerstörerischen Nebenwirkungen des gegenwärtigen monetären Systems aufheben. Es wäre natürlich notwendig, auch zum Beispiel auf dem Gebiet der Bodennutzung etwa durch ein Erbbaurecht reine Spekulationsgewinne zu verhindern.[209]

6) Fortpflanzungsmedizin

Ethische Normen in bezug auf die menschliche Fortpflanzung werden oft – und häufiger als in anderen Lebensbereichen – mit der Forderung nach »Naturgemäßheit« begründet. Es wurde jedoch oben bereits gezeigt, dass ein sachgemäßer Naturbegriff in der Moral sich nicht auf biologische Gegebenheiten bezieht und auch nicht im Gegensatz zu dem steht, was künstlich oder technisch ist. Vielmehr geht es im ethischen Naturbegriff darum, dass es unabhängig von der Einstellung des Handelnden ist, ob sein Verhalten die Struktur des Raubbaus hat oder nicht.

Unethisch ist deshalb nicht die Verwendung technischer Mittel zur Ermöglichung einer Empfängnis, sondern jedes vermeidbare Verhalten, das einem entstehenden Menschen die Möglichkeit vorenthält, Geborgenheit zu finden und zu erfahren. Aus diesem Grund sind verbrauchende Versuche mit Embryonen vom Beginn ihrer selbständigen Entwicklung an abzulehnen.

Peter Singer behauptet, Embryonen seien nicht im eigentlichen Sinn als »menschliche Wesen« anzusehen. Er schreibt:

> »Ohne jeden Zweifel ist der Embryo ein menschliches Wesen in dem Sinne, daß er ein Mitglied der Spezies Homo sapiens ist. Aber ist der Embryo auch ein menschliches Wesen in dem moralisch relevanten Sinn, den wir meinen, wenn wir von menschlichen Wesen sagen, daß sie ein Recht auf Leben besitzen, das nicht-menschliche Wesen nicht besitzen? Wenn wir fragen, weshalb Menschen ein Recht auf Leben haben, das beispielsweise Hunde, Schweine oder Krallenaffen nicht haben, wird sich jede plausible, nichtreligiöse Antwort auf unsere überlegenen geistigen Fähigkeiten beziehen müssen – auf unser Selbstbewußtsein, unsere Rationalität, unser Sittlichkeitsgefühl, unsere Autonomie

---

209 Vgl. zur Frage der Bodennutzung mehrere Hefte der Zweimonatsschrift »Fragen der Freiheit«, Bad Boll, nn. 38, 208, 210, 215, 239, 245.

oder eine Kombination davon. Eigenschaften wie diese sind es, würden wir sagen, die uns zu ›wirklichen Menschen‹ machen. Oder genauer: Eigenschaften wie diese sind es, die uns zu Personen machen. Wenn es aber dies ist, was wir meinen, wenn wir von menschlichen Wesen – oder besser: Personen – sagen, daß sie ein Recht auf Leben haben, dann wird sofort klar, daß der Embryo, insbesondere der frühe Embryo, kein menschliches Wesen ist. Der frühe Embryo besitzt keine der geistigen Fähigkeiten, die Mitglieder unserer Art von Mitgliedern anderer Arten unterscheiden. Der frühe Embryo hat kein Gehirn, ja noch nicht einmal ein Nervensystem. Man kann daher berechtigterweise annehmen, daß er über kein größeres Bewußtsein verfügt als, sagen wir, ein Salatblatt.«[210]

Es ist in der Tat nicht möglich, die Menschenwürde etwa aus einer von der jüdischen und christlichen Glaubensverkündigung behaupteten Gottebenbildlichkeit des Menschen abzuleiten. Denn dann wäre die Menschenwürde nur dem Glaubenden erkennbar, und der Nichtglaubende hätte keinen Anlass, sie anzuerkennen. Die Menschenwürde hat vielmehr damit zu tun, dass der Mensch darauf hingeordnet ist, von seinesgleichen als sittliches Subjekt anerkannt zu werden und damit auch andere als sittliche Subjekte anerkennen zu können. Dies ist mehr als das bloße aktuelle Überlebensinteresse. Singers Argumentation verkennt, dass nicht erst der aktuelle Besitz von geistigen Fähigkeiten den Menschen als Person konstituiert, sondern bereits die prinzipielle, der Spezies als solcher und nicht nur dem Individuum zukommende Fähigkeit, solche Fähigkeiten zu entwickeln. Dies gilt selbst dann, wenn diese prinzipielle Fähigkeit an ihrer Aktualisierung definitiv behindert sein sollte. Diese »Metafähigkeit« wird traditionell als ein Sachverhalt verstanden, der keine unterschiedlichen Grade zulässt. Er macht das Personsein und damit die Menschenwürde aus. Das Personsein ist die Grundlage dafür, dass die sittliche Subjekthaftigkeit und damit aktuelle Selbstpräsenz, Selbstbewusstsein und Selbstverfügung möglich werden.[211] Diese Möglichkeitsbedingung für aktuelle Selbstpräsenz sei als »Grundselbstpräsenz« bezeichnet. Die darin begründete Menschenwürde kommt allen ihren Trägern unterschiedslos zu. Der Mensch bleibt auch im Schlaf oder in Bewusstlosigkeit Person.

Wäre die Menschenwürde nur im Maß der aktuell gegebenen geistigen Fähigkeiten oder des bewussten Überlebensinteresses gegeben, dann wäre zum Beispiel ein Schlafender kein mit dieser Würde ausgetatteter Mensch, da er aktuell seine geistigen Fähigkeiten nicht zu gebrauchen vermag.

Um die Überzeugung von der allgemeinen Menschenwürde zu entkräften, wären andere Argumente als die Singers erforderlich.[212]

Man wird allerdings fragen dürfen, ob es zutrifft, dass der Beginn des personalen menschlichen Lebens bereits mit der Vereinigung von Samenzelle und Ei gegeben ist und dass jede Angabe eines anderen Zeitpunktes willkürlich wäre. Die Frage nach dem genauen Beginn personalen Lebens ist ähnlich schwierig zu beantworten wie die Frage nach dem

---

210 SINGER, Ethik, 1995, 84.
211 Vgl. LOTZ, Person, 1963.
212 Eine gute Auseinandersetzung mit Peter Singer, die auch seinen berechtigten Anliegen zu entsprechen sucht, bietet ERNST, Ethik, 1997.

genauen Zeitpunkt des Todes. Leben kommt bereits der Samenzelle und dem Ei je für sich zu; trotzdem sprechen wir noch nicht von personalem Leben. Auch nach der Vereinigung von Samenzelle und Ei scheint immer noch eine für die weitere Entwicklung entscheidende Determinante zu fehlen. Es scheint nämlich, dass erst mit der Nidation in die Gebärmutter und der dadurch erfolgenden Achsenbestimmung eine eigenständige menschliche Entwicklung möglich ist. Jedenfalls kommt ohne die Achsenbestimmung eine solche Entwicklung nicht zustande.[213] Natürlich kommt eine Entwicklung auch ohne Nahrungszufuhr nicht zustande. Aber bei der Achsenbestimmung handelt es sich um eine qualitative Determinante, während die Nahrungszufuhr graduelle Unterschiede zulässt und in diesem Sinn nicht einfachhin konstitutiv ist. Trotz eines gelegentlich auftretenden weiterreichenden Entwicklungspotentials in Kulturen embryonaler Stammzellen (die dem noch nicht implantierten Keim entnommen sind) ist für die Weiterentwicklung der Blastocyste der Kontakt mit einem geeigneten Substrat unabdingbar. Ein geordneter Fortgang der Keimesentwicklung ist bisher außerhalb des Mutterleibs nicht nachgewiesen. Wie dem auch sei, wird man jedoch auf jeden Fall fragen müssen:»Was ist an menschlichen Entwicklungsstadien alles zu schützen, um dem Ziel dieser Entwicklung, dem Menschen, den ihm aufgrund seiner Personwürde zukommenden Schutz wirksam zu garantieren?«[214] Deshalb ist es gesetzlich verboten, eine extrauterine Befruchtung zu einem anderen Zweck als zur Einpflanzung in die Gebärmutter vorzunehmen.

7) Sexualethik

Herkömmliche Sexualethik ist durch viele Verbote gekennzeichnet. Will man solche Verbote verstehen, fragt man besser zunächst nach den Werten, die gefördert werden sollen. Es ist wie bei einer Ampel: Das oft als ärgerlich empfundene Rot für die eine Richtung hat seine Begründung im Grün für die andere; es geht insgesamt darum, besser und sicherer voranzukommen. So sollte auch der Ausgangspunkt einer Sexualethik die Frage sein, welche Werte durch sie gefördert werden sollen.

Eine gelungene Partnerschaft ist eine der tiefsten Glückserfahrungen. In ihr teilen die Partner miteinander Freude und Leid und können sich, solange sie leben, aufeinander verlassen. Die Partner bejahen einander für immer in ihrem Personsein und in ihrer Gemeinschaft miteinander. Eine solche Partnerschaft ist auch ein idealer Ort dafür, dass Kinder in Geborgenheit aufwachsen können. Ethisch stellt sich dann die Frage, welche Verhaltensweisen ein solches Ziel fördern, und welche es letzten Endes untergraben oder zumindest behindern.

Es erscheint vielen als Erfahrungsgegebenheit: Sexualverkehr ohne den beiderseitigen Wunsch nach einer Zusammengehörigkeit für immer oder gar gegen den Willen der oder des anderen ist – in sich selber, aber auch in Bezug auf eine eventuelle andere Partnerschaft – dem Ziel erfüllter gegenseitiger Liebe und Geborgenheit nicht förderlich.

---

213 Vgl. KUMMER, Abtreibung, 1997; DERS., Embryonen, 1999; DERS., Stammzellkulturen, 2000; DERS., Klonen, 2001.
214 DERS., Stammzellkulturen, 2000, 552.

Wenn man sich im Kontext der Sexualethik wie überhaupt der Ethik auf das »natürliche Sittengesetz« berufen will, dann kann damit sinnvoll nur die Ablehnung eines Verhaltens gemeint sein, das auf Raubbau hinausliefe. Argumentationen, die etwas deshalb ablehnen, weil es »unnormal« oder »künstlich« sei, zeugen von mangelnder Einsicht in den Naturbegriff der Ethik. Im ethischen Naturbegriff geht es, wie oben gezeigt worden ist[215], nur darum, dass der Sachverhalt des Raubbaus unabhängig davon ist, ob es dem Handelnden passt oder nicht.

Angenommen, homosexuelles Verhalten sei ethisch nicht zu verantworten. Um dies zu beweisen, müsste man zeigen können, dass ein Schaden ohne »entsprechenden Grund« zugelassen oder verursacht wird. Es genügt nicht, Homosexualität zum Beispiel bereits deshalb als »widernatürlich« zu erklären, weil man selber keine solche Veranlagung hat oder weil diese Veranlagung seltener ist als Heterosexualität. Vor solchen Argumentationen sollte man sich auch deshalb hüten, weil im vergangenen XX. Jahrhundert eine Reihe von faschistischen oder fundamentalistischen Diktaturen ihre drakonischen Strafen für Homosexualität so zu begründen pflegten. Für die Überzeugung, auch eine homosexuelle Verbindung, die der Veranlagung der Partner entspricht und auf Beständigkeit abzielt, sei ethisch zu verurteilen, müsste man andere Gründe suchen.[216]

Auch eine allgemeine Ablehnung »künstlicher« Empfängnisverhütung ist ethisch nicht begründbar. Der Begriff »Empfängnisverhütung« wird oft so verwandt, dass nicht zu erkennen ist, welcher von beiden Sachverhalten, der physische oder der moralische, gemeint ist. Dies führt zu tragischen Verwechslungen eben dieser Sachverhalte und zu einer falschen Unterweisung der Gewissen. Man meint dann unzutreffenderweise, dass die bloße physische Beschreibung (»Anwendung eines Verhütungsmittels«) bereits genüge, um die Handlung als »in sich schlecht« kennzeichnen zu können.

Ob Empfängnisverhütung verantwortbar ist oder nicht, hängt nicht von der Methode ab, sondern davon, ob sie aus Verantwortung der Partner füreinander und für mögliche Kinder geschieht oder von dieser Verantwortung absieht. Es wäre sowohl Missbrauch von Ehe, Kinder zu zeugen, für deren Erziehung man nicht aufkommen kann, als auch ohne »entsprechenden Grund« die Zeugung von Kindern zu verhindern.[217]

Für die noch nicht wertende Beschreibung des Sachverhalts der Verhinderung einer Empfängnis, sodann für die ohne »entsprechenden Grund« geschehende und damit nicht verantwortbare Verhinderung einer Empfängnis und schließlich für die durch einen »entsprechenden Grund« verantwortbare Verhinderung einer Empfängnis sollte es unterschiedliche Wör-

---

215 Vgl. oben S. 94ff.
216 Einen Überblick über sittliche und rechtliche Aspekte bietet ROTTER, Anerkennung, 2001.
217 Vgl. KNAUER, Überlegungen, 1970. Für die Frage der Geburtenregelung empfiehlt das II. Vatikanum in seiner »Pastoralen Konstitution über die Kirche in der Welt von heute«: Die Eheleute sollen »durch gemeinsame Überlegung versuchen, sich ein sachgerechtes Urteil zu bilden. Hierbei müssen sie auf ihr eigenes Wohl wie das ihrer Kinder – der schon geborenen oder zu erwartenden – achten; sie müssen die materiellen und geistigen Verhältnisse der Zeit und ihres Lebens zu erkennen suchen und schließlich auch das Wohl der Gesamtfamilie, der weltlichen Gesellschaft und der Kirche beachten. Dieses Urteil müssen im Angesicht Gottes die Eheleute letztlich selbst fällen.« (GS, n. 50,2). Vgl. auch MIETH, Geburtenregelung, 1990.

ter geben.[218] Solche Bezeichnungen könnten sein »Empfängnisverhinderung« für die noch nicht wertende Sachverhaltsbeschreibung, »Empfängnisvereitelung« für die nicht durch einen »entsprechenden Grund« gerechtfertigte Empfängnisverhinderung, und vielleicht würde sich das Wort »Empfängnisverhütung« von seiner Semantik her am ehesten eignen, um das durch einen »entsprechenden Grund« gerechtfertigte Handeln zu bezeichnen. In der bisherigen Umgangssprache wird jedoch der letztere Begriff in verwirrender Weise unterschiedslos in allen drei Bedeutungen gebraucht. Allerdings bestünde die richtigste Bezeichnung des verantwortbaren Handelns in der Angabe seines »entsprechenden Grundes«. Man handelt zum Beispiel aus der Verantwortung für bereits vorhandene oder mögliche Kinder.

Die Meinung, dass die Benutzung eines Kondoms beim Geschlechtsverkehr mit einem aidspositiven Partner »unnatürlich« und deshalb auf jeden Fall ethisch unzulässig sei, lässt sich nicht aufrechterhalten. Wenn es sich um Geschlechtsverkehr von nicht miteinander Verheirateten handelt und ohne den Willen der Zusammengehörigkeit auf Dauer, mag er in hohem Maß problematisch und unverantwortlich sein. Aber er wird nicht durch die Benutzung eines Kondoms noch unerlaubter. Vielmehr wäre es gerade umgekehrt ein zusätzlicher Missbrauch, das Risiko einzugehen, den Partner zu infizieren oder auch ein Kind zu zeugen, für dessen gute Erziehung keine Familie geradestehen wird.

8) Sterbehilfe

Bereits in seinem traditionellen Verständnis wurde das Prinzip der Doppelwirkung für die Beurteilung von Fällen der Sterbehilfe angewandt. Darf man einem Sterbenden, der unter großen Schmerzen leidet, schmerzstillende Mittel verabreichen, selbst wenn dadurch der Sterbeprozess beschleunigt wird?[219] Zum Beispiel scheint es, dass sehr hohe Morphiumgaben die Durchblutung des Herzens oder des Gehirns beeinträchtigen können.[220] Die traditionelle Lösung lautet: Man darf die Beschleunigung des Sterbeprozesses nicht in sich selbst anzielen, aber man kann sie in Kauf nehmen, wenn sich anders eine Linderung der Schmerzen nicht erreichen läßt. Sachlich ist dieses Ergebnis richtig. Es handelt sich dann um die Zulassung und sogar Verursachung eines Schadens, die durch einen »entsprechenden Grund« gerechtfertigt ist. Der Grund des Handelns ist die Linderung unerträglicher Schmerzen; sie werden nicht kontraproduktiv um den Preis noch unerträglicherer Schmerzen gelindert, und es werden auch nicht andere Werte unnötig aufs Spiel gesetzt. Natürlich wird man darauf achten, die Lebensverkürzung so gering wie möglich zu halten.

Zur Frage der »Tötung auf Verlangen« wegen unerträglicher Schmerzen ist zu bedenken: Eine wirkliche Freiwilligkeit dieses Verlangens dürfte gerade wegen der Unerträglichkeit der Schmerzen nur noch sehr eingeschränkt gegeben sein. Die Todeswünsche werden auch oft eher aus Einsamkeit kommen oder daraus, dass es für viele schwer ist, den Verlust der Selbständigkeit und die eigene Angewiesenheit auf Pflege anzunehmen. Die ethisch gebotene und heute noch weitaus zu wenig realisierte Alternative ist eine qualifizierte palliativ-

---

218 Vgl. oben S. 23.
219 Eine beachtliche Auseinandersetzung mit diesbezüglichen Fragen: PIUS XII., *Questions*, 1957, 143–146.
220 Vgl. die Aussagen des Göttinger Intensivmediziners BURCHARDI, Interview, 2001, 98.

medizinische und menschlich liebevolle Betreuung solcher Patienten.[221] Weil diese Alternative möglich ist, ist Tötung auf Verlangen »in sich schlecht«.

Auch das Argument, es gehöre zur Menschenwürde, den Zeitpunkt des eigenen Todes selbst zu bestimmen, scheint der Prüfung nicht standzuhalten. Ein Handeln zu wollen, das jedes weitere Handeln unmöglich macht, bedeutet, einen »Grund« zu haben, der kein »entsprechender« ist; es besteht vielmehr ein innerer Widerspruch.

Der ethisch entscheidende Unterschied zwischen verschiedenen Weisen der Sterbehilfe liegt allerdings nicht in der Frage, ob sie aktiv verursachend oder nur passiv zulassend ist.[222] Diese Terminologie ist leider irreführend, wenn sie den Unterschied zwischen zulässiger und unzulässiger Sterbehilfe ausdrücken soll; gemeint mit »passiv«, aber damit nicht zutreffend ausgedrückt ist, dass die Beschleunigung des Sterbens »außerhalb der Absicht«[223] bleiben muss, also nicht den gewollten »Gegenstand« der Handlung ausmachen darf. Auch bei einem Behandlungsverzicht darf die reale Absicht nicht darin bestehen, einen möglichst baldigen Tod des Patienten zu erreichen, sondern es muss darum gehen, ihm sinnlose Maßnahmen zu ersparen. Nach dem Prinzip der Doppelwirkung darf ein Schaden weder verursacht noch auch nur zugelassen werden, wenn die Verhaltensweise keinen »entsprechenden Grund« hat. Der Unterschied liegt allein im Vorhandensein oder im Fehlen eines »entsprechenden Grundes«. Statt von »passiver« oder »aktiver« Euthanasie zu sprechen, wäre zutreffender zwischen »indirekter« und »direkter« Euthanasie zu unterscheiden, und dabei ist es gleichgültig, ob sie aktiv verursachend oder passiv zulassend ist. Die »indirekte« Euthanasie ist dadurch definiert, dass sie mit »entsprechendem Grund« geschieht; sie ist deshalb zulässig. Die »direkte« Euthanasie hat keinen »entsprechenden Grund« und ist daher immer »in sich schlecht«.

Die Ausdrücke »Euthanasie« und »Sterbehilfe« selber sind Musterbeispiele für problematische Begriffsbildung. Es fehlt auch hier an unterschiedlichen Begriffen für die reine Sachverhaltsbeschreibung im voraus zu aller Wertung und für die moralisch negativ bzw. die moralisch positiv zu bewertende Handlung.[224] Die beiden Begriffe »Euthanasie« und »Sterbehilfe« klingen zunächst positiv. »Euthanasie« bedeutet rein semantisch gesehen Hilfe dazu, in guter Weise, nämlich mit möglichst wenig Schmerzen, zu sterben. Die beiden Aus-

---

221 Vgl. ODUNCU, Begleiten, 2001.

222 Vgl. den oft zitierten Artikel von RACHEL, *Euthanasia*, 1975. Dass diese üblichen Unterscheidungen die Sache nicht treffen, zeigt auch VIELVA ASEJO, *Eutanasia*, 2000. BORMANN, Töten, 2001, benutzt die falschen Begriffe (vgl. insbesondere seine Fußnoten 10 und 100). Denn ohne »entsprechenden Grund« bedeutete auch ein Sterbenlassen einen »direkt« gewollten Schaden und wäre damit »in sich schlecht«. Dass der Unterschied zwischen »direkt« und »indirekt« in der Ethik nur an der Frage liegt, ob der Grund der Handlung ein »entsprechender« ist, wurde nicht erkannt. Die in diesem Artikel ausführlich analysierte »kausale Differenz« (80) zwischen »aktiver« und »passiver« Euthanasie ist als solche, unabhängig von der Frage, ob ein »entsprechender Grund« vorliegt oder nicht, ethisch nicht relevant.

223 Es sei noch einmal daran erinnert, dass »außerhalb der Absicht« in der auf S. 34 zitierten Formulierung von Thomas von Aquin für das Prinzip der Doppelwirkung den beabsichtigten »Gegenstand« der Handlung (»Handlungsziel«) meint und nicht die »Absicht« (»Ziel des Handelnden«), von der in der Lehre von den »Quellen der Moralität« die Rede ist, nämlich den »Gegenstand« einer weiteren Handlung, auf die eine voraufgehende Handlung hingeordnet wird (vgl. oben S. 79ff).

224 Vgl. dazu oben S. 22f und 86ff.

drücke werden aber auch und vor allem für die nicht durch einen »entsprechenden Grund« gerechtfertigte Zulassung oder Verursachung des, sei es auch möglichst schmerzlosen, Sterbens selbst gebraucht; und dann handelt es sich um einen reinen Euphemismus.[225] Ein »in sich schlechtes« Handeln wird damit »schöngeredet«. Man müsste dann eine durch einen »entsprechenden Grund« gerechtfertigte Verursachung oder Zulassung eines rascheren Todes mangels eines geeigneteren Ausdrucks als »indirekte Euthanasie« bezeichnen. Aber dies ist ungefähr so, wie wenn man die Verursachung oder Zulassung eines Schadens zunächst mit einem schön klingenden Wort bezeichnete, etwa die Wegnahme fremden Eigentums als »Erwerbung«. Und dann wäre der Diebstahl eine »direkte Erwerbung«, während eine durch eine durch einen »entsprechenden Grund« gerechtfertigte Wegnahme fremden Eigentums nur eine »indirekte Erwerbung« wäre. Oder es wäre, wie wenn man umgekehrt die bei einer Selbstverteidigung als unvermeidbar in Kauf genommene Tötung des Angreifers als »indirekten Mord« bezeichnete. Solche unangemessene Begriffsbildung ist zu vermeiden.

Für die reine Beschreibung des physischen Vorgangs müsste man von der »Verursachung oder Zulassung rascheren Sterbens« sprechen. Wenn ein »entsprechender Grund« vorliegt, etwa die Notwendigkeit palliativer Maßnahmen zur Verhinderung noch größerer Schmerzen, dann würde es sich um »Hilfe im Sterben« handeln. Es sei aber hier an die oben ausführlich dargestellte genaue Bedeutung des Begriffs »entsprechender Grund« erinnert, mit der etwas anderes als nur ein für noch so wichtig gehaltener »Grund« gemeint ist.[226] Sowohl eine »Verursachung« wie eine »Zulassung« rascheren Sterbens ohne »entsprechenden Grund« wäre als »Ermordung eines Sterbenden« zu bezeichnen.

Die Alternative besteht nicht in Lebensverlängerung oder – genauer – Sterbensverlängerung um jeden Preis durch Technik und Therapien, sondern darin, Schmerzen zu lindern und beeinträchtigende Symptome zu behandeln, um so viel Selbstbestimmung und Lebensqualität zu erhalten wie möglich. Bei Patienten mit aussichtsloser Prognose mag es genügen, die Grundfunktionen zu erhalten; man wird weitergehende Maßnahmen eher unterlassen («withholding» oder sogar «withdrawing», also Beendigung angefangener derartiger Maßnahmen). Man sorgt dafür, dass der Patient nicht Hunger oder Durst leidet (was nicht heißt, dass man ihm etwas aufzwingen muss), dass Darm- und Blasenentleerung stattfinden können und dass der Patient möglichst auch nicht erstickt. Persönliche Zuwendung und den Patienten nicht allein zu lassen, ist eine außerordentlich wichtige Aufgabe. Man wird jedoch auf diesem ganzen Feld in besonderem Maß in Kauf nehmen müssen, dass man unter den Bedingungen von Ungewissheit zu handeln hat: Es gibt kaum jemals völlig sichere Prognosen.

---

225 Adolf Hitler gab im Oktober 1939 in einer auf den 1. September zurückdatierten Bevollmächtigung den Auftrag: »Reichsleiter Bouhler und Dr. med. Brandt sind unter Verantwortung beauftragt, die Befugnisse namentlich zu bestimmender Ärzte so zu erweitern, daß nach menschlichem Ermessen unheilbar Kranken bei kritischster Beurteilung ihres Krankheitszustandes der Gnadentod gewährt werden kann.« (Franke, 2001, 128) Es hätte sich auch dann um Mord gehandelt, wenn die Tötung ohne Schmerzen für die Opfer durchgeführt worden wäre.

226 Siehe oben S. 44ff.

VII. Ethik und christlicher Glaube

1) Das Sittengesetz als Vernunftgegenstand

In den vorangehenden Überlegungen wurde rein philosophisch argumentiert. Es stellt sich aber die Frage, wie sich dazu etwa die christliche Botschaft verhält, die ja von vielen auch als eine ethische Instanz angesehen wird. In welchem Sinn kann einer Kirche ethische Autorität zukommen?

Die christliche Botschaft setzt als ihren Anknüpfungspunkt die sittliche Ansprechbarkeit des Menschen voraus. Die christliche Botschaft behauptet, den Menschen von der Wurzel seiner Unmenschlichkeit erlösen zu können. Diese Wurzel der Unmenschlichkeit liegt in der Angst des Menschen um sich selbst, die in seiner Verwundbarkeit und Vergänglichkeit begründet ist. Der Hebräerbrief (2,15) spricht von der »Todesfurcht«, die das ganze Leben des Menschen bestimme und eine Zwangslage für ihn darstelle; sie ist die Wurzel aller Unmenschlichkeit. Sie bewirkt, dass man notfalls sogar über Leichen geht, um sich selbst zu sichern. Die christliche Botschaft beansprucht nun, diese Angst des Menschen um sich selbst entmachten zu können, indem sie die stärkere Gewissheit mitteilt, in der Gemeinschaft mit Gott als dem in allem Mächtigen geborgen zu sein, gegen die nicht einmal der Tod ankommt.

Würde der Mensch im Voraus zur Begegnung mit der christlichen Botschaft nicht wenigstens im Prinzip den Unterschied zwischen menschlichem und unmenschlichem Verhalten erkennen können, dann könnte er von vornherein auch den Anspruch der christlichen Botschaft gar nicht verstehen. Dies hindert nicht, dass man im einzelnen oft auf sittliche Forderungen eigens aufmerksam gemacht werden muss. Die sittliche Einsicht ist in Bezug auf Einzelforderungen nicht von vornherein gegeben.

Die vermeintlich fromme Auffassung, dass erst der Glaube auch die sittlichen Forderungen mit sich bringe, läuft jedoch in Wirklichkeit darauf hinaus, den Anknüpfungspunkt der christlichen Botschaft im Menschen zu bestreiten. Denn dann stünde, wer noch nicht glaubt, nicht einmal unter einem sittlichen Anspruch und hätte damit auch keinen Anlass, sich überhaupt mit der christlichen Botschaft zu befassen.

Es ist auch unzutreffend, dass man für ethische Normen zumindest der Anerkennung der Existenz Gottes bedürfe. Da Gott nicht unter unsere menschlichen Begriffe fällt, kann man auch logisch nichts von ihm herleiten. Nur umgekehrt kann man aus der Existenz moralischer Normen wie aus der Existenz aller Wirklichkeit überhaupt auf ihre Geschöpflichkeit schließen; aber diesem Schluss muss die Erkenntnis der Normen vorausgehen. Diese Reihenfolge lässt sich nicht umkehren.

Auch die Meinung, es gehe in der Sittlichkeit des Menschen darum, Gott als höchstes Ziel anzustreben, erscheint deshalb problematisch. Sie würde ebenfalls bedeuten, dass Menschen, die von Gott noch nichts gehört haben, auch die Gebote der Sittlichkeit nicht erkennen können. Auch ist Gott nicht Gegenstand des menschlichen Bewirkens. In welchem Sinn könnte man Gott als das höchste Gut »anstreben«? In der christlichen Botschaft geht es eher darum, dass Gott seinerseits den Menschen Gemeinschaft mit sich schenkt und man von diesem Ausgangspunkt herkommt, anstatt ihn erst mühsam erreichen zu müssen. Nach der christlichen Botschaft können vor Gott gute Werke nur aus der Gemeinschaft mit ihm hervorgehen.

Selbst die Auffassung, durch die Religion würde die sittliche Verpflichtung des Menschen verstärkt, trifft nicht zu. Man würde damit leugnen, dass sittliche Verpflichtung als solche von vornherein absolut und damit nicht steigerungsfähig ist.

Das Verhältnis von Ethik und Glaube ist anderer Art. Die christliche Botschaft verkündet das Geborgensein des Menschen in der Gemeinschaft mit Gott. Gottes Liebe zur Schöpfung kann aber nicht an geschöpflichen Qualitäten ihr Maß haben. Vielmehr verkündet die christliche Botschaft eine Gemeinschaft des Menschen mit Gott, die darin besteht, in die ewige Liebe Gottes zu Gott, des Vaters zum Sohn aufgenommen zu sein. Daraus entsteht eine Gewissheit, die stärker ist als alle Angst des Menschen um sich selbst. Wer sich in der Liebe Gottes geborgen weiß, wird nicht mehr durch die Angst um sich selbst daran gehindert, nach seinem Gewissen zu handeln und der Wirklichkeit der Welt gerecht zu werden.

Im Glauben geht es um das Verhältnis des Menschen zu Gott: Durch nichts kann man Gott größere Ehre erweisen als durch das Vertrauen auf seine Liebe, die ihr Maß nicht an etwas Geschaffenem hat, sondern von Ewigkeit her konstitutiert ist als die Liebe des Vaters zum Sohn, die der Heilige Geist ist.

Die Werke des Menschen sind dagegen auf die Welt gerichtet. Sie sind, wenn sie vor Gott gut sein sollen, die Früchte des Glaubens. Ein Baum wird nicht durch seine Früchte gut, sondern nur ein guter Baum bringt gute Früchte. Luthers Parole, dass nur der Glaube rechtfertigt, ist eine Kampfparole für gute Werke.[227]

Ethik benennt nur die Normen für unser Handeln. Aber mit der Erkenntnis, wie wir handeln sollen, ist noch nicht ohne weiteres gegeben, dass wir tatsächlich entsprechend handeln. Ich kann einsehen, dass Lügen böse ist, und lüge dennoch, weil ich mir davon irgendeinen Vorteil verspreche. Die Frage ist deshalb, was uns Menschen daran hindert, unserer Gewissenseinsicht zu folgen. Die Antwort unserer Erfahrung, auf die uns die christliche Botschaft nur eigens aufmerksam macht, ist, dass wir, solange wir letztlich von der Angst um uns selber bestimmt sind, gefangen und damit unfrei bleiben. Diese Tatsache ist der Anknüpfungspunkt der christlichen Botschaft. Diese Botschaft bringt keine neuen Normen mit sich, sondern will zur Erfüllung derjenigen Normen befreien, zu denen wir bereits auf Grund unseres Menschseins im Voraus zu aller Religion verpflichtet sind.

Wir verstehen hier »Glauben« als das Anteilhaben am Gottesverhältnis Jesu. An Jesus als den Sohn Gottes zu glauben bedeutet, aufgrund seines Wortes sich und die ganze Welt in die ewige Liebe des Vaters zu ihm aufgenommen zu wissen; diese Liebe zwischen Vater und Sohn hat an nichts Geschaffenem ihr Maß, sondern ist selbst der Heilige Geist.

Es soll keineswegs behauptet werden, dass nur gläubige Christen die ethischen Normen erfüllen können. Zu sittlich richtigem Verhalten ist nach dem oben Gesagten überhaupt kein

---

227 Vgl. EBELING, Luther, 1965, 195: »Denn die Formel ›aus Glauben allein‹ schließt, so wahr sie die Liebe als Grund der Rechtfertigung ausschließt, so wenig die Liebe als Folge der Rechtfertigung aus, daß vielmehr das ›sola fide‹ geradezu ein Kampf um die reine Liebe ist.« Vgl. auch DERS., Problem, 1971, 278: »Der Glaube selbst säkularisiert das gute Werk und nimmt ihm seine Abzielung auf Gott. Allein so gibt es wahre gute Werke. Um sie kämpft die Reformation mit dem sola fide.«

Glaube erforderlich. Es genügt die Gefahr, erwischt zu werden, um im Selbstbedienungs-laden lieber nicht zu stehlen. Zu im eigentlichen Sinn sittlich gutem Verhalten ist allerdings zumindest anonymer Glaube erfordert. Er besteht darin, letztlich aus einem Vertrauen zu leben, dessen Gewissheit stärker ist als die Angst um sich selbst. Aus der Sicht der christli-chen Botschaft handelt, wer immer in Wahrheit liebevoll handelt, bereits aus dem Geist Jesu, selbst wenn er selber darum noch nicht ausdrücklich weiß.[228] Umgekehrt sind auch nicht alle »frommen Christen« Glaubende. Die Glaubenswürdigkeit der christlichen Bot-schaft hat auch ihr Kriterium nicht in dem sittlichen Hochstand ihrer Verkünder. So wün-schenswert es ist, dass sie in ihrem Leben ihrer Verkündigung entsprechen, ist es doch durchaus möglich, dass sie hinter ihrer Verkündigung weit zurückbleiben und so von ihr nur öffentlich bloßgestellt werden. Allerdings ist das Kriterium der Glaubenswürdigkeit die Frage, die Bertolt Brecht in seinem berühmten Gedicht »Der Zweifler« gestellt hat: »Aber vor allem / Immer wieder vor allem anderen: Wie handelt man / Wenn man euch glaubt, was ihr sagt? Vor allem: Wie handelt man?«[229] Es geht nicht um das Handeln der Verkün-der, sondern um die Frage, welches Handeln dem Verkündigten entsprechen würde.

Der Glaube führt zur »Freiheit der Kinder Gottes« (vgl. Röm 8,21), die darin besteht, nicht mehr unter der Macht der Angst um sich selbst versklavt zu sein. In der Sicht des Glaubens ist auch der Gebrauch der »Willensfreiheit« gegenüber jedem endlichen Gut erst dann in Wahrheit frei, wenn man nicht mehr unter der Macht der Angst um sich selbst steht.

Die christliche Botschaft bringt im Übrigen keine zusätzlichen Verpflichtungen mit sich. Diese Einsicht ist wichtig auch zum Verständnis der »Kirchengebote«. Als Beispiel kann das in der katholischen Kirche bestehende Sonntagsgebot dienen. Die Kirche stellt die Verpflich-tung auf, am Sonntagsgottesdienst teilzunehmen. Dazu wird man »unter Sünde« verpflichtet, das heißt, die Nichtbeachtung dieses Gebotes sei Sünde. Aber auch dieses Gebot kann in Wirklichkeit nur »unter denjenigen Sünden« verpflichten, die wieder die Übermacht gewin-nen, wenn man allmählich den Glauben, das Geborgensein in der Gemeinschaft mit Gott, vergisst. Die Kirche ist nicht dazu da, neue Sünden einzuführen, sondern die alten abzu-schaffen. Die Notwendigkeit des Gottesdienstes besteht darin, dass er die »Freiheit der Kin-der Gottes« ermöglicht, nämlich dass man aus einem letzten Geborgensein leben kann.[230]

Allgemein bezeichnet die christliche Botschaft sittliche Verfehlungen als »Sünde« gegen Gott. Aber als Sünde gegen Gott werden sie nur rückschauend vom Glauben her als der Gemeinschaft mit Gott und damit von der Sündenvergebung her erkannt.

2) Autonomie, Heteronomie und Theonomie

Mit »Autonomie der geschaffenen Wirklichkeiten« ist nicht gemeint, dass der Mensch sich seine moralischen Gesetze nach Lust und Laune selber geben könne. Vielmehr ist damit eine

---

228 Vgl. dazu Joh 3,21. Wer »die Wahrheit tut«, erkennt, wenn er der christlichen Botschaft in klarer Form begegnet, rückschauend, dass seine Werke längst »in Gott« getan sind.
229 BRECHT, Werke, 1967, 587f.
230 Vgl. dazu EBELING, Notwendigkeit, 1975.

»Eigengesetzlichkeit« der geschaffenen Wirklichkeiten gemeint, die ihnen innewohnt.[231] Zum Beispiel ist der Mensch, will er sinnvoll sprechen, genötigt, logische Widersprüche zu vermeiden. Es geht nicht um einen autonomen Gebrauch der Vernunft, sondern um den Gebrauch der autonomen Vernunft. Autonomer Gebrauch der Vernunft würde darin bestehen, nach eigenem Gutdünken die Vernunft zu gebrauchen, wann es einem passt und im eigenen Interesse ist, und sie nicht zu gebrauchen, wenn damit dem unmittelbaren eigenen Interesse nicht gedient zu sein scheint. Gebrauch der autonomen Vernunft dagegen besteht darin, die der Vernunft innewohnende Eigengesetzlichkeit anzuerkennen und nicht gegen sie zu verstoßen. Dass Raubbau nicht zu verantworten ist, ist ein mit der Eigengesetzlichkeit der Welt mitgegebener Sachverhalt, der völlig unabhängig vom eigenen Gutdünken ist.

Die sittlichen Gebote werden dem Menschen nicht gleichsam durch den Befehl einer Autorität auferlegt (Heteronomie = Fremdbestimmung im Unterschied zu Eigengesetzlichkeit). Auch die Zehn Gebote haben ihre Geltung nicht daher, dass sie von Gott geoffenbart wären, sondern sie bringen ins Wort, was sich aus der Eigengesetzlichkeit der geschaffenen Wirklichkeiten ergibt. Es handelt sich nur in dem Sinn um *Gottes* Gebote, daß die Welt als Gottes Schöpfung völlig darin aufgeht, ohne Gott nicht sein zu können. Das Sein der Welt ist mit ihrem Geschaffensein identisch. In allem, worin sie sich vom Nichts unterscheidet, ist die Welt ein »restloses Bezogensein auf ... / in restloser Verschiedenheit von ...«. Das Woraufhin dieses »Bezogenseins auf ...« und dieses »Verschiedenseins von ...« nennen wir »Gott«. In sich selbst fällt er nicht unter unsere Begriffe. Wir begreifen von ihm immer nur das von ihm Verschiedene, das auf ihn verweist. Aber gerade so begegnet die Welt dem Menschen als eine Wirklichkeit, die ihn in seinem Gewissen beansprucht. Es geht um so alltägliche Dinge wie: Wenn man auf der Autobahn am Steuer seines Autos sitzt, darf man nicht vor sich hinträumen, sondern ist dafür verantwortlich, dass man keinen Unfall verursacht.

Die Autonomie der geschaffenen Wirklichkeit steht nicht in einem Gegensatz dazu, dass man von den der Welt innewohnenden Gesetzen auf ihre Geschöpflichkeit schließt und sie somit als auf Gott verweisend erfährt. Nur in diesem Sinn kann man von »Theonomie« sprechen, dass es sich also um von Gott gegebene Gesetze handelt, die der Welt innewohnen und so ihre Eigengesetzlichkeit ausmachen.

In katholischer Theologie unterscheidet man zwischen »Natur« und »Gnade«, zwischen geschaffener Wirklichkeit, die der Vernunft zugänglich ist, und der Selbstmitteilung Gottes, die allein im Glauben erkannt werden kann. Reformatorische Theologie präzisiert diese Begriffe »Natur« und »Gnade« durch die Unterscheidung von »Gesetz« und »Evangelium«.

Die geschaffene Wirklichkeit (»Natur«) ist nicht einfach nur vorhanden, sondern geht uns in unserem Selbstverständnis an. Zum einen ist sie nicht in sich selbst gegründet, sondern trägt in sich Verweischarakter, zum anderen ist sie das, was uns vor Forderungen stellt und uns im Gewissen beansprucht. In diesem Sinn ist sie »Gesetz«. Sie bringt aber die Erfüllung ihrer Forderungen nicht mit sich, sondern überlässt uns unseren eigenen Kräften. Die Forde-

---

231 Dies ist die Lehre bereits des I. Vatikanums (DH 3019) und mit noch mehr Betonung des II. Vatikanums, vgl. insbesondere die Pastoralkonstitution »Die Kirche in der Welt von heute« *GS*, n. 36.

rungen steigen zwar in unserem eigenen Inneren auf, sie werden mit der Vernunft erkannt. Aber sie bleiben doch wie von außen kommend und lassen uns mit unseren eigenen Kräften allein.

Die »Gnade« dagegen wird uns nur durch eine von außen kommende Verkündigung offenbar. Sie wird in der reformatorischen Theologie »Evangelium« genannt, gute, frohmachende Botschaft. Wo man deren Verkündigung im Glauben als wahr erkennt, hat man sie bereits angenommen. Wo ihre Einladung als wirkliche Einladung erkannt wird, wird ihr bereits Folge geleistet. Obwohl also diese Botschaft von außen kommt, einem also von anderen gesagt werden muss und nicht im eigenen Inneren aufsteigt, bringt sie, wo sie als wahr erkannt wird, die Erfüllung ihres Angebots bereits mit sich. Sie überlässt den Menschen nicht seinen eigenen Kräften. Deshalb handelt es sich tatsächlich um »Evangelium«, gute Botschaft. Es ist streng genommen gar nicht möglich, Gottes Gnade wissentlich abzulehnen. Denn man kann um sie nur im Glauben wissen, der bereits ihre Annahme ist: »Niemand kann sagen: Jesus ist Herr, außer im Heiligen Geist.« (1 Kor 12,3)

In der Ablehnung der christlichen Botschaft handelt man, wenn man keine stichhaltigen Gründe mehr findet, willkürlich und damit gegen die Strukturen der eigenen Vernunft. Man mag erkennen, dass man die Behauptung, es handele sich um Gottes Gnade, ohne Begründung ablehnt; aber man kann außerhalb des Glaubens auf keine Weise erkennen, dass diese Behauptung wahr ist und dass man tatsächlich mit Gott selbst zu tun hat. Die Wirklichkeit der Gnade ist nur innerhalb des Glaubens erkennbar. Außerhalb des Glaubens bleibt Gott gnädig entzogen.

Indem die angenommene Glaubensbotschaft den Menschen aus der Macht der Angst um sich selber befreit, macht sie ihn fähig zu einem Handeln, das der Wirklichkeit gerecht werden kann.[232] Es geht hier nicht darum, dass der Glaube zum sittlichen Handeln »motivieren« müsste oder wenigstens zusätzliche Motivationen bereitstellte. Denn unser Handeln findet seine Motivation in dem jeweils angestrebten Wert. Fragwürdig bleibt es ebenfalls, der christlichen Botschaft »ein Licht und eine Kraft« zuzuschreiben, »die fähig sind, auch die umstrittensten und kompliziertesten Fragen zu lösen«[233]. Dies ist nicht die Bedeutung der christlichen Botschaft. Eher gilt: »Das Christentum ist nicht die Lösung der Weltprobleme, sondern eine Steigerung der Sensibilisierung für sie.«[234] Die Bedeutung des Glaubens

---

232 Vgl. dazu EBELING, Dogmatik III, 1979, 36f: Die Lehre von der Rechtfertigung allein aus Glauben zielt darauf ab, nicht die guten Werke zu bestreiten, sondern sie überhaupt erst zur Geltung zu bringen. Es sind Werke, die aus der Gemeinschaft mit Gott hervorgehen; sie sind sozusagen selbstvergessen allein auf das Ziel ausgerichtet, das die Tat erreichen will: »daß eine bestimmte Notlage abgewandt, einer Erwartung entsprochen, eine Bitte erfüllt, eine Freude bereitet, ein Mensch glücklich gemacht wird. Solche guten Werke leben davon, daß sie unbeachtet bleiben, zumindest von denen, die sie vollbringen. Als gute Werke sind sie dann grundsätzlich nicht steigerungsfähig. Auch die verborgensten und geringsten sind vollkommen. Sie sind das allerdings nicht unter dem Gesichtspunkt der meßbaren Zweckerfüllung. Danach beurteilt mögen sie unbeholfen und überbietbar sein. Dagegen hängt die Vollkommenheit eines guten Werkes daran, daß es situationsgerecht ist in dem radikalen Sinne, wonach Liebe das im höchstem Sinne Benötigte und Gebotene ist.«

233 JOHANNES PAUL II., Enzyklika »*Veritatis Splendor*«, n. 30.

234 HOERSCHELMANN, Ethik, 1996, 306.

besteht in der Entmachtung der Angst des Menschen um sich durch eine Gewissheit, die stärker als alle Angst ist.

3) Kirchliches Lehramt in Fragen der Sitten

Der Anspruch der christlichen Botschaft, Gottes Selbstmitteilung in dem mitmenschlichen Wort der Glaubensverkündigung zu sein, kann nur zugleich mit dem Anspruch auf unbedingte Verlässlichkeit dieses Wortes vertreten werden. Die christliche Botschaft spricht von etwas, was in ihr selber geschieht, nämlich von Gottes liebevoller Zuwendung zu uns. Wenn sie tatsächlich in diesem Sinn verstehbar ist, dann ist sie »aus sich«[235] wahr. Falsche Glaubensaussagen, die also als das Geschehen der Selbstmitteilung Gottes verstehbar und dennoch falsch wären, sind überhaupt nicht herstellbar. Denn wo angebliche Glaubensverkündigung ihren Rahmen verlässt, hört sie auf, als Selbstmitteilung Gottes verstehbar zu sein. Sie ist dann nicht im strengen Sinn »falsch«, sondern von vornherein unverständlich, sinnlos.[236]

Nach der Lehre bereits des I. Vatikanums und auch des II. Vatikanums[237] bezieht sich der Unfehlbarkeitsanspruch des Papstes bzw. des kirchlichen Lehramts überhaupt auf Dinge »des Glaubens und der Sitten«.

Hier stellt sich die Frage, wie man noch für etwas anderes als den Glauben an unsere Gemeinschaft mit Gott Verlässlichkeit (»Unfehlbarkeit«) beanspruchen kann. Für Sittennormen hat sich die Kirche immer auf das natürliche Sittengesetz berufen, das nicht Glaubensgegenstand, sondern Gegenstand der Vernunft ist. Wie kann man also in Dingen »der Sitten« Unfehlbarkeit beanspruchen?

Nach einer sehr gelungenen Formulierung des II. Vatikanums[238] geht es um »den zu glaubenden und auf die Sitten anzuwendenden Glauben *(fides credenda et moribus applicanda)*«, also beide Male um den Glauben. Der »auf die Sitten anzuwendende Glaube« besteht nicht in der Verkündigung besonderer Normen, sondern läuft auf den Inhalt der Rechtfertigungslehre hinaus: Vor Gott können Werke nur gut sein, wenn sie aus der Gemeinschaft mit ihm hervorgehen, also nicht mehr von der Angst des Menschen um sich selber geleitet sind. Die Unfehlbarkeit bezieht sich somit nicht auf inhaltliche Normen. Dies ergibt sich aus dem Wortlaut der Formulierung des Konzils, unabhängig von der Frage, wie vielen Konzilsteilnehmern dies deutlich bewusst war.

Für die inhaltliche Bestimmung von Sittennormen kommt der Kirche nur das so genannte »bloß authentische« Lehramt zu. Wer für den Glauben eintreten will, muss notfalls und

---

235 In der Formulierung des Dogmas von der päpstlichen Unfehlbarkeit heißt es, dass Glaubensdefinitionen »aus sich, nicht erst aufgrund der Zustimmung der Kirche *(ex sese, non autem ex consensu Ecclesiae)*« gelten (DH 3074). Zwar werden als Wort Gottes im Sinn seiner Selbstmitteilung verstehbare Aussagen nur im Glauben der Kirche als Wort Gottes erkannt, aber nicht erst durch den Glauben der Kirche zum Wort Gottes gemacht.

236 Zu ausführlicherer Erläuterung dieses ungewohnten Satzes und zum Verhältnis der verschiedenen Lehrformen (unfehlbar, bloß definitiv, bloß authentisch) der Kirche untereinander vgl. KNAUER, Glaubenslehre, 2000.

237 Vgl. DH 3074 und 4149.

238 Vgl. DH 4149, *Lumen gentium*, n. 25,1.

subsidiär auch für die Vernunft eintreten. Gegenüber Außenstehenden kann das die Kirche nur mit Argumenten. Ihnen gegenüber sind ihre ethischen Forderungen so viel wert, als die Argumente überzeugen.

Gegenüber den Mitgliedern der Kirche bedeutet »authentische« oder »amtliche« Ausübung des Lehramts jedoch eine etwas höhere Verbindlichkeit. Sie besteht in einer Art Beweislastregelung. Wer als Mitglied der Kirche anderer Auffassung ist, als es der vom Lehramt vorgelegten Lehre entspricht, ist zum Gegenbeweis verpflichtet. Sobald allerdings eine lehramtlich vertretene Auffassung im Bereich ethischer Normen stichhaltig widerlegt wird, verliert sie jede Verbindlichkeit, mag sie auch mit noch so viel Emphase weiterhin vertreten werden. Solange jemand jedoch diesen Gegenbeweis nicht führen kann, verpflichtet ihn die Auffassung des Lehramts.

Im Übrigen ist es notwendig, genaue Kriterien für die Ausübung lehramtlicher Autorität in der Kirche anzugeben. Es kann nicht angehen, einen privaten Subjektivismus durch einen Lehramtssubjektivismus zu ersetzen, der darauf hinausliefe, dass die subjektive Gewissheit eines Lehramtsträgers normativ für das Gewissen anderer sein soll.[239] Kant hat einmal formuliert, dass Aufklärung der Ausgang aus der selbst verschuldeten Unmündigkeit sei.[240] Sein Freund Johann Georg Hamann formulierte als kritische Gegenthese, dass Aufklärung in Wirklichkeit der Ausgang aus selbstverschuldeter Vormundschaft sei.[241] Es ist Missbrauch des kirchlichen Lehramtes, wenn es im Stil von Vormundschaft ausgeübt wird, als würde in ethischen Fragen die Autorität an die Stelle von Argumenten treten können. Ethische Gehalte ohne das Verfahren der Prüfung auf Kontraproduktivität festlegen zu wollen, läuft auf moralisch-inhaltliche Gängelung hinaus, die selber kontraproduktiv ist. Auch der Versuch, irgendeine kirchliche Lehre der öffentlichen Erörterung zu entziehen, könnte sich nur kontraproduktiv auswirken: Die betreffende Lehre würde genau damit zu einer bloßen Privatmeinung. Dies gilt sogar von Lehren, in denen es um den Glauben selbst gehen soll und damit um Wahrheiten, die nur im Glauben erkannt werden können. Der Glaube ist zwar nicht auf Vernunft zurückführbar, aber es kann auch nichts geglaubt werden, was einer ihre Autonomie wahrenden Vernunft widerspricht. Wirklicher Glaube muss die Prüfung durch die Vernunft aushalten können.[242]

---

239 Zum Beispiel hatte Papst Paul VI. in bezug auf Fragen der Geburtenregelung in seiner Ansprache an eine Gruppe von Kardinälen vom 23. Juni 1964 erklärt, die bisherigen Normen seien als gültig festzuhalten, »wenigstens solange Wir uns nicht im Gewissen verpflichtet fühlen, sie zu ändern« (AAS 56 [1964] 588f). Es war ebenso unzureichend, wenn er sich später in der Enzyklika *Humanae vitae*, n. 28,2 an die Priester mit den Worten richtete: »Wie ihr wohl wißt, verpflichtet euch dieser Gehorsam nicht so sehr wegen der beigebrachten Beweisgründe, als wegen des Lichtes des Heiligen Geistes, mit dem besonders die Hirten der Kirche bei der Darlegung der Wahrheit ausgestattet sind.« Der Beistand des Heiligen Geistes kann nicht darin bestehen, an die Stelle von überzeugenden Gründen zu treten.
240 KANT, Beantwortung, 1923, 35.
241 Vgl. BAYER, Vormundschaft, 1976, 3–34; das Zitat aus dem kritisch herausgegebenen Text JOHANN GEORG HAMANNS S. 7, Z. 54.
242 Vgl. I. Vatikanum, DH 3017: Zwischen wirklichem Glauben und einer ihre Autonomie wahrenden Vernunft kann kein echter Widerspruch vorliegen. Der Schein eines Widerspruchs kann nur entstehen, wenn entweder die Glaubensaussagen nicht im Sinn der Kirche erläutert werden oder die Vernunft gegen ihre eigenen Gesetze verstößt. Wenn Letzteres nicht nachweisbar ist, dann liegt der erstere Fall vor.

4) Philosophische Ethik und Moraltheologie

Philosophische Ethik hat es mit der Erkenntnis ethischer Normen und ihrer Begründung zu tun. Soll Moraltheologie nicht in einer bloßen Wiederholung des bereits in der philosophischen Ethik Gesagten bestehen, dann kann sie nur darüber reflektieren, was der Glaube für die Befolgung der ethischen Normen ausmacht.

Der Glaube befreit den Menschen aus der Macht seiner Angst um sich selbst, die ihn sonst hindert, unselbstsüchtig zu handeln. Der Glaube führt jedoch nicht zu zusätzlichen Normen.

Streng genommen kann sich Moraltheologie positiv auf die Einsicht beschränken, dass nur solche Werke vor Gott gut sind, die aus der Gemeinschaft mit Gott hervorgehen. Dies ist im Grunde identisch mit dem Sinn der Rechtfertigungslehre, wonach der Glaube allein rechtfertigt. Sie allein wird in Bezug auf die Sitten unfehlbar gelehrt.

Negativ wird moralische Schuld in der Moraltheologie aus der Sicht des Glaubens rückschauend als »Sünde« erkannt. Aber diese Erkenntnis ist nur aus der Sicht der bereits geschenkten Vergebung möglich. Nach der christlichen Botschaft ist die Wurzel aller »Tatsünden« eine Grundsünde, die darin besteht, aus einer letzten Angst um sich selber zu leben.

Ein eigenes Fach Moraltheologie lässt sich damit kaum begründen. Innerhalb des Kanons der theologischen Fächer ist ein solches Fach wohl nur aus pragmatischen Gründen dort notwendig, wo die Aufgabe der Ethik nicht bereits in der Philosophie genügend wahrgenommen wird. Leider ist dies der Normalfall.

VIII. Nichtreligiöse Ethik in der Bibel

Im folgenden sollen einige wenige Beispiele aus der Bibel angeführt werden, die zeigen, wie auch hier die Lösungen nicht aus einer Offenbarung gewonnen werden, sondern aus der menschlichen Erfahrung. Die Beispiele ließen sich um ein Vielfaches vermehren. Sie werden hier gemäß ihrer Reihenfolge in der Bibel angeführt, mit Ausnahme des ersten, das für die übrigen grundlegende Bedeutung hat.

1) Der nicht verbrennende Dornbusch:

Das Gewissen lässt sich nicht wegerklären

Exodus 2: [1] Ein Mann aus einer levitischen Familie ging hin und nahm eine Frau aus dem gleichen Stamm. [2] Sie wurde schwanger und gebar einen Sohn. Weil sie sah, dass er schön war, verbarg sie ihn drei Monate lang. [3] Als sie ihn nicht mehr verborgen halten konnte, nahm sie für ihn ein Binsenkästchen, dichtete es mit Pech und Teer ab, legte das Kind hinein und setzte es am Nilufer im Schilf aus. [4] Seine Schwester blieb in der Nähe stehen, um zu sehen, was mit ihm geschehen würde.

[5] Die Tochter des Pharao kam herab, um im Nil zu baden. Ihre Dienerinnen gingen unterdessen am Nilufer auf und ab. Und sie sah das Kästchen im Schilf und ließ es durch ihre Magd holen. [6] Sie öffnete es und sah das Kind, es war ein weinender Knabe. Sie bekam Mitleid mit ihm, und sie sagte: »Das ist eines von den Hebräerkindern.«

[7] Da sagte seine Schwester zur Tochter des Pharao: »Soll ich gehen und dir eine stillende Frau aus den Hebräerinnen rufen, damit sie dir das Kind stillt?« [8] Die Tochter des Pharao antwortete ihr: »Ja, geh!« Das Mädchen ging und rief die Mutter des Kindes.

[9] Die Tochter des Pharao sagte zu ihr: »Nimm das Kind mit, und still es mir! Ich werde dir deinen Lohn geben.« Und die Frau nahm das Kind und stillte es. [10] Als der Knabe größer geworden war, brachte sie ihn der Tochter des Pharao. Und er wurde ihr zum Sohn, und sie nannte ihn Mose und sagte: »Ich habe ihn aus dem Wasser gezogen.«

[11] Und in jenen Tagen geschah es, als Mose heranwuchs: Er ging zu seinen Brüdern hinaus und schaute ihnen bei der Fronarbeit zu. Da sah er, wie ein ägyptischer Mann dabei war, einen hebräischen Mann zu erschlagen, einen seiner Brüder. [12] Mose sah sich nach allen Seiten um, und als er sah, dass niemand da war, erschlug er den Ägypter und versteckte ihn im Sand.

[13] Als er am nächsten Tag wieder hinausging, sah er zwei hebräische Männer miteinander streiten. Er sagte zu dem Unrechttäter: »Warum willst du deinen Nächsten erschlagen?« [14] Der Mann erwiderte: »Wer hat dich zum Fürsten und Richter über uns bestellt? Meinst du, du könntest mich umbringen, wie du den Ägypter umgebracht hast?« Da bekam Mose Angst und sagte: »Die Sache ist also bekannt geworden.«

[15] Der Pharao hörte von der Sache und wollte Mose umbringen; Mose aber floh vom Angesicht des Pharao. Er begab sich nach Midian und setzte sich an einen Brunnen. [16] Der Priester von Midian hatte sieben Töchter. Sie kamen zum Wasserschöpfen und wollten die Tröge füllen, um die Schafe und Ziegen ihres Vaters zu tränken. [17] Doch die Hirten kamen und verdrängten sie. Da stand Mose auf, kam ihnen zu Hilfe und tränkte ihre Schafe und Ziegen.

[18] Als sie zu ihrem Vater Reguël zurückkehrten, fragte er: »Warum seid ihr heute so schnell wieder da?« [19] Sie erzählten: »Ein Ägypter hat uns aus der Hand der Hirten entrissen; er hat uns sogar Wasser geschöpft und das Vieh getränkt.« [20] Da fragte Reguël seine Töchter: »Wo ist er? Warum habt ihr ihn dort gelassen? Holt ihn und ladet ihn zum Essen ein!«

[21] Mose entschloss sich, bei dem Mann zu bleiben, und dieser gab seine Tochter Zippora Mose zur Frau. [22] Als sie einen Sohn gebar, nannte er ihn Gerschom (Ödgast) und sagte: »Gast bin ich in fremdem Land.«

[23] Nach langer Zeit starb der König von Ägypten. Die Israeliten stöhnten noch unter der Sklavenarbeit; sie klagten, und ihr Hilferuf stieg aus ihrer Knechtschaft zu Gott empor. [24] Gott hörte ihr Stöhnen, und Gott gedachte seines Bundes mit Abraham, Isaak und Jakob. [25] Gott blickte auf die Söhne Israels und gab sich ihnen zu erkennen.

3 [1] Mose weidete die Schafe und Ziegen seines Schwiegervaters Jitro, des Priesters von Midian. Eines Tages trieb er das Vieh über die Steppe hinaus und kam zum Gottesberg Horeb. [2] Dort erschien ihm der Engel des Herrn in einer Flamme aus einem Dornbusch. Er schaute hin: Da brannte der Dornbusch und wurde nicht verzehrt. [3] Mose sagte: »Ich will dorthin gehen und die große Erscheinung ansehen. Warum verbrennt der Dornbusch nicht?«

[4] Und der Herr sah, dass Mose hinging, um zu schauen. Und Gott rief ihm aus dem Dornbusch zu: »Mose, Mose!« Und er antwortete: »Hier bin ich.« [5] Der Herr sagte: »Komm nicht näher heran! Zieh deine Schuhe von deinen Füßen; denn der Ort, wo du stehst, ist heilige Erde.« [6] Und er sagte: »Ich bin der Gott deines Vaters, der Gott Abrahams, der Gott Isaaks und der Gott Jakobs.« Da verhüllte Mose sein Gesicht; denn er fürchtete sich, Gott anzuschauen. [7] Der Herr sprach: »Ich habe das Elend meines Volkes in Ägypten gesehen, und ihre laute Klage über ihre Antreiber habe ich gehört. Ich kenne ihr Leid. [8] Ich bin herabgestiegen, um sie der Hand der Ägypter zu entreißen und aus jenem Land hinaufzuführen in ein schönes, weites Land, in ein Land, in dem Milch und Honig fließen, in das Gebiet der Kanaaniter, Hetiter, Amoriter, Perisiter, Hiwiter und Jebusiter. [9] Jetzt ist die laute Klage der Israeliten zu mir gedrungen, und ich habe auch gesehen, wie die Ägypter sie unterdrücken. [10] Und jetzt geh! Ich sende dich zum Pharao. Führe mein Volk, die Kinder Israels, aus Ägypten heraus!«

[11] Mose antwortete Gott: »Wer bin ich, dass ich zum Pharao gehen und die Söhne Israels aus Ägypten herausführen könnte?« [12] Gott aber sagte: »Ich bin mit dir; ich habe dich gesandt, und als Zeichen dafür soll dir dienen: Wenn du das Volk aus Ägypten herausgeführt hast, werdet ihr Gott auf diesem Berg verehren.«

[13] Da sagte Mose zu Gott: »Siehe, ich werde also zu den Söhnen Israels kommen und ihnen sagen: Der Gott eurer Väter hat mich zu euch gesandt. Da werden sie mich fragen: Was ist sein Name? Was soll ich ihnen sagen?« [14] Da antwortete Gott dem Mose: »Ich bin, der ich bin«. Und er fuhr fort: »So sollst du zu den Israeliten sagen: Der ›ich bin‹ hat mich zu euch gesandt.«

[15] Weiter sprach Gott zu Mose: »So sag zu den Söhnen Israels: ›Der Herr, der Gott eurer Väter, der Gott Abrahams, der Gott Isaaks und der Gott Jakobs, hat mich zu euch gesandt.‹ Das ist mein Name für immer, und dies ist die Erinnerung an mich von Geschlecht zu Geschlecht.«

Der Pharao, der König von Ägypten, hatte befohlen, die männlichen Neugeborenen der Hebräer in seinem Land zu töten. Deshalb wird der neugeborene Mose versteckt.

Im zweiten Kapitel des Buchs Exodus kommt bis v. 22 kein ausdrücklich religiöses Wort vor (wenn man davon absieht, dass Ausdrücke wie »zu Hilfe kommen«, v. 17, und »entreißen«, v. 19, in der Bibel oft in Bezug auf Gottes Handeln gebraucht werden). Wie hängt damit die Berufungsgeschichte des Mose im dritten Kapitel zusammen? Das Ganze lässt sich mit der Frage überschreiben, was es mit dem menschlichen Gewissen auf sich hat. Es handelt sich um ein Lehrstück dazu, dass das sittliche Beanspruchtsein den Zugang zum Verständnis des Gottesbegriffs ermöglicht, aber dass man nicht umgekehrt aus dem Gottesbegriff eine Ethik begründen kann.

Mose ist nur in seiner frühesten Kindheit in seiner israelitischen Familie aufgewachsen. Er mag dort auch vom »Gott Abrahams, Isaaks und Jakobs« reden gehört haben. Aber dann wurde er am Hof des Pharao erzogen, wo davon nicht mehr die Rede war.

Nach welchen Maximen wird Mose handeln? Man könnte vermuten, dass sein Gewissen und sein Handeln von seiner Erziehung und damit Klassenzugehörigkeit bestimmt sein, dass er also die Interessen des Pharao wahrnehmen werde.

Diese Hypothese, dass Erziehung und Klassenzugehörigkeit das Gewissen bestimmen, erweist sich aber bereits in der ersten Episode als unzutreffend. Mose kann es nicht mit ansehen, wie ein Hebräer, einer »seiner Brüder«, von einem ägyptischen Aufseher geschunden wird. Der ägyptische Aufseher ist dabei, einen Hebräer zu erschlagen, und daraufhin erschlägt Mose den Aufseher (im Hebräischen steht beide Male dasselbe Wort »(er)schlagen«). War dies ein Mord, gar ein Mord im Jähzorn? Gegen Letzteres spricht, dass Mose sich zuvor vergewissert, dass »niemand« in der Nähe ist, jedenfalls kein Ägypter. War es eine unverhältnismäßige Reaktion? Aber welche andere Reaktion wäre möglich gewesen? Seine gewaltsame Reaktion wird im Text nicht missbilligt; sie ist am ehesten als ein Akt der Nothilfe zugunsten des geschundenen Hebräers zu erklären (vgl. auch Ex 21,12). Jedenfalls aber hat Mose nicht im Sinn des Pharao gehandelt.

Dann liegt die Hypothese nahe, dass Blutsbande natürlich einen stärkeren Einfluss haben als alle Erziehung. Die Hebräer werden ja mehrmals ausdrücklich als »seine Brüder« bezeichnet. Das Gewissen des Mose wird also, so ist zu erwarten, davon bestimmt sein, um jeden Preis mit den Hebräern solidarisch zu sein.

Aber auch diese zweite Hypothese trifft nicht zu. Sie wird in der zweiten Episode falsifiziert. Indem Mose in einem Streit zwischen Hebräern für den Partei ergreift, dem Unrecht geschieht, setzt er sich selbst zwischen alle Stühle. Offenbar wurde er dann von den eigenen Leuten, »seinen Brüdern«, den Hebräern, beim Pharao wegen des zuvor erschlagenen Aufsehers angezeigt. Es bleibt ihm nichts anderes übrig als zu fliehen.

Man könnte nun denken, dass Mose nach einer solchen Erfahrung sich in Zukunft davon leiten lassen werde, seine eigene Sicherheit zu suchen. Das Gewissen bestünde dann letztlich in einer Form von Eigennutz.

Doch auch diese dritte Hypothese ist falsch. Die dritte Episode wird so erzählt: Obwohl Mose jetzt selber auf der Flucht ist, nimmt er sich der ihm völlig fremden Frauen an. Sie konnten sich aus eigener Kraft nicht dagegen wehren, von Hirten beim Tränken ihrer Tiere verdrängt zu werden.

Diese drei Episoden werden nicht zufällig miteinander verbunden erzählt. Sie falsifizieren die verschiedenen Hypothesen, mit denen man versuchen könnte, das Gewissen wegzuerklären. Der gemeinsame Nenner der drei Episoden ist demgegenüber: Mose kann es um keinen Preis ertragen, dass anderen Menschen Unrecht geschieht.

Das dritte Kapitel wird nun als die religiöse Deutung der zuvor beschriebenen unmittelbaren Erfahrung verständlich. Mose kann in der Einsamkeit über seine Erfahrung nachdenken. Der brennende – aber nicht verbrennende! – Dornbusch ist ein meditatives Bild für die Gewissenserfahrung. Man hätte meinen können, dass sich das Gewissen problemlos wegerklären lässt, so wie Dorngestrüpp, wenn man Feuer daran legt, in Sekunden zu Asche wird. Aber das Gewissen erweist sich als resistent gegenüber jedem Versuch, es wegzuerklären. Es ist so paradox wie ein nicht verbrennender Dornbusch. Der absolute, durch nichts wegzuerklärende Anspruch des Gewissens ist für Mose der Zugang dazu, neu zu verstehen, was mit der ihm nur noch aus seiner frühen Kindheit vertrauten Rede vom »Gott Abrahams, Isaaks und Jakobs« gemeint ist.

Aber nicht der ethische Anspruch wird hier aus dem Gottesverständnis hergeleitet, sondern nur umgekehrt bietet der unmittelbar erfahrene ethische Anspruch die Möglichkeit zu verstehen, was das Wort »Gott«, und zwar »Gott Abrahams, Isaaks und Jakobs« bedeutet. Gottes Selbstvorstellung »Ich *bin*, der ich *bin*« (Ex 3,14) bedeutet eine nur von ihm selbst her bestimmte Absolutheit, kraft deren Gott Mose verheißt: »Ich werde *mit* dir *sein*« (Ex 3,12).

Die Sendung des Mose besteht darin, sein Volk aus der Unterdrückung zu befreien. Später am Sinai wird dieses im sittlichen Anspruch begründete Gottesverständnis vom ganzen Volk in der Einsicht in die Zehn Gebote übernommen.

2) Josef wird nach Ägypten verkauft:

Wenn mehrere das Gleiche tun, muss es nicht dasselbe sein

Genesis 37: [1] Jakob ließ sich in dem Land nieder, in dem sich sein Vater als Fremder aufgehalten hatte, im Land Kanaan. [2] Das ist die Geschlechterfolge nach Jakob: Als Josef siebzehn Jahre alt war – er war noch ein Knabe –, weidete er mit seinen Brüdern, den Söhnen Bilhas und Silpas, der Frauen seines Vaters, die Schafe und Ziegen. Josef hinterbrachte ihrem Vater böse Kunde über seine Brüder. [3] Israel liebte Josef unter allen seinen Söhnen am meisten, weil er ihm im Alter geboren worden war, und er ließ ihm einen Ärmelrock machen. [4] Als seine Brüder sahen, dass ihr Vater ihn mehr liebte als alle seine Brüder, hassten sie ihn und konnten mit ihm nicht in Frieden reden. [...]

[12] Und seine Brüder gingen, um das Vieh ihres Vaters bei Sichem zu weiden. [13] Da sagte Israel zu Josef: »Weiden deine Brüder nicht bei Sichem das Vieh? Geh, ich will dich zu ihnen schicken.« Er antwortete: »Hier

bin ich.« [14] Da sagte der Vater zu ihm: »Geh doch hin und sieh, ob es deinen Brüdern und dem Vieh gut geht, und berichte mir!« [...]

[18] Sie sahen ihn von weitem. Bevor er jedoch nahe an sie herangekommen war, beschlossen sie hinterhältig, ihn umzubringen. [19] Sie sagten zueinander: »Dort kommt ja dieser Herr der Träume. [20] Jetzt aber auf, erschlagen wir ihn, und werfen wir ihn in eine der Zisternen. Sagen wir, ein wildes Tier habe ihn gefressen. Dann werden wir ja sehen, was aus seinen Träumen wird.«

[21] Ruben hörte das und wollte ihn aus ihrer Hand retten. Er sagte: »Laßt uns niemanden erschlagen.« [22] Und Ruben sagte zu ihnen: »Vergießt kein Blut! Werft ihn in die Zisterne da in der Steppe, aber legt nicht Hand an ihn!« Denn er wollte ihn aus ihrer Hand retten und zu seinem Vater zurückbringen.

[23] Als Josef bei seinen Brüdern angekommen war, zogen sie Josef sein Gewand aus, den Ärmelrock, den er anhatte. [24] Sie packten ihn und warfen ihn in die Zisterne. Die Zisterne war leer; es war kein Wasser darin.

[25] Sie setzten sich dann zum Essen. Als sie aufblickten, sahen sie, dass gerade eine Karawane von Ismaelitern aus Gilead kam. Ihre Kamele waren mit Tragakant, Mastix und Ladanum beladen. Sie waren unterwegs hinunter nach Ägypten. [26] Da sagte Juda zu seinen Brüdern: »Welchen Gewinn haben wir, wenn wir unseren Bruder ermorden und sein Blut zudecken? [27] Kommt, verkaufen wir ihn den Ismaelitern. Wir wollen aber nicht Hand an ihn legen, denn er ist doch unser Bruder, unser Fleisch.« Seine Brüder hörten darauf.

[28] [...] Und sie verkauften Josef für zwanzig Silberstücke an die Ismaeliter. Diese brachten Josef nach Ägypten.

[29] Als Ruben zur Zisterne zurückkam, war Josef nicht in der Zisterne. Er zerriss seine Kleider, [30] wandte sich an seine Brüder und sagte: »Das Kind ist nicht da. Und ich, wohin soll ich gehen?«

[31] Da nahmen sie Josefs Gewand, schlachteten einen Ziegenbock und tauchten das Gewand in das Blut. [32] Dann schickten sie den Ärmelrock und ließen ihn zu ihrem Vater bringen und ihm sagen: »Das haben wir gefunden. Untersuche, ob das der Rock deines Sohnes ist oder nicht.« [33] Als er ihn untersucht hatte, sagte er: »Der Rock meines Sohnes! Ein wildes Tier hat ihn gefressen. In Stücke gerissen ist Josef.« [34] Jakob zerriss seine Kleider, legte einen Sack auf seine Lenden und trauerte um seinen Sohn viele Tage. [...]

[36] Die Midianiter aber verkauften Josef nach Ägypten an Potifar, einen Hofbeamten des Pharao, den Obersten der Leibwache.

Es handelt sich um die Vorgeschichte davon, dass Josef in Ägypten zum zweiten Mann nach dem Pharao aufsteigt.

Josef hat elf Brüder. Neun von ihnen wollen ihn aus Neid und Eifersucht, weil sein Vater ihn am meisten liebt, umbringen; nur Ruben und Juda möchten dies verhindern, aber offenbar ohne sich miteinander verständigt zu haben. Ruben schlägt vor, dass sie ihn, anstatt ihn umzubringen und in eine Zisterne zu werfen, nur in eine leere Zisterne werfen, wo er auch ohne ihr weiteres Zutun umkommen wird; ein und derselbe physische Vollzug ist von seiten der anderen Brüder noch immer unerlaubte Freiheitsberaubung, aber von Ruben her gesehen ist es die einzig verbleibende Weise, Josef vor der Ermordung zu bewahren. Er schlägt nicht ein schlechtes Mittel vor, das durch einen guten Zweck geheiligt würde, sondern das Vorgeschlagene ist selber die Lebensrettung.

In Abwesenheit Rubens macht dann Juda den Vorschlag, Josef an vorbeiziehende Händler zu verkaufen. Auch aus der Sicht von Juda geht es nur um Lebensrettung, während die Verwirklichung des Vorschlags von seiten der anderen neun Brüder als Menschenhandel noch immer ein Verbrechen ist, mag es auch geringer als der von ihnen ursprünglich geplante Mord sein.

Es geht hier ethisch nicht darum, dass bei gleichem Gegenstand nur die Absicht der Handelnden verschieden wäre. Vielmehr ist der gewollte Gegenstand des Handelns der neun Brüder auf der einen Seite und Judas und Rubens auf der anderen Seite von vornherein verschieden. Ein und dasselbe physische Geschehen (dass Josef in die Zisterne geworfen wird bzw. dass er verkauft wird) läuft moralisch gesehen auf zwei verschiedene Handlungen hinaus.[243] Die Beiträge mehrerer Menschen zu demselben äußeren Ergebnis können von entgegengesetzter moralischer Qualität sein. Rubens Beitrag dazu, dass Josef in die Zisterne geworfen wird, ist eine nur »materielle« und nicht »formelle« Mitwirkung an der Freiheitsberaubung. Ähnliches gilt von Judas Beitrag dazu, dass Josef verkauft wird. Der »entsprechende Grund« des Handelns von Ruben und Juda ist jeweils die Lebensrettung.[244]

Man könnte sich natürlich vorstellen, dass Ruben und Juda, anstatt materiell mit der Freiheitsberaubung und dem Menschenhandel mitzuwirken, lautstark gegen das Vorhaben der hasserfüllten anderen Brüder protestiert und seine Rückkehr zum Vater verlangt hätten. Es ist aber eher unwahrscheinlich, dass sie dies erreicht hätten. Es könnte auch sein, dass sie damit ihre Brüder in der Absicht, Josef umzubringen, faktisch nur bestärkt hätten; er wäre dann tatsächlich ermordet worden. Und vielleicht hätte sich der Zorn der Brüder dann auch gegen sie selber gerichtet und sie wären ebenfalls umgekommen. Wäre ein solches Verhalten von Ruben und Juda wegen seiner größeren ethischen »Eindeutigkeit« tatsächlich besser gewesen?

Die gesamte Josefsgeschichte stellt dar, dass das reale Ergebnis von Handlungen oft ein anderes ist als das von den einzelnen Handelnden selbst zumindest vermeintlich gewünschte und angezielte.

3) Jonatans Honigwabe:

Vernunft gegen Ideologie

1 Sam 14: [24] Die Israeliten aber waren an jenem Tag in Bedrängnis geraten. Darum stellte Saul das Volk unter einen Fluch und sagte: »Verflucht sei jeder, der vor dem Abend etwas isst, bevor ich mich an meinen Feinden gerächt habe.« So nahm das Volk keine Nahrung zu sich.

[25] Nun gab es in jenem ganzen Land viele Waben, so dass Honig auf freiem Feld zu finden war. [26] Als das Volk zu den Waben kam und sah, dass Honig aus ihnen herausfloss, streckte niemand seine Hand aus zum Mund. Denn das Volk fürchtete den Schwur.

[27] Jonatan aber hatte nicht gehört, wie sein Vater das Volk dem Schwur unterzog. Er reichte die Spitze des Stocks, den er in der Hand hielt, und tauchte sie in eine Honigwabe und führte seine Hand zu seinem Mund. Da leuchteten seine Augen wieder.

[28] Und es antwortete ein Mann aus dem Volk und sagte: »Dein Vater hat das Volk einem Schwur unterzogen und gesagt: ›Verflucht sei jeder, der heute etwas isst‹«. Das Volk war aber erschöpft. [29] Jonatan erwiderte: »Mein Vater stürzt das Land ins Unglück. Seht nur, meine Augen leuchten, weil ich ein wenig von diesem Honig gegessen habe. [30] Ja, hätte das Volk heute von der Beute, die es gemacht hat, ordentlich gegessen! Jetzt war die Niederlage der Philister nicht groß.«

[31] Die Israeliten schlugen an diesem Tag die Philister zwischen Michmas und Ajalon, das Volk aber war sehr erschöpft. [32] Deshalb stürzte sich das Volk auf die Beute, nahm Schafe, Rinder und Kälber, und schlachtete sie über der Erde. Und das Volk aß samt dem Blut.

---

243 Vgl. oben S. 86.
244 Vgl. dazu das nach dem gleichen Kriterium zu beurteilende Problem des Beratungsscheins bei der Schwangerschaftskonfliktberatung, S. 104.

[33] Da meldete man Saul: »Siehe, das Volk versündigt sich gegen den Herrn, es isst samt dem Blut.« Er sagte: »Ihr habt Verrat begangen. Wälzt heute einen großen Stein zu mir!« [34] Und Saul sagte: »Verteilt euch unter das Volk und sagt ihnen: ›Jeder soll sein Rind und sein Lamm zu mir bringen und es hier schlachten und essen. Versündigt euch nicht gegen den Herrn, indem ihr es samt dem Blut esst.‹« Da brachte das ganze Volk noch in der Nacht alles, was sie in der Hand hatten, herbei und schlachteten es dort. [35] Und Saul erbaute dem Herrn einen Altar. Es war der erste Altar, den er dem Herrn erbaute.

[36] Und Saul sagte: »Wir wollen in der Nacht hinter den Philistern hinunterziehen und unter ihnen plündern, bis der Tag anbricht. Keinen von ihnen wollen wir übrig lassen.« Die Leute antworteten: »Tu nur, was in deinen Augen gut ist.«

Der Priester aber sagte: »Wir wollen hier vor Gott hintreten.« [37] Saul fragte also Gott: »Soll ich hinter den Philistern hinunterziehen? Wirst du sie in die Hand Israels geben?« Gott aber antwortete an jenem Tag nicht. [38] Darauf sagte Saul: »Alle Anführer des Volkes, kommt her und forscht nach, wodurch diese Sünde heute zustande gekommen ist. [39] So wahr der Herr, der Retter Israels, lebt: Selbst wenn es sich um meinen Sohn Jonatan handeln würde – er muss sterben.« Und es gab niemand aus dem ganzen Volk, der antwortete.

[40] Saul aber sagte zu ganz Israel: »Ihr sollt auf der einen Seite stehen, ich und mein Sohn Jonatan werden auf der anderen Seite stehen.« Das Volk antwortete Saul: »Tu, was in deinen Augen gut ist.« [41] Darauf sagte Saul zum Herrn: »Gott Israels, gib uns volle Klarheit!« Da fiel das Los auf Jonatan und Saul, und das Volk ging frei aus. [42] Saul sagte: »Werft nun das Los zwischen mir und meinem Sohn Jonatan!« Das Los fiel auf Jonatan.

[43] Da sagte Saul zu Jonatan: »Tu mir kund, was hast du getan?« Jonatan tat es ihm kund und sagte: »Ich habe mit der Spitze des Stockes, den ich in der Hand hatte, ein wenig Honig geschmeckt. Ich bin bereit zu sterben.« [44] Saul erwiderte: »Gott möge mir dies antun und jenes hinzufügen – Jonatan, du musst sterben.«

[45] Aber das Volk sagte zu Saul: »Soll Jonatan sterben, der diese große Rettungstat in Israel getan hat? Das sei fern! So wahr der Herr lebt: Kein Haar soll von seinem Haupt zur Erde fallen. Denn nur mit Gottes Hilfe hat er heute diese Tat vollbracht.« So befreite das Volk Jonatan, und er brauchte nicht zu sterben.

[46] Saul aber zog von der Verfolgung der Philister wieder hinauf, und die Philister kehrten in ihre Orte zurück.

Mit aller Macht ist zu verhindern, dass religiöse Ideologien das Leben von Menschen aufs Spiel setzen. Rein religiös begründete angeblich ethische Forderungen laufen in Wirklichkeit auf bloße menschliche Setzung ohne ethische Grundlage hinaus. Es ist bereits Aberglaube, Fakten durch Los feststellen zu wollen, selbst wenn das Ergebnis zufällig zutreffen sollte. Denn es widerspricht der Anerkennung der Transzendenz Gottes, irgendetwas von Gott herleiten zu wollen. Das Alte Testament, weit davon entfernt, solche Versuche zu billigen, beschreibt immer wieder den erlösungsbedürftigen Menschen.

4) Nabots Weinberg:

Wenn alles zur Ware wird

1 Kön 21: [1] Und nach diesen Dingen trug sich folgendes zu. Nabot der Jesreeliter hatte einen Weinberg in Jesreel neben dem Palast Ahabs, des Königs von Samarien. [2] Ahab redete mit Nabot und sagte zu ihm: »Gib mir deinen Weinberg! Er soll mir ein Gemüsegarten werden; denn er liegt nahe bei meinem Haus. Ich will dir dafür einen besseren Weinberg geben. Wenn es aber gut in deinen Augen ist, werde ich dir den Kaufpreis in Silber geben.« [3] Doch Nabot erwiderte: »Der Herr bewahre mich davor, dass ich dir das Erbe meiner Väter gebe.«

[4] Darauf kehrte Ahab in sein Haus zurück. Er war missmutig und verdrossen über das Wort, das Nabot der Jesreeliter zu ihm gesagt hatte: »Ich werde dir das Erbe meiner Väter nicht geben.« Er legte sich auf sein Bett, wandte das Gesicht zur Wand und aß kein Brot.

[5] Seine Frau Isebel kam zu ihm herein und fragte: »Was ist das? Dein Geist ist missmutig und du isst kein Brot.« [6] Er erzählte ihr: »Ich habe mit Nabot dem Jesreeliter geredet und ihm gesagt: Gib mir deinen Weinberg für Silber, oder wenn es dir gefällt, gebe ich dir einen anderen statt seiner. Doch er hat gesagt: ›Ich werde dir meinen Weinberg nicht geben.‹« [7] Da sagte seine Frau Isebel zu ihm: »Du hast jetzt das Königtum über Israel erreicht. Steh auf, iss Brot und es soll deinem Herzen gut gehen! Ich werde dir den Weinberg Nabots des Jesreeliters verschaffen.«

[8] Sie schrieb Briefe im Namen Ahabs, versah sie mit seinem Siegel und schickte sie an die Ältesten und Vornehmen, die mit Nabot zusammen in der Stadt wohnten. [9] In den Briefen schrieb sie: »Ruft ein Fasten aus und lasst Nabot oben vor dem Volk Platz nehmen! [10] Setzt ihm aber zwei nichtswürdige Männer gegenüber! Sie sollen gegen ihn als Zeugen auftreten und sagen: ›Du hast Gott und den König gelästert.‹ Führt ihn dann hinaus, und steinigt ihn zu Tode!«

[11] Die Männer der Stadt, die Ältesten und Vornehmen, die mit ihm zusammen in der Stadt wohnten, taten, wie Isebel es ihnen gesandt hatte, wie in den Briefen geschrieben stand, die sie ihnen gesandt hatte. [12] Sie riefen ein Fasten aus und ließen Nabot oben vor dem Volk Platz nehmen. [13] Es kamen die beiden nichtswürdigen Männer und setzten sich ihm gegenüber. Die beiden nichtswürdigen Männer standen vor dem Volk als Zeugen gegen Nabot auf und sagten: »Nabot hat Gott und den König gelästert.« Sogleich führte man ihn aus der Stadt hinaus und steinigte ihn zu Tode.

[14] Darauf schickten sie zu Isebel und ließen sagen: »Nabot wurde gesteinigt und ist tot.« [15] Sobald sie hörte, dass Nabot gesteinigt wurde und tot war, sagte sie zu Ahab: »Auf, nimm den Weinberg Nabots des Jesreeliter in Besitz, den er dir für Silber nicht geben wollte; denn Nabot lebt nicht mehr; er ist tot.« [16] Als Ahab hörte, dass Nabot tot war, stand er auf und ging zum Weinberg Nabots des Jesreeliters hinab, um von ihm Besitz zu ergreifen.

Bei den ersten Sätzen dieses Berichts könnte man zu dem Urteil kommen, Ahab sei ein guter und gerechter König. Obwohl er als König die höchste Macht in Israel erreicht hatte, nimmt er sich nicht, was er braucht. Er ist bereit, den Weinberg des Nabot sogar gegen einen »besseren« Weinberg zu tauschen oder einen gewünschten Kaufpreis zu zahlen.

Aber für Nabot ist dieser Weinberg keine austauschbare Ware. Er hat für ihn eine besondere, persönliche Bedeutung: Es handelt sich um das für ihn heilige »Erbe seiner Väter«.

König Ahab beurteilt die Situation nur aus seiner eigenen Sicht. Er ist nicht in der Lage, seiner Frau den Grund von Nabots Weigerung mitzuteilen. Er versteht offenbar diesen Grund nicht einmal; er ist unfähig, sich in die Sichtweise eines anderen Menschen hineinzuversetzen. Dies ist das aller Unmenschlichkeit gemeinsame Grundmuster. Für ihn scheint alles den Charakter einer austauschbaren Ware zu haben. In diesem Grundprinzip (»Warenfetischismus«) ist letztlich Mord und Totschlag vorprogrammiert: Wer sich diesem Prinzip entgegenstellt, muss damit rechnen, ausgeschaltet zu werden.

Seine Frau bietet ihm an, sie wolle die Sache in die Hand nehmen. Vielleicht meint der König, sein Gewissen zu retten, indem er selbst von nichts weiß. Aber dies ist eine mutwillig herbeigeführte Unkenntnis. Durch sein Wegsehen wird der König schuldig.

Die Lüge und falsches Zeugnis dienen der Verschleierung von Gewalt. Auch »zwei« Zeugen (vgl. Dan 13; Mt 26,60–61), die sich untereinander abgesprochen haben, bekommt man leicht zusammen. Die Königin Isebel erpresst die Ältesten und Vornehmen, die »mit Nabot zusammen in der Stadt wohnten«. Dieser Ausdruck aus Vers 8 wird in Vers 11 wiederholt: Sie wären diejenigen gewesen, die Nabot hätten retten können. Aber sie lassen sich von der Angst um sich selber leiten.

Die Dinge nehmen ihren Lauf. In der Bibel wird der Unschuldige keineswegs immer gerettet.

5) Naaman der Syrer im Tempel Rimmons:

Doppelwirkung / nur »materielle« Mitwirkung

2 Kön 5: [1] Naaman, der Feldherr des Königs von Aram, war ein großer Mann vor seinem Herrn und war angesehen; denn durch ihn hatte der Herr den Aramäern die Rettung geschenkt. Der Mann war ein Kriegsheld, aber aussätzig. [2] Nun hatten die Aramäer bei einem Streifzug ein junges Mädchen aus dem Land Israel verschleppt. Es war in den Dienst der Frau Naamans gekommen. [3] Es sagte zu seiner Herrin: »Wäre mein Herr doch bei dem Propheten in Samaria! Er würde seinen Aussatz heilen.«

[4] Und er ging zu seinem Herrn und meldete ihm: »Das und das hat das Mädchen, welches aus Israel ist, gesagt.« [5] Der König von Aram antwortete: »So geh doch hin; ich werde einen Brief an den König von Israel schicken.«

Naaman ging. Er nahm zehn Talente Silber, sechstausend Schekel Gold und zehn Festkleider mit [6] und überbrachte dem König von Israel den Brief, der lautete: »Wenn jetzt dieser Brief zu dir gelangt, so wisse: Ich habe meinen Knecht Naaman zu dir geschickt, damit du seinen Aussatz heilst.«

[7] Als der König von Israel den Brief gelesen hatte, zerriss er seine Kleider und rief: »Bin ich denn Gott, der töten und zum Leben erwecken kann? Der schickt einen Mann zu mir, damit ich ihn von seinem Aussatz heile. Merkt doch und seht, dass er nur Streit mit mir sucht.«

[8] Als der Gottesmann Elischa hörte, der König von Israel habe seine Kleider zerrissen, schickte er zum König und ließ ihm sagen: »Warum hast du deine Kleider zerrissen? Naaman soll zu mir kommen; dann wird er erfahren, dass es in Israel einen Propheten gibt.«

[9] So kam Naaman mit seinen Pferden und Wagen und hielt vor dem Haus Elischas.

[10] Dieser schickte einen Boten zu ihm hinaus und ließ ihm sagen: »Geh und wasch dich siebenmal im Jordan! Dann wird dein Leib wieder gesund, und du wirst rein.«

[11] Doch Naaman wurde zornig. Er ging weg und sagte: »Ich dachte, er würde herauskommen, vor mich treten, den Namen des Herrn, seines Gottes, anrufen, seine Hand über die Stelle bewegen und so den Aussatz heilen. [12] Sind nicht der Abana und der Parpar, die Flüsse von Damaskus, besser als alle Gewässer Israels? Kann ich nicht dort mich waschen, um rein zu werden?« Voll Zorn wandte er sich ab und ging weg.

[13] Doch seine Diener traten an ihn heran und redeten mit ihm und sagten: »Vater, hätte der Prophet etwas Schweres von dir verlangt, würdest du es tun; wieviel mehr jetzt, da er zu dir nur gesagt hat: ›Wasch dich, und du wirst rein‹.«

[14] So ging er also zum Jordan hinab und tauchte siebenmal unter, wie ihm der Gottesmann gesagt hatte. Da wurde sein Leib gesund wie der Leib eines jungen Knaben, und er war rein.

[15] Nun kehrte er mit seinem ganzen Gefolge zum Gottesmann zurück, ging hinein und stellte sich vor ihn und sagte: »Jetzt weiß ich, dass es nirgends auf der Erde einen Gott gibt außer in Israel. So nimm jetzt von deinem Knecht ein Dankgeschenk an!«

[16] Und er antwortete: »So wahr der Herr lebt, vor dem ich stehe: Ich nehme nichts an.« Auch als Naaman ihn dringend bat, es zu nehmen, lehnte er ab.

[17] Darauf sagte Naaman: »Wenn nicht, dann gebe man deinem Knecht so viel Erde, wie zwei Maultiere tragen können; denn dein Knecht wird keinem anderen Gott mehr Brand- und Schlachtopfer darbringen als dem Herrn allein. [18] Nur diese Sache möge der Herr deinem Knecht verzeihen: Wenn mein Herr zur Anbetung in den Tempel Rimmons geht, stützt er sich dort auf meine Hand. Ich muss mich dann im Tempel Rimmons niederwerfen, wenn er sich im Tempel Rimmons niederwirft. Dann möge der Herr diese Sache deinem Knecht verzeihen.«

[19] Und Elischa sagte ihm: »Geh in Frieden!«

Als Naaman schon ein Wegstück von ihm entfernt war, [20] sagte sich Gehasi, der Diener Elischas, des Gottesmannes: Mein Herr hat diesen Aramäer Naaman geschont und nichts aus seiner Hand angenommen, was er mitgebracht hatte. So wahr der Herr lebt: Ich werde ihm nachlaufen und mir etwas von ihm holen.
[21] Und Gehasi eilte Naaman hinterher. Als ihn Naaman hinter sich herankommen sah, beugte er sich ihm vom Wagen aus zu, um ihn anzurufen und zu sagen: »Ist alles gut?«

[22] Er antwortete: »Alles ist gut; mein Herr schickt mich und läßt sagen: ›Gerade jetzt sind vom Gebirge Efraim zwei junge Männer, zwei Prophetenjünger, zu mir gekommen. Gib ihnen doch ein Talent Silber und zwei Festkleider!‹«

[23] Naaman sagte: »Tu mir den Gefallen, und nimm zwei Talente!« Er bat ihn dringend darum und tat zwei Talente Silber in zwei Beutel, legte zwei Festkleider dazu und gab zwei seiner Diener, und sie trugen sie vor ihm her.

[24] Als Gehasi auf der Höhe angekommen war, nahm er sie aus ihrer Hand und brachte sie in das Haus. Die Männer schickte er weg, und sie kehrten zurück.

[25] Er selbst ging hinein und trat vor seinen Herrn. Elischa fragte ihn: »Woher, Gehasi?« Er antwortete: »Dein Knecht ist nicht hierhin noch dorthin gegangen.«

[26] Da sagte Elischa zu ihm: »War nicht mein Herz zugegen, als sich jemand von seinem Wagen aus dir zuwandte? Ist es Zeit, Silber zu nehmen und Kleider, Ölgärten, Weinberge, Schafe und Rinder, Knechte und Mägde zu nehmen? [27] Der Aussatz Naamans soll für immer an dir und deinen Nachkommen haften.« Er ging hinaus und war vom Aussatz behaftet wie von Schnee.

In Vers 18 wird – so könnte man heute sagen – gemäß dem Prinzip der Doppelwirkung entschieden bzw. gemäß der Lehre von der bloß »materiellen« Mitwirkung. Nichts gilt in Israel als verwerflicher als die Verehrung fremder Götter. Aber Naaman muss in Damaskus seinem alt gewordenen König als Stütze dienen, wenn dieser sich im Tempel des Rimmon niederwirft. Er muss sich deshalb zusammen mit seinem König niederwerfen. Naamans Handlung besteht jedoch nicht in der Verehrung fremder Götter, sondern nur darin, den gebrechlichen König zu stützen. Elischa nimmt ihm die Skrupel.

Die Geschichte von Gehasi beschreibt fromme Habsucht in ihrem Angewiesensein auf Spurenverwischung (Vers 24) und Lüge (Vers 25). Lüge dient dazu, böses Handeln zu verschleiern.

6) Das unveränderliche Gesetz der Meder und Perser:

Spott über Selbstimmunisierung

Daniel 6: [1] Und der Meder Darius übernahm die Königsherrschaft im Alter von zweiundsechzig Jahren. [2] Es gefiel Darius, und er setzte über das Reich hundertzwanzig Satrapen ein, die im ganzen Reich sein sollten, [3] über diese wieder drei oberste Beamte, von denen einer Daniel war. Ihnen sollten die Satrapen Rechenschaft ablegen, damit der König keinen Schaden erleide.

[4] Daniel zeichnete sich vor den anderen obersten Beamten und den Satrapen aus; denn in ihm war ein außergewöhnlicher Geist. Der König erwog, ihn zum höchsten Beamten des ganzen Reiches zu machen.

[5] Da suchten die obersten Beamten und die Satrapen einen Grund, um Daniel wegen seiner Amtsführung anzuklagen. Sie konnten aber keinen Grund zur Anklage und kein Vergehen finden, denn er war zuverlässig; keine Nachlässigkeit und kein Vergehen konnte man ihm nachweisen. [6] Da sagten jene Männer: »Wir werden keinen Grund finden, um diesen Daniel anzuklagen, außer wir finden gegen ihn etwas wegen des Gesetzes seines Gottes.«

[7] Darum bestürmten die obersten Beamten und Satrapen den König und sagten zu ihm: »König Darius, mögest du ewig leben! [8] Alle obersten Beamten des Reiches, die Präfekten, Satrapen, Räte und Statthalter raten, ein Dekret des Königs zu erlassen und ein Verbot in Kraft zu setzen: Jeder, der innerhalb von dreißig

Tagen an irgendeinen Gott oder Menschen außer an dich, König, eine Bitte richtet, der soll in die Löwengrube geworfen werden. [9] Erlass dieses Verbot, o König, und fertige ein Schreiben darüber aus! Es soll nach dem unwandelbaren Gesetz der Meder und Perser unabänderlich sein.« [10] König Darius unterzeichnete das Verbot.

[11] Als Daniel erfuhr, dass das Schreiben unterzeichnet war, ging er in sein Haus. In seinem Obergemach waren die Fenster nach Jerusalem hin offen. Dort kniete er dreimal am Tag nieder und richtete sein Gebet und seinen Lobpreis an seinen Gott, ganz wie er es seit je machte.

[12] Nun rotteten sich jene Männer zusammen und fanden Daniel, wie er zu seinem Gott betete und flehte.

[13] Darauf gingen sie zum König und erinnerten ihn an sein Verbot; sie sagten:»O König, hast du nicht ein Verbot unterzeichnet, nach dem jeder, der innerhalb von dreißig Tagen an irgendeinen Gott oder Menschen außer an dich, König, eine Bitte richtet, in die Löwengrube geworfen werden soll?« Der König antwortete: »Die Anordnung steht fest nach dem unwandelbaren Gesetz der Meder und Perser.« [14] Da berichteten sie dem König:»Daniel, einer von den verschleppten Juden, achtet weder dich, König, noch das Verbot, das du unterschrieben hast, sondern verrichtet dreimal am Tag sein Gebet.«

[15] Als der König das hörte, war es ihm sehr peinlich, und er dachte nach, wie er Daniel retten könne. Bis Sonnenuntergang bemühte er sich, ihn freizubekommen. [16] Doch jene Männer bestürmten ihn und sagten:»Bedenke, König, es ist bei den Medern und Persern Gesetz, dass jedes Verbot und Dekret, das der König erlässt, unabänderlich ist.«

[17] Darauf befahl der König, Daniel herzubringen, und man warf ihn zu den Löwen in die Grube. Der König sagte noch zu Daniel:»Möge dein Gott, dem du so unablässig dienst, dich erretten.«

[18] Und man nahm einen großen Stein und wälzte ihn auf die Öffnung der Grube. Der König versiegelte ihn mit seinem Siegel und den Siegeln seiner Großen, um zu verhindern, dass an der Lage Daniels etwas verändert würde.

[19] Dann ging der König in seinen Palast; fastend verbrachte er die Nacht; er ließ sich keine Speisen bringen und konnte keinen Schlaf finden.

[20] Früh am Morgen, als es gerade hell wurde, stand der König auf und ging in Eile zur Löwengrube. [21] Als er sich der Grube näherte, rief er mit schmerzlicher Stimme nach Daniel und fragte:»Daniel, du Diener des lebendigen Gottes! Hat dein Gott, dem du so unablässig dienst, dich vor den Löwen erretten können?« [22] Daniel antwortete ihm:»O König, mögest du ewig leben. [23] Mein Gott hat seinen Engel gesandt und den Rachen der Löwen verschlossen. Sie taten mir nichts zuleide; denn in seinen Augen war ich schuldlos, und auch dir gegenüber, König, bin ich ohne Schuld.« [24] Darüber war der König hoch erfreut und befahl, Daniel aus der Grube herauszuholen. So wurde Daniel aus der Grube herausgeholt; man fand an ihm nicht die geringste Verletzung, denn er hatte seinem Gott vertraut.

[25] Nun aber ließ der König die Männer herbeiholen, die Daniel verklagt hatten, und ließ sie mit ihren Kindern und Frauen in die Löwengrube werfen. Sie waren noch nicht am Boden der Grube angelangt, da stürzten sich die Löwen auf sie und zermalmten ihnen alle Knochen.

[26] Daraufhin schrieb König Darius an alle Völker, Nationen und Sprachen auf der ganzen Erde:»Friede sei mit euch in Fülle! [27] Hiermit ordne ich an: Im ganzen Gebiet meines Reiches soll man vor dem Gott Daniels zittern und sich vor ihm fürchten. Denn er ist der lebendige Gott; er lebt in Ewigkeit. Sein Reich geht niemals unter; seine Herrschaft hat kein Ende. [28] Er rettet und befreit; er wirkt Zeichen und Wunder am Himmel und auf der Erde; er hat Daniel aus den Tatzen der Löwen errettet.«

[29] Daniel aber ging es gut unter dem König Darius und auch unter dem Perserkönig Kyrus.

Diese »wundervolle« Erzählung deckt Verfahrensweisen auf, wie man dem Unrecht den Schein des Rechts verleihen kann. Um ihn als missliebigen Konkurrenten zu behindern, suchen die Gegner Daniels einen Grund für eine Anklage gegen ihn. Zuerst ist hier der Wille zur Anklage, und danach kommt die Suche nach einem Grund. Wenn man keinen halbwegs stichhaltigen Grund findet, bietet sich wie bei dem Verfahren gegen Nabot (1 Kön 21,10) immer noch der Missbrauch von Religion zur Durchsetzung der Eigeninteressen an. Die Gegner Daniels instrumentalisieren ihren naiven König mit dem Hinweis darauf, nur sein Bestes zu wollen, so dass er für den von ihnen gemeinten Einzelfall ein allgemeines Gesetz erlässt. Dieses »unveränderliche Gesetz der Meder und Perser« stellt eine Forderung für nur einen Monat auf, wie die Erzählung voller Ironie darstellt. Durch die Absolutsetzung menschlicher Normen und ihre blinde Befolgung kann man sich selber in eine Falle führen. In dieser Art von »Unfehlbarkeit« oder Selbstimmunisierung geht es letztlich nur um eine ungerechte Macht der einen über die anderen. Staatlich verordnete Religion wird immer nur die eine Form von Selbstimmunisierung durch eine andere ersetzen.

7) Tobits Frau und das Ziegenböckchen:

Streitursachen

Tob 2: [11] Meine Frau Hanna fertigte daheim Frauenarbeiten an, [12] und lieferte sie dann bei den Herrschaften ab. Und diese wiederum gaben ihr den Lohn. Und sie schenkten ihr einmal ein Ziegenböckchen dazu. [13] Als sie zu mir kam, fing das Tier an zu meckern. Ich sagte zu ihr: »Wo hast du das Böckchen her? Es ist doch nicht gestohlen? Gib es den Herrschaften zurück! Denn was gestohlen ist, darf man nicht essen.« [14] Sie aber sagte: »Es wurde mir zusätzlich zu meinem Lohn als Geschenk gegeben.« Aber ich glaubte ihr nicht und verlangte, dass sie es den Herrschaften zurückbrachte, und ich schämte mich ihretwegen. Doch sie antwortete: »Wo sind denn deine Barmherzigkeiten und Gerechtigkeiten? Jeder weiß, was sie dir eingebracht haben.«

Tobit ist ein »Gerechter«. Gegen staatlichen Befehl hat er einen Erschlagenen begraben und danach wegen der kultischen Unreinheit außerhalb seines Hauses im Freien übernachtet. Dabei fiel ihm Vogelkot in die Augen und er erblindete. Nun muss seine Frau auch für seinen Lebensunterhalt aufkommen. Auch sie ist eine »Gerechte«. Sie setzt sich so sehr ein, dass sie einmal einen zusätzlichen Lohn erhält. Aber Tobit hat den Verdacht, das Ziegenböckchen könne gestohlen sein. Seine Fixierung auf »Gerechtigkeit« macht ihn unfähig, auf den tatsächlichen Sachverhalt einzugehen. Obwohl oder gerade weil er und seine Frau es so gut meinen[245], geraten sie miteinander in heftigen Streit.

Warum wird die Geschichte erzählt? Man soll damit zu rechnen lernen, dass solche Missverständnisse trotz besten Willens der Beteiligten und trotz all ihrer Gerechtigkeit immer möglich bleiben. Das ganze Buch Tobit ist eine Fundgrube von freundlichen Reflexionen über zwischenmenschliche Beziehungen.

8) Kampf am Sabbat:

Aus Schaden wird man klug

1 Makk 2: [29] Damals gingen viele, die Recht und Gerechtigkeit suchten, in die Wüste hinunter, um sich dort niederzulassen, [30] sie selbst, ihre Kinder und ihre Frauen und auch ihr Vieh; denn ihre Lage war unerträglich geworden. [31] Aber man meldete den Männern des Königs und den Streitkräften, die in Jerusalem, der Davidsstadt, waren: »Die Männer, die die Anordnung des Königs missachtet haben, sind in die Verstecke in der Wüste hinabgezogen.« [32] Da setzten ihnen viele nach; als sie sie eingeholt hatten, stellten sie sich ihnen gegen-

---

245 In der Einheitsübersetzung der Heiligen Schrift wird der Text mit der Überschrift »Tobits Verhöhnung durch seine Frau« völlig falsch gedeutet. Ähnlich unzutreffend auch die Ausführungen der beiden neuesten deutschen Kommentare: GROß, Tobit, 1987, 20f und SCHÜNGEL-STRAUMANN, Tobit, 2000, 70–74. Beide Kommentare haben nicht beachtet, dass der Text sich als Tobits eigene rückschauende Reflexion darbietet, in der er selber seinen Vorwurf an seine Frau als falsch erkannt hat.

über auf und machten sich zum Kampf am Sabbat bereit. [33] Sie sagten zu ihnen: »Bis jetzt! Kommt heraus und tut, was der König sagt; dann werdet ihr am Leben bleiben.« [34] Und sie antworteten: »Wir werden nicht hinauskommen und wir werden nicht tun, was der König sagt, den Sabbat zu entweihen.« [35] Da gingen sie sofort zum Krieg gegen sie über. [36] Und sie gaben keine Antwort mehr; sie warfen nicht einmal Steine auf sie, noch versperrten sie die Eingänge der Verstecke. [37] Denn sie sagten: »Wir wollen alle sterben in unserer Lauterkeit. Himmel und Erde bezeugen über uns, dass ihr uns gegen jedes Recht umbringt.« [38] Und man machte Krieg gegen sie am Sabbat; es starben sie selbst und ihre Frauen und Kinder, auch ihr Vieh, bis zu tausend Menschen.

[39] Als Mattatias und seine Freunde das erfuhren, trauerten sie heftig um die Toten. [40] Sie sagten einer zum anderen: »Wenn wir alle so handeln werden, wie unsere Brüder gehandelt haben, und nicht gegen die Heiden für unser Leben und unsere Gesetze kämpfen, dann werden sie uns jetzt sehr bald von der Erde vertilgen.« [41] Und sie beschlossen noch am gleichen Tag: »Jeder Mensch, der gegen uns am Sabbat in den Krieg zieht, gegen den werden wir kämpfen, und wir werden nicht alle umkommen, wie unsere Brüder in den Verstecken umgekommen sind.«

Zunächst halten sich die geflüchteten Juden für absolut verpflichtet, den Sabbat als den Ruhetag zur Verehrung Gottes einzuhalten und um keinen Preis an diesem Tag zu kämpfen. Es handelt sich um eine »deontologisch« verstandene Norm. Aber die Lebenserfahrung nötigt sie zu der Einsicht, dass es sich dabei um ein Missverständnis handelt. Vgl. Mk 2,27: »Der Sabbat ist um des Menschen willen entstanden und nicht der Mensch um des Sabbats willen.«

9) Was allein zählt:
Die Not, der abzuhelfen ist

Mt 25: [31] Wenn der Menschensohn in seiner Herrlichkeit kommt und alle Engel mit ihm, dann wird er sich auf den Thron seiner Herrlichkeit setzen. [32] Und alle Völker werden vor ihm zusammengerufen werden, und er wird sie voneinander scheiden, wie der Hirt die Schafe von den Böcken scheidet. [33] Er wird die Schafe zu seiner Rechten versammeln, die Böcke aber zur Linken. [34] Dann wird der König denen auf der rechten Seite sagen: »Kommt her, die ihr von meinem Vater gesegnet seid, nehmt das Reich in Besitz, das seit der Erschaffung der Welt für euch bestimmt ist. [35] Denn ich war hungrig, und ihr habt mir zu essen gegeben; ich war durstig, und ihr habt mir zu trinken gegeben; ich war fremd und obdachlos, und ihr habt mich aufgenommen; [36] ich war nackt, und ihr habt mir Kleidung gegeben; ich war krank, und ihr habt mich besucht; ich war im Gefängnis, und ihr seid zu mir gekommen.« [37] Dann werden ihm die Gerechten antworten: »Herr, wann haben wir dich hungrig gesehen und dir zu essen gegeben, oder durstig und dir zu trinken gegeben? [38] Und wann haben wir dich fremd und obdachlos gesehen und aufgenommen, oder nackt und dir Kleidung gegeben? [39] Und wann haben wir dich krank oder im Gefängnis gesehen und sind zu dir gekommen?« [40] Darauf wird der König ihnen antworten: »Amen, ich sage euch: Was ihr für einen meiner geringsten Brüder getan habt, das habt ihr mir getan.« [41] Dann wird er sich auch an die auf der linken Seite wenden und zu ihnen sagen: »Weg von mir, ihr Verfluchten, in das ewige Feuer, das für den Teufel und seine Engel bestimmt ist! [42] Denn ich war hungrig, und ihr habt mir nichts zu essen gegeben; ich war durstig, und ihr habt mir nichts zu trinken gegeben; [43] ich war fremd und obdachlos, und ihr habt mich nicht aufgenommen; ich war nackt, und ihr habt mir keine Kleidung gegeben; ich war krank und im Gefängnis, und ihr habt mich nicht besucht.« [44] Dann werden auch sie antworten: »Herr, wann haben wir dich hungrig oder durstig oder obdachlos oder nackt oder krank oder im Gefängnis gesehen und haben dir nicht geholfen?« [45] Darauf wird er ihnen antworten: »Amen, ich sage euch: Was ihr für einen dieser Geringsten nicht getan habt, das habt ihr auch mir nicht getan.« [46] Und sie werden weggehen und die ewige Strafe erhalten, die Gerechten aber das ewige Leben.

Man soll sich nicht deshalb für die Geringsten einsetzen, weil sich Jesus mit ihnen in eins setzt. Sonst hätten die Gerechten antworten können: »Das haben wir ja gewusst, und anderenfalls hätten wir es nicht getan.« Nicht der Wille Gottes ist Kriterium für den Einsatz für die Armen; vielmehr ist allein umgekehrt der Einsatz für den Menschen in Not Kriterium für den Willen Gottes.[246] Dagegen ist der Mangel an Liebe in Ewigkeit heillos: Niemals kann man durch Egoismus das Heil erlangen. Darauf hinzuweisen ist der Sinn der Höllendrohungen im Neuen Testament. Diese werden aber von der in ihrer Wahrheit nur dem Glauben zugänglichen Aussage umfasst, dass Gott die Welt mit sich versöhnt hat (2 Kor 5,19): Die wahre Wirklichkeit aller Menschen besteht darin, in der Gemeinschaft mit Gott geborgen zu sein. Deshalb haben bereits Glaubende aus ihrer Sicht Hoffnung für alle Menschen. Sie vertrauen darauf, dass Gott die Menschen von ihrer Sünde lösen wird. Denn »Gott hat alle in den Ungehorsam eingeschlossen, um sich aller zu erbarmen« (Röm 11,32). Niemand hat mit Gott Gemeinschaft aufgrund geschöpflicher Qualitäten, sondern allein weil er in die Liebe des Vaters zum Sohn aufgenommen ist. Wer sich in Gottes Liebe geborgen weiß, lässt sich in seinem Handeln nicht mehr von der Angst um sich leiten, sondern wird liebevoll leben. Seine Hoffnung auf das Heil für alle Menschen ist etwas völlig anderes als die bloß weltanschauliche Meinung, am Schluss werde alles gut und es sei deshalb gleichgültig, wie man lebt. Diese falsche Auffassung würde Menschen nur in ihrer Sünde festhalten.

10) Der Mensch im Mittelpunkt:

Sich nicht hinter dem verstecken, was »man« sagt

Mk 3: [1] Als er ein andermal in eine Synagoge ging, saß dort ein Mann, dessen Hand verdorrt war. [2] Und sie gaben acht, ob Jesus ihn am Sabbat heilen werde; sie suchten nämlich einen Grund zur Anklage gegen ihn. [3] Da sagte er zu dem Mann mit der verdorrten Hand: »Steh auf und stell dich in die Mitte!« [4] Und zu den anderen sagte er: »Was ist am Sabbat erlaubt: Gutes zu tun oder Böses, ein Leben zu retten oder es zu vernichten?« Sie aber schwiegen. [5] Und er sah sie ringsum an, voll Zorn und Trauer über ihr verstocktes Herz, und sagte zu dem Mann: »Streck deine Hand aus!« Er streckte sie aus, und seine Hand war wieder gesund. [6] Da gingen die Pharisäer hinaus und fassten zusammen mit den Anhängern des Herodes den Beschluss, Jesus umzubringen.

Im jüdischen Gesetz bestand das Gebot, am Sabbat keine Arbeit zu tun. Nach Jesu Auffassung ist aber nicht der Mensch um des Sabbats willen da, sondern der Sabbat um des Menschen willen (vgl. Mk 2,27), und in diesem Sinn ist nach ihm das Sabbatgebot auszulegen. Die Jünger Jesu hatten bereits zuvor den Sabbat nach Auffassung der Gegner gebrochen, weil sie am Sabbat, um ihren Hunger zu stillen, in einem Kornfeld Ähren abgerissen hatten. Deswegen war Jesus von den Pharisäern bereits verwarnt worden (Mk 2,23–24) und wird nun argwöhnisch beobachtet.

Jesus stellt den Kranken in die Mitte. Auf seine Frage nach dem Sinn des Sabbatgebots trifft er auf eine kollektive Mauer des Schweigens. Daraufhin schaut er die Umstehenden der Reihe nach an, als wollte er jeden Einzelnen fragen: »Was meinst du selber? Kann es der

---

246 Vgl. Ebeling, Evidenz, 1969, 1–41, vor allem 21.

Sinn des Sabbatgebots sein, einen Menschen tatenlos seinem Elend zu überlassen und statt dessen jemandem aufzulauern, der das Gebot anders versteht?« Jeder ist nach seinem eigenen Gewissen gefragt. Niemand kann sich hinter dem verstecken, was »man« sagt. Es geht um die Forderung, auf das eigene Gewissen zu hören und selber zu denken.

Es gibt zwei sehr verschiedene Weisen der Solidarität: Da ist auf der einen Seite die öffentliche Solidarität Jesu mit dem Menschen, der in Not ist; er nimmt darin Gefahr für sich selbst auf sich. Der Gegensatz ist die neu entstehende Solidarität der Gegner hinter dem Rücken Jesu. Pharisäer und Herodianer waren zuvor untereinander verfeindet, verbinden sich aber nun alle gegen einen, den sie als Sündenbock gefunden haben.[247] Sie wollen den, der in Frage stellt, was »man« zu sagen pflegt, aus dem Weg schaffen. Bereits hier wird deutlich, warum Jesus später gekreuzigt wurde: Er stellte ein religiöses Verständnis in Frage, das sich gegen den Menschen ausspielen lässt.

11) Der Nächste:

Arbeitsteilung

Lk 10: [25] Da stand ein Gesetzeslehrer auf, und um Jesus auf die Probe zu stellen, fragte er ihn: »Meister, was muß ich tun, um das ewige Leben zu gewinnen?« [26] Jesus sagte zu ihm: »Was steht im Gesetz? Wie liest du?« [27] Er antwortete: »Du sollst den Herrn, deinen Gott, lieben mit ganzem Herzen und ganzer Seele, mit all deiner Kraft und all deinen Gedanken, und: Deinen Nächsten sollst du lieben wie dich selbst.« [28] Jesus sagte zu ihm: »Du hast richtig geantwortet. Handle danach, und du wirst leben.«

[29] Der Gesetzeslehrer wollte seine Frage rechtfertigen und sagte zu Jesus: »Und wer ist mein Nächster?« [30] Darauf antwortete ihm Jesus:

»Ein Mann ging von Jerusalem nach Jericho hinab und wurde von Räubern überfallen. Sie plünderten ihn aus und schlugen ihn nieder; dann gingen sie weg und ließen ihn halbtot liegen. [31] Zufällig kam ein Priester denselben Weg herab; er sah ihn und ging weiter. [32] Auch ein Levit kam zu der Stelle; er sah ihn und ging weiter. [33] Dann kam ein Mann aus Samarien, der auf der Reise war. Als er ihn sah, hatte er Mitleid, [34] ging zu ihm hin, goß Öl und Wein auf seine Wunden und verband sie. Dann hob er ihn auf sein Reittier, brachte ihn zu einer Herberge und sorgte für ihn. [35] Am andern Morgen holte er zwei Denare hervor, gab sie dem Wirt und sagte: ›Sorge für ihn, und wenn du mehr für ihn brauchst, werde ich es dir bezahlen, wenn ich wiederkomme.‹ [36] Was meinst du: Wer von diesen dreien hat sich als der Nächste dessen erwiesen, der von den Räubern überfallen wurde?«

[37] Der Gesetzeslehrer antwortete: »Der, welcher barmherzig an ihm gehandelt hat.« Da sagte Jesus zu ihm: »Dann geh und handle genauso!«

Das Gleichnis vom barmherzigen Samariter erläutert, was es bedeutet, den Nächsten »wie sich selbst zu lieben«. Der Schriftgelehrte hatte gefragt, wie weit er den Kreis um sich selbst als Mittelpunkt ziehen müsse, um die Zahl seiner Nächsten einzugrenzen. Welche Menschen muss man so lieben, »wie man sich selber liebt«? Aber das ist mit dem Gebot nicht gemeint. In der Antwort Jesu ist vielmehr derjenige Mensch, der in Not ist, der Mittelpunkt des Kreises. Ihn zu lieben wie sich selbst heißt nicht, ihn nach dem gleichen Maß zu lieben, in welchem man sich selbst liebt. Es geht vielmehr darum, fähig zu sein, sich in seine Lage

---

247 Vgl. dazu oben S. 118 die Darstellung der »Sündenbocktheorie« von René Girard.

zu versetzen und ihm das zu tun, was man selber an seiner Stelle und von ihm aus gesehen wünschen würde (= Goldene Regel).

Der barmherzige Samariter ist vermutlich ein Kaufmann auf einer Geschäftsreise; denn nur zum Vergnügen reist man nicht auf einem so gefahrvollen Weg. Er lässt sich von seinen eigenen Plänen und Terminen durch ein Ereignis in der Wirklichkeit abbringen, das er nicht vorausgesehen und erst recht nicht geplant hat: die Begegnung mit einem anderen Menschen in Not. Es ist keine Rede von irgendeiner religiösen Motivation; er handelt nur aus Mitleid mit dem Menschen, der zusammengeschlagen worden ist. Nach der christlichen Botschaft selbst ist auch keine andere Motivation erforderlich.[248]

Am Schluss des Gleichnisses wird deutlich, dass es auch in der Nächstenliebe eine Arbeitsteilung gibt. Der Wirt der Herberge übernimmt gegen Bezahlung die weitere Mühe. Der Samariter geht wieder seiner Erwerbstätigkeit nach, welche die Voraussetzungen schafft, anderen helfen zu können oder notwendige Hilfe für sie als Dienstleistung in Anspruch nehmen zu können.

Das Gleichnis ist mit seinen Gegenbeispielen des Leviten und des Priesters, die sehen und doch nicht sehen, religionskritisch oder warnt zumindest vor der Gefahr der Verkehrung von Religion.

Wenn man dieses Gleichnis einmal aufmerksam in sich aufgenommen hat und es in einem Wurzel gefasst hat, dann könnte es sich so auswirken: Das Wort »sah ihn und ging weiter« kommt einem immer dann in Erinnerung, wenn man selber versucht ist, sich unter dem Vorwand der eigenen Termine wie der Levit oder der Priester zu verhalten.

12) Götzenopferfleisch:

Zum Umgang mit den »Schwachen«

Röm 14: [1] Nehmt den im Glauben Schwachen an, ohne über unterschiedliche Auffassungen zu streiten. [2] Der eine glaubt, alles essen zu dürfen, der Schwache aber isst Gemüse. [3] Wer isst, verachte den nicht, der nicht isst; wer nicht isst, richte den nicht, der isst. Denn Gott hat ihn angenommen.

[4] Wer bist du, der du einen fremden Diener richtest? Er steht oder fällt für seinen eigenen Herrn. Er wird aber stehen bleiben; denn der Herr hat die Macht, ihn stehen bleiben zu lassen. [5] Der eine unterscheidet die einen Tage gegenüber den anderen, der andere macht keinen Unterschied zwischen den Tagen. Jeder sei von der eigenen Auffassung überzeugt. [6] Wer einen bestimmten Tag bevorzugt, tut es für den Herrn. Wer isst, tut es für den Herrn; denn er dankt Gott. Wer nicht isst, isst für den Herrn nicht und dankt Gott. [7] Denn keiner von uns lebt sich selber, und keiner stirbt sich selber: [8] Denn wenn wir leben, leben wir dem Herrn; sterben wir, sterben wir dem Herrn. Ob wir nun leben oder ob wir sterben, wir sind des Herrn. [9] Denn dazu ist Christus gestorben und lebendig geworden, um Herr zu sein über Tote und Lebende.

[10] Du aber, was richtest du deinen Bruder? Oder auch du, was verachtest du deinen Bruder? Denn alle werden wir vor dem Richterstuhl Gottes stehen. [11] Denn es steht geschrieben: So wahr ich lebe, spricht der Herr, vor mir wird jedes Knie sich beugen, und jede Zunge wird Gott preisen. [12] Also wird jeder von uns über sich selbst vor Gott Rechenschaft ablegen.

[13] Wir wollen uns also nicht mehr gegenseitig richten. Achtet vielmehr darauf, dem Bruder keinen Anstoß oder Skandal zu bereiten.

---

248 EBELING, Evidenz, 1969, 29f.

[14] Ich weiß und bin im Herrn Jesus überzeugt, dass nichts von sich selbst her unrein ist; sondern nur dem, der es für unrein ansieht, ihm ist es unrein. [15] Wenn nämlich wegen einer Speise dein Bruder betrübt wird, dann wandelst du nicht mehr der Liebe gemäß. Richte durch deine Speise nicht den zugrunde, für den Christus gestorben ist. [16] Es darf doch euer Gutes nicht gelästert werden; [17] denn das Reich Gottes ist nicht Essen und Trinken, sondern Gerechtigkeit, Friede und Freude im Heiligen Geist. [18] Und wer Christus darin dient, ist Gott wohlgefällig und bei den Menschen angesehen. [19] Lasst uns also nach dem streben, was zum Frieden und zum gegenseitigen Aufbau beiträgt. [20] Reiss nicht wegen einer Speise das Werk Gottes nieder! Alles ist zwar rein; schlecht ist es für den, der so isst, dass er Anstoß nimmt. [21] Es ist nicht gut, Fleisch zu essen oder Wein zu trinken oder sonst etwas zu tun, woran dein Bruder Anstoß nimmt.

[22] Den Glauben, den du selbst hast, habe für dich selbst im Angesicht Gottes. Selig, wer sich nicht zu verurteilen braucht bei dem, was er für recht hält. [23] Wer aber Zweifel hat, wenn er etwas isst, der ist gerichtet, weil er nicht aus Glauben handelt. Alles, was nicht aus Glauben geschieht, ist Sünde.

Paulus geht auf die Frage ein, wie damit umzugehen ist, dass Judenchristen nach dem jüdischen Gesetz weiterhin zwischen reinem und unreinem Fleisch unterscheiden.

Auch hier liegt in der Antwort des Paulus die nichtreligiöse Einsicht zugrunde, dass kein Mensch über das Gewissen eines anderen zu richten hat und dass es nichts an sich Unreines gibt. Für jeden ist das eigene Gewissen die letzte Norm, so sehr es unter dem Anspruch steht, sich an der Wirklichkeit auszurichten. Der Glaube bringt demgegenüber keine neuen Normen mit sich, wohl aber befreit er von weltlichen Absolutheitsansprüchen. Die Übereinstimmung im Glauben – sich von Gott mit einer Liebe geliebt zu wissen, die an keinen geschöpflichen Qualitäten ihr Maß hat – ist zugleich die Befreiung dazu, in nichts anderem übereinstimmen zu müssen.

IX. Zusammenfassende Thesen

1. Das traditionelle Prinzip der Doppelwirkung wird gewöhnlich so formuliert:
    Die Zulassung oder Verursachung eines Schadens ist dann erlaubt, wenn
    a) die Handlung nicht »in sich schlecht« ist;
    b) der Schaden nicht in sich selbst als Zweck direkt beabsichtigt ist;
    c) der Schaden auch nicht als Mittel zum Zweck direkt beabsichtigt ist;
    d) man für die Zulassung oder Verursachung des Schadens einen entsprechenden Grund hat.
    In seinem herkömmlichen Verständnis bleibt dieses Prinzip auf Randfälle der Ethik eingeschränkt. Fast alle seine Begriffe bleiben unklar. Diese Unklarheit kann zu schwerwiegenden Fehlentscheidungen führen.

2. In der frühen Fassung einer Lehre von Handlungen mit doppelter Wirkung bei Thomas von Aquin *(Summa theologica, II-II q64 a7 ad c)* werden nicht wie später vier, sondern nur zwei Bedingungen genannt (denn Thomas bedenkt hier noch nicht die Verknüpfung mehrerer Handlungen). Die gute Wirkung muss erstens in einer Weise angestrebt werden, die nichts Unerlaubtes an sich hat; zweitens muss der in Kauf genommene oder sogar verursachte Schaden so gering gehalten werden, als es möglich ist, um noch die angestrebte gute Wirkung zu erreichen. Thomas hat nicht gesehen, dass das Zweite das Kriterium für das Erste sein könnte.

3. Voraussetzung des Prinzips der Doppelwirkung ist, dass eine Handlung überhaupt nur dadurch ethisch schlecht sein kann, dass sie tatsächlich oder zumindest vermeintlich einen *Schaden* (für wen auch immer, auch für den Handelnden selbst) zulässt oder verursacht. Aber nicht jede Zulassung oder Verursachung eines Schadens macht die Handlung tatsächlich schlecht. Es geht im Prinzip der Doppelwirkung darum, die genaue Grenze zwischen diesen beiden Fällen anzugeben, also wann die Zulassung oder Verursachung eines Schadens tatsächlich schlecht ist und wann nicht. Damit erweist sich das Prinzip der Doppelwirkung als das Grundprinzip der Ethik.

4. Die entscheidende Bedingung des Prinzips der Doppelwirkung ist die vierte, wonach man einen Schaden nur dann zulassen oder verursachen darf, wenn man dafür einen »entsprechenden Grund« hat. Nur dann verbleibt die Zulassung oder Verursachung des Schadens außerhalb des beabsichtigten »Gegenstandes« der Handlung. Ohne einen »entsprechenden Grund« erscheint die Zulassung oder Verursachung des Schadens »direkt« beabsichtigt und ist dadurch »in sich schlecht«.
    Die zweite, die dritte und die vierte Bedingung haben als gemeinsamen Nenner, dass Handlungen nur dadurch ethisch schlecht sein können, dass in ihnen selbst oder in mit ihnen verbundenen Handlungen ein Schaden zugelassen oder verursacht wird, ohne dass dafür ein »entsprechender Grund« vorliegt. In der zweiten und dritten Bedingung der traditionellen Formulierung des Prinzips der Doppelwirkung geht es darum, dass ein ethisch gutes Mittel verdorben wird, wenn es zu einem ethisch schlechten Zweck gebraucht wird, und dass auch umgekehrt ein ethisch guter Zweck ein ethisch schlechtes Mittel nicht nachträglich heiligen kann. Es handelt sich dabei um die Verknüpfung *mehrerer Handlungen* ein und desselben Subjektes. Wenn eine Handlung benutzt wird,

um zusätzlich eine andere Handlung desselben Handelnden zu ermöglichen, dann beeinflusst eine eventuelle Schlechtigkeit der zweiten Handlung auch die Moralität der ersten Handlung. Und umgekehrt wird eine schlechte erste Handlung nicht dadurch besser, dass man sie benutzt, um zusätzlich eine zweite gute Handlung zu ermöglichen, sondern die zweite Handlung verliert ihre Gutheit durch ihren Verbund mit der vorausgehenden schlechten Handlung, die der Handelnde zu ihrer Ermöglichung benutzt.

5. Insofern etwas anstrebbar ist, stellt es notwendig unter dieser Hinsicht einen Wert dar. Der »Grund« jeder Handlung ist der in ihr angestrebte Wert oder der zu meidende Unwert. Als »Grund« einer Handlung kommt nur etwas in Frage, was man mit dem objektiven Vorgang der Handlung tatsächlich oder wenigstens vermeintlich auf irgendeiner Ebene erreichen kann (selbst wenn die Handlung letzten Endes kontraproduktiv bleibt). Natürlich kann der Grund einer Handlung auch in einem Verbund verschiedener Werte bestehen, die zugleich angestrebt werden bzw. in einem Verbund verschiedener Unwerte (Schäden), die man vermeiden möchte; er kann auch beides zugleich umfassen. Wenn man wissentlich Schäden zulässt oder verursacht, die in keinem Zusammenhang mit einem angestrebten Wert stehen, dann strebt man in dieser Handlung außer dem ursprünglich angestrebten Wert noch einen anderen Wert an. Mit »Wert« oder »Unwert« sind hier zunächst noch vorethische Sachverhalte gemeint.

6. Mit einem »*entsprechenden* Grund« dagegen ist gemeint, dass zwischen der *Handlung* und ihrem *Grund* in dem Sinn eine »Entsprechung« besteht, dass sie ihm als universal formuliertem auch auf die Dauer und im Ganzen gerecht wird, anstatt ihn letztlich zu untergraben. »Auf die Dauer und im Ganzen« bezieht sich nicht nur auf den Handelnden selbst oder auf alle gegenwärtig existierenden Betroffenen, sondern auch auf nur mögliche künftige Betroffene. Die Forderung »universaler Formulierung« bedeutet also, dass der Wert nicht nur unter partikulärer, eingegrenzter Hinsicht verstanden wird. Es geht bei dem Begriff des »entsprechenden Grundes« also nicht um eine »Entsprechung« zwischen Gewinn und Schaden und auch nicht um einen sogenannten »Gütervergleich«.

7. Das Kriterium und der Grund der definitiven ethischen Schlechtigkeit der Handlung liegen genau darin, dass ihre Gesamtbilanz negativ ist, sei es in Bezug auf den angestrebten Wert oder Werteverbund oder den zu vermeidenden Schaden oder Verbund von Schäden. Wissentlich oder auch nur vermeintlich ohne »entsprechenden Grund« zugelassene oder verursachte Schäden machen eine Handlung »in sich schlecht«, und sie ist dann nach diesen Schäden zu benennen. Die ethisch entscheidende Frage ist deshalb nicht, welche Werte man anstreben oder welche Schäden man vermeiden soll, sondern wie man in beiden Fällen vorgeht, also ob man dem jeweils gewählten Wert gerecht wird bzw. den zu vermeidenden Schaden tatsächlich auf die Dauer und im Ganzen gesehen vermeidet, anstatt ihn noch zu vergrößern.

8. Für die Analyse muss man den angestrebten Wert oder den zu vermeidenden Schaden universal formulieren, das heißt unter Absehung von partikulären Eingrenzungen etwa auf die eigene Person oder die eigene Gruppe oder die eigene Zeit. Die universale Formulierung ist die entscheidende Bedingung dafür, dass die ethische Analyse gelingt.

Denn in der Ethik geht es immer um das, was letztlich und auf die Dauer und im Ganzen gilt und eben deshalb durch keine noch umfassendere Sichtweise relativiert werden kann.

9. Mit der vorangehenden Deutung des Begriffs des »entsprechenden Grundes« ist auch eine Antwort auf die Frage möglich, wie Wertentscheidungen mit Sachverhaltsaussagen zusammenhängen. Man kann das Anstreben von Werten oder das Vermeidenwollen von Schäden nicht aus bloßen Tatsachen ableiten. Aus bloßen Fakten kann nicht logisch ein Sollen gefolgert werden. Aber unter der Voraussetzung, dass man einen Wert anstrebt oder einen Schaden zu vermeiden sucht, lässt es sich gegebenenfalls als Tatsachenaussage formulieren, dass man in der Weise, wie man diesen Wert anstrebt oder diesen Schaden zu vermeiden sucht, auf die Dauer und im Ganzen das Gegenteil erreicht. Dann ist die Handlung »in sich schlecht«. Ethische Schlechtigkeit besteht entweder darin, dass eine Handlung selber »in sich schlecht« ist, oder darin, dass sie mit einer (oder mehreren) anderen vorausgehenden oder nachfolgenden Handlung(en), welche ihrerseits »in sich schlecht« ist (sind), in einem Motivationsverbund steht.

10. Aus der vorangehenden Interpretation des traditionellen Prinzips der Doppelwirkung lässt sich die folgende hermeneutische Neufassung entwickeln:

    1) Eine Handlung ist nur dann »*in sich* schlecht«, wenn man in ihr einen Schaden *ohne* »*entsprechenden Grund*« zulässt oder verursacht.

    Der »Grund« einer Handlung ist kein »entsprechender«,

    - wenn der (universal zu formulierende) angestrebte Wert oder Werteverbund auf die Dauer und im Ganzen untergraben wird oder
    - wenn ein (universal zu formulierender) Schaden oder Verbund von Schäden in einer Weise zu vermeiden gesucht wird, die ihn auf die Dauer und im Ganzen nur vergrößert.

    2) Für den Fall der *Verknüpfung mehrerer Handlungen* gilt, dass eine Handlung auch dann »schlecht« ist,

    a) wenn der Handelnde *sie durch*
    eine andere eigene, »in sich schlechte« Handlung ermöglichen will.

    b) wenn der Handelnde *durch sie*
    eine andere eigene, »in sich schlechte« Handlung ermöglichen will.

11. Weil die Gesamtwirklichkeit nicht vollständig überschaubar ist, kann man nie endgültig wissen, dass der »Grund« einer Handlung tatsächlich ein »entsprechender« ist; man bleibt auf Rückmeldungen aus der Wirklichkeit angewiesen. Nur die sittliche Schlechtigkeit einer Handlung kann definitiv gewusst werden.

12. Die Willensfreiheit besteht darin, gegenüber einem beliebigen endlichen Gut auch je für sich genommen entweder Ja oder Nein sagen zu können. Eine solche Entscheidung setzt die Erkenntnis voraus, dass es sich um »*ein Gut*« handelt. Insofern es sich um »*ein Gut*« handelt, insofern es also anstrebbar ist, kann man Ja dazu sagen und es tatsächlich anstreben. Insofern es sich aber nur um »*ein* Gut« und nicht um das Gut schlechthin handelt, kann man auch Nein sagen und das betreffende Gut zurückweisen. In beiden Fällen weiß man, was man tut. Die Wahl ist erkenntnisgeleitet und damit

rational, ohne jedoch in irgendeiner Weise determiniert zu sein. Selbst wenn unsere Entscheidungen gewöhnlich in der Wahl zwischen verschiedenen Gütern bestehen, ist doch dafür die Möglichkeitsbedingung, dass wir bereits jedem einzelnen Gut gegenüber frei sind.

13. Die Frage nach der Einheit einer Handlung ist deshalb wichtig, weil der Satz, dass der gute Zweck nicht das schlechte Mittel heiligt, nur unter der Voraussetzung gelten kann, dass es dabei um voneinander verschiedene je eigene Handlungen geht, die als solche bereits sittlich qualifiziert sind. Zwei verschiedene Handlungen sind gegeben, wenn

   a) eine für sich allein bereits hinreichend motivierte Handlung nur zusätzlich benutzt wird, um eine weitere Handlung desselben Handelnden zu ermöglichen;

   b) zur tatsächlichen Erreichung eines Ziels die Intervention eines dafür zu beeinflussenden fremden Willens erforderlich ist.

14. Der Begriff der »Zulassung« ist die Stelle im Prinzip der Doppelwirkung, an der mit der Möglichkeit gerechnet wird, dass die Auswirkungen des eigenen Tuns oder Unterlassens von anderen Handelnden mitbestimmt werden.

15. Das Prinzip der Doppelwirkung führt nicht wie der Utilitarismus zu einer rigoristischen Ethik, in der nur die jeweils besten Handlungen zulässig wären. Zwar wird zu den besten Handlungen eingeladen. Aber auch weniger gute Handlungen bleiben gute Handlungen. Nur diejenigen Handlungen sind schlecht und damit unzulässig, die mit der Zulassung oder Verursachung eines Schadens ohne »entsprechenden Grund« zu tun haben.

16. Negative Gebote gelten »immer und für jeden Einzelfall« und verpflichten deshalb absolut; affirmative Gebote dagegen gelten zwar »immer«, aber »nicht für jeden Einzelfall«. Die affirmativen Gebote besagen eine Einladung ohne strenge Verpflichtung.

17. Im Sinn der Lehre von den »Quellen der Sittlichkeit« ist der »Gegenstand« einer Handlung mit »entsprechendem Grund« die Verwirklichung desjenigen (für die Analyse universal zu formulierenden) Wertes oder Werteverbunds, der in ihr angestrebt wird, bzw. die Vermeidung des (universal zu formulierenden) Schadens oder Verbunds von Schäden, der vermieden werden soll. Die eventuell in Kauf zu nehmenden Schäden bleiben dann außerhalb derjenigen »Absicht«, die den »Gegenstand« der Handlung bestimmt. Sie sind nur »indirekt« zugelassen oder verursacht. Umgekehrt ist der »Gegenstand« einer unverantwortlichen Handlung, deren »Grund« also kein »entsprechender« ist, die letztendliche Untergrabung des angestrebten Wertes oder Verbunds von Werten bzw. die Vergrößerung gerade des Schadens oder der Schäden, die man vermeiden will. Diese Schäden sind dann im moralischen Sinne »direkt« gewollt, selbst wenn der Handelnde davon ganz abzusehen versucht. Bereits der »Gegenstand (das Handlungsziel)« einer Handlung ist »beabsichtigt«.

18. Eine davon unterschiedene »Absicht (Ziel des Handelnden)« kann nur im Gegenstand einer weiteren Handlung bestehen, zu deren Ermöglichung man eine erste Handlung zusätzlich zu ihrem eigenen »Handlungsziel« benutzt. Es trifft also nicht zu, dass man bei jeder Handlung zwischen »Gegenstand« und »Absicht« unterscheiden kann. Es gibt

Handlungen, die nur einen beabsichtigten »Gegenstand« haben ohne zusätzliche weitere »Absicht«.

19. Die »Umstände« umfassen alles und nur alles, was über den *Grad* der Gutheit oder Schlechtigkeit einer Handlung entscheidet. Was die moralische Qualität einer Handlung anders als nur graduell beeinflusst, kann nicht sinnvoll zu denjenigen »Umständen« gerechnet werden, die eine der drei »Quellen der Sittlichkeit« ausmachen; es kann nur entweder zum »Gegenstand« oder zur »Absicht« gehören.

20. Um die sittliche *Qualität* von Handlungen einschließlich ihrer Vernetzung mit anderen Handlungen zu beschreiben, genügen die beiden Begriffe
    - »Ziel der Handlung *(finis operis)*« oder »Gegenstand *(obiectum)*« und
    - »Ziel des Handelnden *(finis operantis)*« oder »Absicht *(intentio)*«.

    Und bestimmend für das Maß oder die *Quantität* der Gutheit oder Schlechtigkeit einer Handlung sind allein
    - die »Umstände *(circumstantiae)*«.

21. Die moralischen Begriffe »indirekt / direkt« und »materiell / formell« sind gleichbedeutend. Bei »indirekt / direkt« geht es nicht um im physischen Sinn mittelbare oder unmittelbare Kausalität.

22. Der Sinn der Berufung auf die »Natur« oder die objektive Wirklichkeit liegt darin, dass Handlungen, welche die Struktur des Raubbaus haben, objektiv »in sich schlecht« sind, unabhängig davon, ob einem dies gefällt oder nicht. Dieser Naturbegriff steht nicht im Gegensatz zu dem, was »künstlich« ist, sondern er ist von bloßer menschlicher Setzung zu unterscheiden.

23. »Ethisch schlecht« sind erstens diejenigen Handlungen, die, weil sie die Struktur des Raubbaus aufweisen, »in sich schlecht« sind, zweitens diejenigen Handlungen, die zwar nicht in sich selbst schlecht sind, aber durch ihre zusätzliche Hinordnung auf eine andere »in sich schlechte« Handlung desselben Handelnden oder durch ihre Herkunft von einer anderen »in sich schlechten« Handlung desselben Handelnden dennoch schlecht sind; drittens können Handlungen dadurch schlecht sein, dass sie gegen ein durch menschliche Setzung bestehendes Verbot verstoßen, wenn dieses zumindest ein Fundament im natürlichen Sittengesetz hat.

24. »In sich schlechte« Handlungen können niemals zu erlaubten Handlungen werden. In dieser Formalität ist es das unwandelbare Sittengesetz, dass Handlungen, welche die Struktur des Raubbaus haben, immer und unter allen Bedingungen unerlaubt sind.

25. Das Verbot kontraproduktiver Handlungen ist absolut. Demgegenüber wird die positive Verwirklichung von Werten nur empfohlen. Der Unterschied zwischen Gut und Besser darf nicht mit dem Unterschied zwischen schlecht und gut verwechselt werden.

26. Es besteht nicht nur die Verpflichtung, angesichts von notwendigerweise zu verursachenden oder zuzulassenden Schäden nach neuen anderen Lösungen zu suchen, welche die Schäden insgesamt verringern. Es gilt auch, diese Lösungen möglichst bald zu erreichen und damit den Zeitraum zu verkürzen, in dem bisherige Problemlösungen mit den in ihnen zugelassenen oder verursachten Schäden weiterhin erlaubt sind.

27. Das Gewissen ist mit der Vernunft identisch, mit der wir in der Lage sind zu beurteilen, ob eine Handlung verantwortbar ist oder nicht. Die Vernunft besteht nicht nur darin, logisch denken zu können, sondern impliziert insbesondere unsere Fähigkeit, andere Menschen in uns zu repräsentieren und uns in der Weise der Empathie in ihre Situation hineinzuversetzen.

28. In der üblichen deontologischen Normenbegründung sieht man die Zulassung oder Verursachung eines bestimmten Schadens für schlecht an, unabhängig von der Frage, ob sie vielleicht durch einen »entsprechenden Grund« gerechtfertigt ist; und umgekehrt kümmert man sich daraufhin um keine schädlichen Gesamtergebnisse der Handlung mehr, obwohl der »Grund« für ihre Zulassung oder Verursachung durchaus kein »entsprechender« ist. In solcher deontologischer Normenbegründung verwechselt man den »Gegenstand« einer Handlung mit deren physischer Beschreibung. Demgegenüber macht bereits Thomas von Aquin darauf aufmerksam, dass ein und derselbe physische Vollzug auf unterschiedliche moralische Handlungen hinauslaufen kann und dass auch umgekehrt ein und dieselbe moralische Handlung in unterschiedlichen physischen Vollzügen verwirklicht werden kann (*Summa theologica, I-II q1 a3*). Die Analyse des physischen Vollzugs als solchen führt noch nicht zur ethischen Bestimmung einer Handlung.

29. Der Ansatz einer Ethik beim Prinzip der Doppelwirkung hat logisch keine religiösen Voraussetzungen. Die vermeintlich fromme Auffassung, dass erst der Glaube auch die sittlichen Forderungen mit sich bringe, läuft in Wirklichkeit darauf hinaus, den Anknüpfungspunkt der christlichen Botschaft im Menschen zu bestreiten; sie erweist sich damit selbst als kontraproduktiv. Der christliche Glaube befreit den Menschen aus der Macht seiner Angst um sich selbst, die ihn sonst hindert, unselbstsüchtig zu handeln; er führt aber nicht zu zusätzlichen ethischen Normen.

30. Wo immer Menschen nicht aus der Angst um sich selbst, sondern liebevoll und wohlwollend handeln, tun sie dies aus einem zumindest anonymen Glauben (vgl. Joh 3,21); dieser ist in der Sicht der christlichen Botschaft bereits Gnade.

VERZEICHNISSE

LITERATUR

In den Anmerkungen werden jeweils Autor, erstes Nomen des Titels und Erscheinungsjahr der zitierten Ausgabe angegeben.

ALBERT, HANS, Traktat über kritische Vernunft, Tübingen [2]1969.
- Konstruktion und Kritik – Aufsätze zur Philosophie des kritischen Rationalismus, Hamburg 1972.
ALPEROVITZ, GAR, Hiroshima: Warum die Bombe zum Einsatz kam, in: Blätter für deutsche und internationale Politik 40 (1995) 820–834.
ANTOINE, PIERRE, *Conscience et loi naturelle*, in: Études 317 (1963) 162–183.
APEL, KARL-OTTO, Diskurs und Verantwortung – Das Problem des Übergangs zur postkonventionellen Moral, Frankfurt am Main 1990.
- Transformation der Philosophie, Band 2: Das Apriori der Kommunikationsgemeinschaft, Frankfurt am Main, [6]1999.
ARISTOTELES, Nikomachische Ethik.
AUER, ALFONS, Autonome Moral und christlicher Glaube, Düsseldorf [2]1984 mit dem Nachtrag: »Die umstrittene Rezeption der Autonomie-Vorstellung in der katholisch-theologischen Ethik« (205–239).
AXELROD, ROBERT, Die Evolution der Kooperation, München 1987.
BAYER, OSWALD, Selbstverschuldete Vormundschaft – Hamanns Kontroverse mit Kant um *wahre* Aufklärung, in: DIETER HENKE u. a. (Hrsg.), Der Wirklichkeitsanspruch von Theologie und Religion – Die sozialethische Herausforderung, Tübingen 1976, 3–34.
BENDER, L., *Organorum humanorum transplantatio*, in: Angelicum 31 (1954) 139–160.
BIERI, PETER, Das Handwerk der Freiheit – Über die Entdeckung des eigenen Willens, München - Wien 2001.
BIRNBACHER, DIETER, Verantwortung für zukünftige Generationen, Stuttgart 1988.
- Tun und Unterlassen, Stuttgart 1995.
Bischöfe, die belgischen, *Déclarations des évêques de Belgique, Nouvelle série* – n° 18, Mai 1990.
Bischöfe, die deutschen, »Pastorales Wort der deutschen Bischöfe zur Novellierung des § 218 StGB« vom 7. Mai 1976, und »Empfehlungen für Ärzte und medizinische Fachkräfte in Krankenhäusern nach der Änderung des § 218 StGB«.
- Gerechter Friede, 27. September 2000, Hrsg. Sekretariat der Deutschen Bischofskonferenz, Bonn.
BÖCKENFÖRDE, ERNST-WOLFGANG, Zur Theologie des modernen säkularen Rechts, StZ 217 (1999) 579–596.
- Notwendigkeit und Grenzen staatlicher Religionspolitik, in: WOLFGANG THIERSE (Hrsg.), Religion ist keine Privatsache, Düsseldorf 2000.
BOGE, VIKTOR, Ethische Antinomik – Das Leben bleibt widersprüchlich, Hannover 1990.
BORMANN, FRANZ-JOSEF, Töten oder Sterbenlassen? Zur bleibenden Bedeutung der Aktiv-Passiv-Unterscheidung in der Euthanasiediskussion, in: ThPh 76 (2001) 63–99.
BRECHT, BERTOLT, Gesammelte Werke in acht Bänden. IV, Frankfurt am Main 1967.
- Die Gedichte von Bertolt Brecht in einem Band, Frankfurt am Main 1981.
Bundesärztekammer, Wissenschaftlicher Beirat der, Richtlinien zur Feststellung des Hirntodes, 3. Fortschreibung 1997 mit Ergänzungen gemäß Transplantationsgesetz (TPG), Deutsches Ärzteblatt 95, Heft 30 (24.07.1998), A-1861-1868.
Bürgerliches Gesetzbuch (BGB).
BURCHARDI, HILMAR, Interview über Sterbehilfe, in: Der Spiegel, 10/2001, 98.
CAMUS, ALBERT, *La Peste*, ©1947, Éditions Gallimard, Paris 1970.
Catechismus Ecclesiae Catholicae, Città del Vaticano, 1997.

CRANACH, MARIO VON und ALEX AMMAN, Die Annahme der Willensfreiheit und ihre Konsequenzen für die Sozialwissenschaften, und Antworten einer Reihe von Kritikern, in: Ethik und Sozialwissenschaften – Streitforum für Erwägungskultur 10 (1999), Heft 2, 257–332.

CREUTZ, HELMUT, Das Geldsyndrom – Wege zu einer krisenfreien Marktwirtschaft, München 1993.

DEMMER, KLAUS, Deuten und Handeln – Grundlagen und Grundfragen der Fundamentalmoral (SThE 15), Freiburg 1985.

– Moraltheologische Methodenlehre, Freiburg (Schweiz) 1989.

DEMOKRIT, *Fragmenta Moralia.*

DENZINGER, HEINRICH - HÜNERMANN, PETER (=DH), *Enchiridion symbolorum definitionum et declarationum de rebus fidei et morum* – Kompendium der Glaubensbekenntnisse und kirchlichen Lehrentscheidungen, Freiburg im Breisgau - Basel - Rom - Wien [37]1995.

DINGJAN, FRANS, Die Beschränktheit jedes sittlichen Handelns – Die Rolle der Epikie und Diskretion, in: ThGl 63 (1973) 288–308.

DÖRNER, C. DIETRICH, Psychologisches Experiment: Wie Menschen eine Welt verbessern wollten ... und sie dabei zerstörten, in: bild der wissenschaft 1975, Heft 2, 48–53.

– Die Logik des Misslingens – Strategisches Denken in komplexen Situationen, (Rowohlt TB) Reinbek 2000.

DOMBOIS, HANS, Hierarchie – Grund und Grenze einer umstrittenen Struktur, Freiburg - Basel - Wien 1971.

EBELING, GERHARD, Luther – Einführung in sein Denken, Tübingen 1965.

– Die Evidenz des Ethischen und die Theologie, in: DERS., Wort und Glaube, Zweiter Band: Beiträge zur Fundamentaltheologie und zur Lehre von Gott, Tübingen 1969, 1–41.

– Das Problem des Natürlichen bei Luther, in: DERS., Lutherstudien, Band I, Tübingen 1971, 273–285.

– Die Notwendigkeit des christlichen Gottesdienstes, in: DERS., Wort und Glaube, Dritter Band, Beiträge zur Fundamentaltheologie, Soteriologie und Ekklesiologie, Tübingen 1975, 533–553.

– Dogmatik des christlichen Glaubens, Band I, Prolegomena / Erster Teil: Der Glaube an Gott, den Schöpfer der Welt, Tübingen 1979.

– Dogmatik des christlichen Glaubens, Band III, Dritter Teil: Der Glaube an Gott, den Vollender der Welt, Tübingen 1979.

EGENTER, RICHARD, Die Organtransplantation im Lichte der biblischen Ethik, in: FRANZ BÖCKLE / JOSEF FULKO GRONER (Hrsg.), Moral zwischen Anspruch und Verantwortung (FS für Werner Schöllgen), Düsseldorf 1964, 142–153.

EKD, Schritte auf dem Weg des Friedens. Orientierungspunkte für Friedensethik und Friedenspolitik. Ein Beitrag des Rates der EKD, Januar 1994 (3., erweiterte Auflage 2001) (= EKD-Texte 48).

Enquete-Kommission des Bundestages, »Schutz des Menschen und der Umwelt«, 1998.

ERNST, STEPHAN, Ethische Vernunft und christlicher Glaube – Der Prozeß ihrer wechselseitigen Freisetzung in der Zeit von Anselm von Canterbury bis Wilhelm von Auxerre (BGPhMA, NF 46), Münster 1996.

– Bloße Gesinnungsethik? Eine Neuinterpretation der »Intention« bei Peter Abaelard, in: ThQ 177 (1997) 32–49.

– Ethik in einer egoistischen Zeit – Zu Peter Singers neuem Buch »Wie sollen wir leben?«, in: StZ 215 (1997) 319–330.

– Personwürde und ärztliches Handeln – Hermeneutische Überlegungen zu einem verbreiteten Argument in der medizinischen Ethik, in: StZ 218 (2000) 609–621.

FINNIS, JOHN / GERMAIN GRISEZ / JOSEPH BOYLE, *"Direct" and "indirect"*, in: The Thomist 65 (2001) 1–44.

FISHER, IRVING, *100% money, Designed to keep checking banks 100% liquid; to prevent inflation and deflation; largely to cure or prevent depressions; and to wipe out much of the National Debt*, New York [2]1936.

FRANKE, KLAUS, Reine Rasse. Gendiagnostik, Klonen, Sterbehilfe, in: Der Spiegel 29 (2001) 128–135.

GALTUNG, JOHAN, Strukturelle Gewalt – Beiträge zur Friedens- und Konfliktforschung, Reinbek bei Hamburg 1975.

GANS, HERBERT J., Der Staat und die wirtschaftlich Überflüssigen – Die deutsche Debatte über Arbeitslosigkeit und Sozialhilfe: ein kritischer Blick auf die Politik in den USA, in: Frankfurter Rundschau, 23. August 2001, Nr. 195, S. 7.

GAREIS, BALTHASAR / EUGEN WIESNET (Hrsg.), Hat Strafe Sinn? – Aus juristischer, psychologischer, ethischer und pastoraler Sicht nehmen Stellung: ERNST BENDA, BALTHASAR GAREIS, JOHANNES GRÜNDEL, JOACHIM ILLIES, WALDEMAR MOLINSKI, EDUARD NAEGELI, FRIEDRICH SCHUTZ, EUGEN WIESNET, BERNHARD WYDRA, Freiburg 1974.

GENICOT, EDUARD / JOSEPH SALSMANS, *Institutiones Theologiae Moralis*, hrsg. v. ALBERT GORTEBECKE, Brugge [17]1951.

GHOES, JOSEF, L'acte à double effet – *Étude de théologie positive*, in: EThL 27 (1951) 30–52.

GIRARD, RENÉ, Das Heilige und die Gewalt, Zürich 1987.

GOCHT, ROLF, Kritische Betrachtungen zur nationalen und internationalen Geldordnung, Berlin 1975.

GREGOR XVI., Enzyklika »*Mirari vos arbitramur*« vom 15. August 1832, in: ASS 4 (1868) 336ff.

GRISEZ, GERMAN, *Abortion: The Myths, the Realities, and the Arguments*, Washington 1970.

GROß, HEINRICH, Tobit Judit, Die Neue Echter Bibel, Würzburg 1987.

GRÜNDEL, JOHANNES, Die Lehre von den Umständen der menschlichen Handlung im Mittelalter (BGPhMA XXXIX, 5), Münster 1963.

GUCKES, BARBARA, Das Argument der schiefen Ebene – Schwangerschaftsabbruch, die Tötung Neugeborener und Sterbehilfe in der medizinethischen Diskussion, München 1996.

GURY, JEAN PIERRE, *Compendium theologiae moralis*, Tournai 1852.

HABERMAS, JÜRGEN, Der Universalitätsanspruch der Hermeneutik, in: Hermeneutik und Dialektik – Festschrift für G. Gadamer, Aufsätze I, hrsg. von R. BUBNER, K. CRAMER, R. WIEL, Tübingen 1970.

– Die Einbeziehung des Anderen – Studien zur politischen Theorie, Frankfurt 1996.

– Moralbewußtsein und kommunikatives Handeln, Frankfurt am Main [7]1999.

HARRIS, JOHN, *The Survival Lottery*, in: Philosophy 50 (1975) 81–87; neu abgedruckt in PETER SINGER (ed.), *Applied Ethics*, Oxford 1986, 87–95.

– Der Wert des Lebens – Eine Einführung in die medizinische Ethik, Berlin 1995.

HECKEL, MARTIN, Religionsunterricht für Muslime – Kulturelle Integration unter Wahrung der religiösen Identität – Ein Beispiel für die komplementäre Natur der Religionsfreiheit, in: Juristenzeitung 54 (1999) 741–758.

HENKE, WILHELM, Recht, in: ZThK 86 (1989) 533–546.

HERRMANN, WILHELM, Religion und Sittlichkeit, in: DERS., Schriften zur Grundlegung der Theologie I, hrsg. v. PETER FISCHER-APPELT, München 1966.

HILGENDORF, ERIC, Moralphilosophie und juristisches Denken, in: ARSP 82 (1996) 397–415.

HOERSCHELMANN, THOMAS, Theologische Ethik, Stuttgart 1996.

HOFFMANN, JOHANNES, Zur Frage der Glaubwürdigkeit ethischer Kriterien in der Unternehmensbewertung, in: DERS., Hrsg., Irrationale Technikadaptation als Herausforderung an Ethik, Recht und Kultur – Interdisziplinäre Studien, Frankfurt 1997, 265–284.

HOFFMANN, JOHANNES / KONRAD OTT / GERHARD SCHERHORN (Hrsg.), Ethische Kriterien für die Bewertung von Unternehmen – Frankfurt-Hohenheimer Leitfaden, Frankfurt 1997.

HOOSE, BERNHARD, *Proportionalism – The American Debate and its European Roots*, Washington 1987.

HOPPE, THOMAS, Notwendigkeit und Realisierungsbedingungen supranationaler Friedensordnungen, in: DERS. (Hrsg.), Auf dem Weg zu einer Europäischen Friedensordnung – Perspektiven und Probleme nach dem Ende des Kalten Krieges, Mainz 1994, 13–30.

– Friedenspolitik vor neuen Herausforderungen – Analyse aus friedensethischer Sicht, in: DERS. und HARRY NEYER (Hrsg.), Militär als Friedensstifter? – Friedensethische Überlegungen zur außenpolitischen Neuorientierung Deutschlands, Schriftenreihe Gerechtigkeit und Frieden der Deutschen Kommission Justitia et Pax, Dokumentation 38, Bonn 1995, 7–25.

HÖRMANN, KARL, Die Bedeutung der konkreten Wirklichkeit für das sittliche Tun nach Thomas von Aquin, in: ThPQ 123 (1975) 118–129.

– Lexikon der christlichen Moral, Innsbruck - Wien - München 1976, Art. »Qualifizierung, sittliche, eines Verhaltens«, Sp. 1345–1354 (vgl. <http://www.stjosef.at/morallexikon/qualifiz.htm>, 21. 02. 2002)

HUTCHESON, FRANCIS, *An Inquiry concerning Good and Evil* (1725), sec. 111, § 8.

IGNATIUS VON LOYOLA, Geistliche Übungen – nach dem spanischen Autograph übersetzt von Peter Knauer, Würzburg ²1999.

INGEBORG RETZLAFF, Zu den Grundgedanken des »Süßmuth-Papiers«, in: Dem Menschen dienen – das Leben bewahren. Zur Diskussion um einen wirksamen Schutz des Lebens, hrsg. von der Katholischen Akademie in Berlin, Leipzig 1992.

JANSSEN, A., *L'hystérectomie pendant la grossesse – Une controverse récente*, in: EThL 11 (1934) 525–561.

JANSSENS, LOUIS, *Ontic Good and Evil – Premoral Values and Disvalues*, in: Louvain Studies 12 (1987) 62–82.

JOEST, WILFRIED, Fundamentaltheologie – Theologische Grundlagen- und Methodenprobleme, 2., durchgesehene und ergänzte Auflage, Stuttgart - Berlin - Köln - Mainz 1981.

JOHANNES PAUL II., Enzyklika »*Veritatis Splendor*« vom 6. August 1993, in: AAS 85 (1993) 1133–1228.

JONAS, HANS, Das Prinzip Verantwortung – Versuch einer Ethik für die technologische Zivilisation, Suhrkamp Taschenbuch Frankfurt am Main 1987.

KANT, IMMANUEL, Grundlegung zur Metaphysik der Sitten, in: Kant's gesammelte Schriften, hrsg. v. der Königlich Preußischen Akademie der Wissenschaften, Band IV, Berlin 1911, 429.

– Kritik der praktischen Vernunft, in: Kant's gesammelte Schriften, hrsg. v. d. Königlich Preußischen Akademie der Wissenschaften, Band V, Berlin 1913.

– Die Metaphysik der Sitten, in: Kant's gesammelte Schriften, hrsg. v. d. Königlich Preußischen Akademie der Wissenschaften, Band VII, Berlin 1914.

– Was heißt: Sich im Denken orientiren?, in: Kant's gesammelte Schriften, hrsg. v. der Königlich Preußischen Akademie der Wissenschaften, Band VIII: Abhandlungen nach 1781, Berlin und Leipzig 1923.

– Beantwortung der Frage: Was ist Aufklärung?, in: Kant's gesammelte Schriften, hrsg. v. der Königlich Preußischen Akademie der Wissenschaften, Band VIII, Berlin und Leipzig 1923.

Katechismus der Katholischen Kirche, München 1993.

KÄUFLEIN, ALBERT, Deontologische oder teleologische Begründung sittlicher Normen – Ein Grundlagenstreit in der gegenwärtigen katholischen Moraltheologie, St. Ottilien 1995.

KEENAN, JAMES F., *Goodness and Rightness in Thomas Aquinas' Summa Theologiae*, Washington 1992.

KEUTH, HERBERT, Ist eine rationale Ethik möglich?, in: Logos 1994, S. 288–305.

KNAUER, PETER, *La détermination du bien et du mal moral par le principe du double effet*, in: NRT 87 (1965) 356–376.

– Das rechtverstandene Prinzip von der Doppelwirkung als Grundnorm jeder Gewissensentscheidung, in: ThGl 57 (1967) 107–133.

– *The Hermeneutic Function of the Principle of Double Effect*, in: *Natural Law Forum* 12 (1967) 132–162; neu abgedruckt in CHARLES E. CURRAN / MCCORMICK, RICHARD A. (Hrsg.), Readings in Moral Theology, No. 1, New York 1979, 1–39.

– Überlegungen zur moraltheologischen Prinzipienlehre der Enzyklika »Humanae vitae«, in: ThPh 45 (1970) 60–74.

– Fundamentalethik: Teleologische als deontologische Normenbegründung, in: ThPh 55 (1980) 321–360.

– Die chalzedonensische Christologie als Kriterium für jedes christliche Glaubensverständnis, in: ThPh 60 (1985) 1–15.

– Rezension zu PINCKAERS, *Question*, 1986, in: ThPh 63 (1988) 149f.

– *A Good End Does Not Justify an Evil Means – Even in a Teleological Ethics*, in: *Personalist Morals – Essays in honor of Professor Louis Janssens*, Leuven, 1988, 71–85.

– Rezension zu HOOSE, *Proportionalism*, 1987, in: ThPh 65 (1990) 473–475.

- Der Glaube kommt vom Hören – Ökumenische Fundamentaltheologie, Freiburg ⁶1991.
- Arbeitslosigkeit durch einen Systemfehler unseres Geldes? in: Irrationale Technikadaptation als Herausforderung an Ethik, Recht und Kultur – Interdisziplinäre Studien (Ethik – Gesellschaft – Wirtschaft 3), hrsg. von JOHANNES HOFFMANN, Frankfurt am Main 1997, 244–264.
- Schwangerschaftskonfliktberatung und Beratungsschein – Ethische Analyse des kirchlichen Dilemmas und ein Lösungsvorschlag, in: StZ 216 (1998) 246–252.
- Nicht unfehlbare Glaubenslehre, aber doch definitive kirchliche Lehre?, in: ZKTh 122 (2000) 58–74.

KORFF, WILHELM, Hrsg., Lexikon der Bioethik, Gütersloh 1998.

KUMMER, CHRISTIAN, Extrauterine Abtreibung? Sachargumente für eine Bestimmung des embryonalen Lebensbeginns, in: StZ 215 (1997) 11–16.
- Was man aus Embryonen machen kann – Über Wert und Verwertung menschlicher Stammzellen, in: StZ 217 (1999) 172–182.
- Stammzellkulturen – ein brisantes Entwicklungspotential, in: StZ 218 (2000) 547–554.
- Soll man das therapeutische Klonen verbieten?, in: StZ 219 (2001) 198–201.

KUTSCHERA, FRANZ VON, Grundlagen der Ethik. Zweite, völlig neu bearbeitete und erweiterte Auflage, Berlin - New York 1999.

LAPIDE, PINCHAS E., Rom und die Juden, Freiburg 1967.

LECLER, JOSEPH, *Histoire de la Tolérance au siècle de la Réforme*, I, Paris 1955.

LEIBER, ROBERT, Pius XII. und die Juden in Rom 1943–1944, in: StZ 167 (1960/61) 428–436.

LONERGAN, BERNARD J. F., *Insight – A Study of Human Understanding* (Collected Works of Bernhard Lonergan 3), ed. by FREDERICK E. CROWE and ROBERT M. DORAN, 5th rev. and aug. edition, Toronto 1992.

LOTZ, JOHANNES B., Person und Ontologie, in: Schol 38 (1963) 334–360.

LUTHER, MARTIN, Von weltlicher Oberkeit, wie weit man ihr Gehorsam schuldig sei (1523): WA 11; 245–281.

MCCORMICK, RICHARD A., *Moral Theology 1940–1989: An Overview*, in: TS 50 (1989) 3–24.

MEAD, GEORGE HERBERT, *Mind, Self and Society*, Chicago 1934.

MERKEL, REINHARD, Ärztliche Entscheidungen über Leben und Tod in der Perinatalmedizin – Ethische und rechtliche Probleme, in: Aufklärung und Kritik 1 (1995) 49–61; vgl. <http://members.aol.com/GEKAPE/singer11.htm> (21. 02. 2002). Vgl. auch Zeitschrift Mittelweg 36, 5 (1996) 79–94.

MIETH, DIETMAR, Autonome Moral im christlichen Kontext – Zu einem Grundlagenstreit der theologischen Ethik, in: Orientierung 40 (1976) 31–34.
- Geburtenregelung – Ein Konflikt in der katholischen Kirche, Mainz 1990.

MILES, RUFUS E., JR., *Hiroshima – The Strange Myth of Half a Million American Lives Saved*, in: International Security, Fall 1985 (Vol. 10, No. 2), 121–140.

MOORE, GEORGE E., Grundprobleme der Ethik, München 1975 (englische Erstauflage 1912).

MÖRSDORF, KLAUS, Lehrbuch des Kirchenrechts auf Grund des Codex Iuris Canonici, I. Band, Paderborn ¹¹1964.

MÜLLER, ANDREAS UWE / MARIA AMATA NEYER, Edith Stein – Das Leben einer ungewöhnlichen Frau – Biographie, Zürich - Düsseldorf 1998.

NELL-BREUNING, OSWALD VON, Subsidiarität in der Kirche, in: StZ 204 (1986) 147–157.

ODUNCU, FUAT S., Begleiten statt töten!, in StZ 219 (2001) 520–532.

Osservatore Romano (deutsche Wochenausgabe) 28 (1998) n. 5, 30. Januar, S. 12.

PAUL VI., *Ad E.mos Patres Purpuratos, fausta ac felicia ominatos Beatissimo Patri nominalem diem celebranti, anno exacto ex quo ad Summum Pontificatum est evectus* (Ansprache an eine Gruppe von Kardinälen am 23. Juni 1964), in: AAS 56 (1964) 581–589.
- Enzyklika »Humanae vitae« vom 25. Juli 1968, in: AAS 60 (1968) 481–503.

PFAHL, ROLF-DIETRICH, Haftung ohne Verschulden als sittliche Pflicht, Düsseldorf 1974.

PINCKAERS, SERVAIS, *Le renouveau de la morale – Etudes pour une morale fidèle à ses sources et à sa mission présente*, Tournai 1964.

– *Ce qu'on ne peut jamais faire – La question des actes intrinsèquement mauvais. Histoire et discussion,* Fribourg - Paris 1986.

PIUS IX., Enzyklika »*Quanta cura*« vom 8. Dezember 1864 (Pii IX Pontificis Maximi Acta I/3, 691–695).

PIUS XI., Enzyklika »*Casti connubii*« vom 31. Dezember 1930, in: AAS 22 (1930) 541–573.

PIUS XII., Allocutiones, III, die 6 Decembris mensis a. 1953: *Iis qui interfuerunt Conventui quinto nationali Italico Unionis Iureconsultorum catholicorum,* in: AAS 45 (1953) 794–802.

– *Trois questions religieuses et morales concernant l'analgésie* (Ansprache vom 24. Februar 1957 auf Anfragen des IX. Nationalkongresses der Italienischen Gesellschaft für Anästhesiologie vom 15.–17. Oktober 1956), in: AAS 49 (1957) 129–147; deutsch in: ARTHUR-FRIDOLIN UTZ und JOSEPH-FULKO GRONER, Aufbau und Entfaltung des gesellschaftlichen Lebens – Soziale Summe Pius XII., Freiburg (Schweiz) 1961, Bd. III, 3242–3265, insbesondere 3259–3264.

POPPER, KARL R., Vermutungen und Widerlegungen I / II – Das Wachstum der wissenschaftlichen Erkenntnis, Teilband II Widerlegungen, Tübingen 2000.

RACHEL, JAMES, *Active and passive Euthanasia,* in: *The New England Journal of Medicine* 292 (1975) 78–80.

QUINN, JOHN R., *The Reform of the Papacy – The Costly Call to Christian Unity,* New York 1999.

RADBRUCH, GUSTAV, Gesetzliches Unrecht und übergesetzliches Recht, in: Süddeutsche Juristenzeitung 1 (1946) 105–108, nachgedruckt in: DERS., Gesamtausgabe, hrsg. v. ARTHUR KAUFMANN, Band 3: Rechtsphilosophie III, bearbeitet v. WINFRIED HASSEMER, Heidelberg 1990, 83–93.

RADULPHUS ARDENS, *Speculum universale.*

RATZINGER, JOSEPH unter Mitarbeit von HEINZ SCHÜRMANN und HANS URS VON BALTHASAR, Prinzipien christlicher Moral, Einsiedeln 1975.

RAWLS, JOHN, *A Theory of Justice, Revised Edition,* Massachusetts 1999.

REHRL, STEFAN, Artikel »Mitwirkung zur Sünde«, in: ²LThK (1962), Bd. 7, 503–505.

REISIG, WOLFGANG, Petrinetze – Eine Einführung, Berlin 1990.

RHONHEIMER, MARTIN, Natur als Grundlage der Moral – Eine Auseinandersetzung mit autonomer und teleologischer Ethik, Innsbruck 1987.

RICKEN, FRIEDO, Allgemeine Ethik, 3. erweiterte und überarbeitete Auflage, Stuttgart - Berlin - Köln 1998.

– Art. Handeln und Unterlassen, in: Lexikon der Bioethik, 2. Band, Gütersloh 1998.

ROTTER, HANS, Hrsg., Neues Lexikon der christlichen Moral, Innsbruck 1990.

– Zur rechtlichen Anerkennung homosexueller Partnerschaften, in: StZ 219 (2001) 533–540.

ROXIN, CLAUS, Strafrecht, Allgemeiner Teil, Band I, Grundlagen – Der Aufbau der Verbrechenslehre, München 1994.

SCHELER, MAX, Der Formalismus in der Ethik und die materiale Wertethik – Neuer Versuch der Grundlegung eines ethischen Personalismus (Gesammelte Werke, Band 2). Fünfte, durchgesehene Auflage, herausgegeben mit einem Anhang von MARIA SCHELER, Bern 1966.

SCHLAAKE, HANS-PETER / ROOSEN, KLAUS, Der Hirntod als der Tod des Menschen, Hrsg. Deutsche Stiftung Organtransplantation, Würzburg 1997.

SCHMIDBAUER, WOLFGANG, Die hilflosen Helfer – Über die seelische Problematik der helfenden Berufe, Hamburg 1977.

SCHOCKENHOFF, EBERHARD, Art. Religionen und Bioethik, 2. Christentum, in: Lexikon der Bioethik, Band 3, Gütersloh 1998.

SCHÜLLER, BRUNO, Gesetz und Freiheit – eine moraltheologische Untersuchung, Düsseldorf 1966.

– Die Begründung sittlicher Urteile. Typen ethischer Argumentation in der Moraltheologie, Düsseldorf ²1980.

– Die Quellen der Moralität – Zur systematischen Ortung eines alten Lehrstücks der Moraltheologie, in: ThPh 59 (1984) 535–559.

– Das Muster einer schlagenden Widerlegung des Utilitarismus, in: ders. Pluralismus in der Ethik – Zum Stil wissenschaftlicher Kontroversen, Münster 1988, 45–82.

SCHULZ VON THUN, FRIEDEMANN, Miteinander Reden (Differentielle Psychologie der Kommunikation), Band 2: Stile, Werte und Persönlichkeitsentwicklung, Reinbek bei Hamburg 1996.

SCHÜNGEL-STRAUMANN, HELEN, Tobit (Herders Theologischer Kommentar zum Alten Testament), Freiburg 2000.

SCHUSTER, ANTON GEORG, Organspende von Lebenden. Eine kritische Auseinandersetzung mit R. Egenters Auslegung des Totalitätsprinzips, in: MThZ 49 (1998) 225–239.

SCHWEMMER, OSWALD, Philosophie der Praxis. Versuch zur Grundlegung einer Lehre vom moralischen Argumentieren in Verbindung mit einer Interpretation der praktischen Philosophie Kants. Mit einem Nachwort zur Neuausgabe, Frankfurt am Main 1980.

SENF, BERND, Der Nebel um das Geld. Zinsproblematik – Währungssysteme – Wirtschaftskrisen, Lütjenburg 1996.

SINGER, PETER, Die Ethik der Embryonenforschung, in: Aufklärung und Kritik 1 (1995) 83–87; vgl. <http://members.aol.com/GEKAPE/singer4.htm#S2> (21. 02. 2002).

SOPHOKLES, Antigone.

SPAEMANN, ROBERT, Über die Unmöglichkeit einer universalteleologischen Ethik, in: Philosophisches Jahrbuch 88 (1981) 70–89 [s. auch DERS., Grenzen, 2001, 193–212].

– Die schlechte Lehre vom guten Zweck – Der korrumpierende Kalkül hinter der Schein-Debatte, in: Frankfurter Allgemeine Zeitung, 23. Oktober 1999, Bilder und Zeiten, Nr. 247, I. [s. auch DERS., Grenzen, 2001, 391–400].

– Einzelhandlungen, in: Zeitschrift für philosophische Forschung 54 (2000) 514–535 [s. auch DERS., Grenzen, 2001, 49–64].

– Grenzen – Zur ethischen Dimension des Handelns, Stuttgart 2001.

STANKE, GERHARD, Die Lehre von den »Quellen der Moralität« – Darstellung und Diskussion der neuscholastischen Aussagen und neuerer Ansätze, Regensburg 1984.

STEIN, EDITH, Wie ich in den Karmel kam, Mit Erläuterungen und Ergänzungen von MARIA AMATA NEYER, Würzburg 1994.

STOECKLE, BERNHARD, Grenzen der autonomen Moral, München 1974.

STUTZ, ULRICH, Das Studium des Kirchenrechts an den deutschen Universitäten, in: Deutsche Akademische Rundschau 6 (1924) 12.

SUHR, DIETER, Ansätze zur kybernetischen Betrachtung von Recht und Staat, in: Der Staat 6 (1967) 197–219.

– Bewußtseinsverfassung und Gesellschaftsverfassung – Über Hegel und Marx zu einer dialektischen Verfassungstheorie, Berlin 1975.

– Entfaltung der Menschen durch die Menschen – Zur Grundrechtsdogmatik der Persönlichkeitsentfaltung, der Ausübungsgemeinschaften und des Eigentums, Berlin 1976.

– Vom selbständigen Menschen im verfaßten Gemeinwesen, in: Fragen der Freiheit, Folge 160, Januar / Februar 1983, 3–17.

– Auf Arbeitslosigkeit programmierte Wirtschaft, in: Zeitschrift für Rechtspolitik 16 (1983) 221–227.

– Geld ohne Mehrwert – Entlastung der Marktwirtschaft von monetären Transaktionskosten, Frankfurt am Main 1983.

– Befreiung der Marktwirtschaft vom Kapitalismus. Monetäre Studien zur sozialen, ökonomischen und ökologischen Vernunft, Berlin 1986.

– Immissionsschäden vor Gericht – Dokumente zum Augsburger Waldschadensprozeß, Kehl - Straßburg - Arlington 1986.

– *The Capitalistic Cost-Benefit Structure of Money – An Analysis of Money's Structural Nonneutrality and its Effects on the Economy*, Berlin - Heidelberg - New York - Tokyo 1989.

– Prolegomena zu einer Pragmatik des Rechts. Zugleich: Versuch einer allgemeineren pragmatischen Selbstvergewisserung im Vorfeld von Rechtsetzung und Rechtsanwendung, in: Pragmatik – Handbuch pragmatischen Denkens, Band III: Allgemeine Philosophische Pragmatik, hg. von HERBERT STACHOWIAK, Hamburg 1989, 433–371.

– Die Bedeutung von Kompensationen und Entscheidungsverknüpfungen, in: WOLFGANG HOFFMANN-RIEHM / EBERHARDT SCHMIDT-AßMANN (Hrsg.), Konfliktbewältigung durch Verhandlungen, Baden-Baden 1990, 113–138

– Transferrechtliche Ausbeutung und verfassungsrechtlicher Schutz von Familien, Müttern und Kindern, in: Der Staat 29 (1990) 69–86.

– Netzwerk Neutrales Geld – Eine kritische Analyse des herkömmlichen Geldes und das Konzept einer Finanzinnovation für neutrales Geld, in: Fragen der Freiheit, Heft 228, Mai / Juni 1994, 33–64 (auch: <http://userpage.fu-berlin.de/~roehrigw/suhr/nng.html>, 21. 02. 2002).

SUHR, DIETER und HUGO GODSCHALK, Optimale Liquidität – Eine liquiditätstheoretische Analyse und ein kreditwirtschaftliches Wettbewerbskonzept, Frankfurt am Main 1986.

SUHR, DIETER unter Mitarbeit von ARMIN TRAUTMANN, Gleiche Freiheit – Allgemeine Grundlagen und Reziprozitätsdefizite in der Geldwirtschaft, Augsburg 1988.

TERTULLIAN, *De cultu feminarum.*

THOMAS VON AQUIN, *Quaestiones disputatae de malo.*

– *Quaestiones disputatae de veritate.*

– *Scriptum super sententiis (= In IV libros sententiarum magistri Petri Lombardi).*

– *Summa theologica.*

TRAPP, RAINER, Klugheitsdilemmata und die Umweltproblematik, Paderborn 1998.

Umwelt- und Prognose-Institut e.V., 42. Bericht (<http://www.upi-institut.de/upi42.htm> am 21. 02. 2002).

VALUET, BASILE (RÉMI), *La liberté religieuse et la tradition catholique – Un cas de développement doctrinal homogène dans le magistère authentique*, Le Barroux, ²1998, drei Doppelbände.

Vatikanum I, Dogmatische Konstitution über den katholischen Glauben »*Dei Filius*«.

Vatikanum II, Erklärung über die Religionsfreiheit »*Dignitatis humanae*«.

– Pastorale Konstitution über die Kirche in der Welt von heute »*Gaudium et spes*«.

VERMEERSCH, ARTHUR, *Theologiae Moralis Principia – Responsa – Consilia*, Bd.I., Rom 1947.

VESTER, FREDERIC, Die Kunst vernetzt zu denken – Ideen und Werkzeuge für einen neuen Umgang mit Komplexität, Stuttgart ⁵2000.

VIELVA ASEJO, JULIO, *La eutanasia y el debate sobre la diferencia entre matar y dejar morir*, in: Miscelánea Comillas 58 (2000) 397–425.

WEBER, MAX, Der Sinn der »Wertfreiheit« der soziologischen und ökonomischen Wissenschaften, in: DERS., Gesammelte Aufsätze zur Wissenschaftslehre, Zweite durchgesehene und ergänzte Auflage, besorgt von JOHANNES WINCKELMANN, Tübingen 1951, 475–526.

WEGIERSKI, ANDREAS, *Slavonia reformata*, Amsterdam 1679.

WEISCHEDEL, WILHELM, Skeptische Ethik, Frankfurt am Main 1976.

WEIß, ANDREAS MICHAEL, Sittlicher Wert und nichtsittliche Werte – Zur Relevanz der Unterscheidung in der moraltheologischen Diskussion um deontologische Normen, Freiburg (Schweiz) und Freiburg - Wien 1996.

WOLF, URSULA, Über den Sinn der Aristotelischen Mesoteslehre, in: OTFRIED HÖFFE (Hrsg.), Aristoteles – Die Nikomachische Ethik, Berlin 1995, 83–108.

SCHRIFTSTELLEN

PERSONEN

SACHEN